历代名家尺牍精粹

廖可斌 主编

玉茗堂尺牍

〔明〕汤显祖 著

廖可斌 高虹飞 编选

U1014591

浙江古籍出版社

图书在版编目（CIP）数据

玉茗堂尺牍 /（明）汤显祖著 ；廖可斌，高虹飞编选. -- 杭州 ：浙江古籍出版社，2024.6
（历代名家尺牍精粹 / 廖可斌主编）
ISBN 978-7-5540-2709-7

Ⅰ. ①玉… Ⅱ. ①汤… ②廖… ③高… Ⅲ. ①汤显祖（1550-1616）—书信集 Ⅳ. ①K825.6

中国国家版本馆CIP数据核字(2024)第102551号

本书为国家古籍整理出版专项经费资助项目

玉茗堂尺牍

廖可斌　主编

〔明〕汤显祖　著　廖可斌　高虹飞　编选

出版发行　浙江古籍出版社
（杭州市环城北路177号　电话：0571-85068292）
网　　址　https://zjgj.zjcbcm.com
责任编辑　姚　露
文字编辑　韩　辰
责任校对　吴颖胤
封面设计　吴思璐
责任印务　楼浩凯
照　　排　杭州立飞图文制作有限公司
印　　刷　浙江海虹彩色印务有限公司
开　　本　880mm×1230mm　1/32
印　　张　11.375
彩　　插　2
字　　数　200千字
版　　次　2024年6月第1版
印　　次　2024年6月第1次印刷
书　　号　ISBN 978-7-5540-2709-7
定　　价　58.00元

汤显祖像

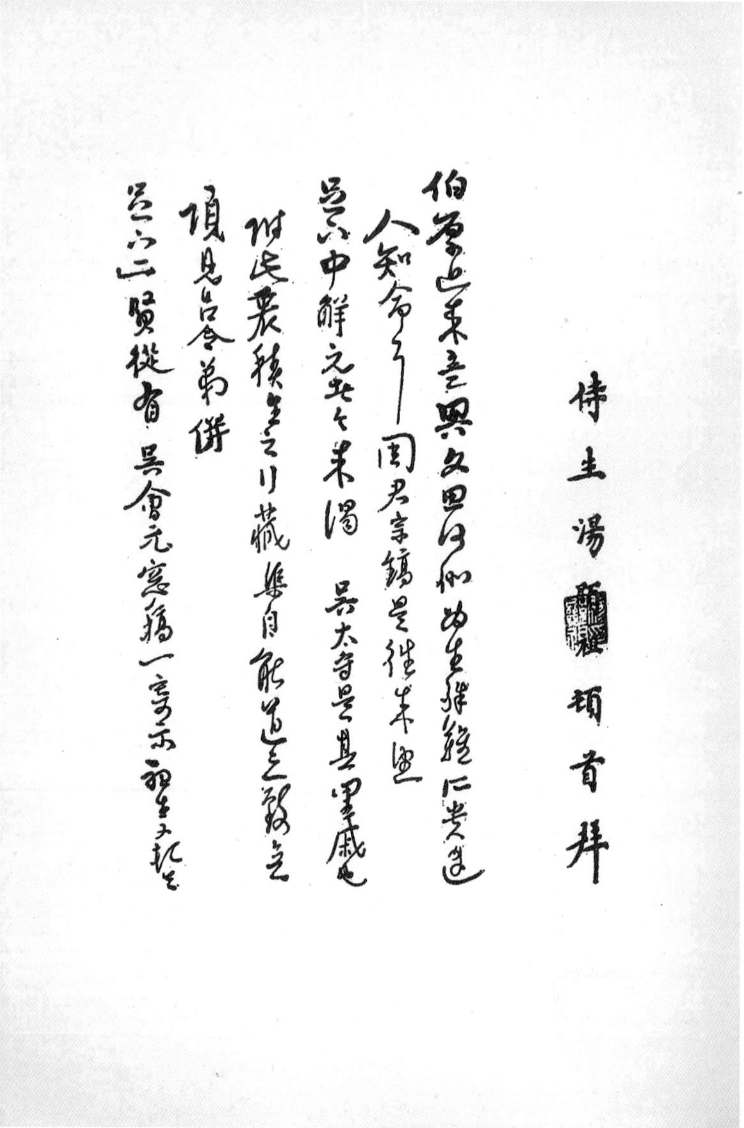

汤显祖手迹

总 序

生活在今天的人们，特别是年纪较轻的人，已经很难想象写信对古代人的生活有多么重要。爱因斯坦曾说过，现代人与古人相比，只是在交通和通讯技术方面有所进步，在道德、情感、智慧等方面并没有优势。而恰恰是交通和通讯这两个方面的进步，极大地改变了人类的生活和交流方式。现代人相距万里可以朝发夕至，通过电报、电话、电子邮件、短信、微信等传递信息，更是天涯海角只在一瞬间。而古人如果居处相距遥远，往往只能望路兴叹；旅行只能靠双脚和车船骡马，相别动辄经年累月，传递信息的唯一渠道就是写信。无论是军政公文，还是家书友札，都决定着人们的命运，寄托着希望和忧愁，牵动着欢乐和痛苦，因此留下了“鱼雁传书”“织锦回文”“家书抵万金”等种种典故。打开一封封尘封的古人书信，不啻展开了一幅幅色彩斑斓的古代生活画卷，奏响起一支支幽咽婉转的动人心曲。

一

书信古称"书"，起源应该很早。早在上古时期，当人们需要将有关信息告知远在他方的人，而又具备了书写工具（包括文字、刀笔、写字的板片材料等）的时候,最初的书信应该就诞生了。清代学者姚鼐认为，最早的书信，是《尚书·君奭》中记录的周公旦告召公奭的一段话。[①]其实这还只是就现存文献而言，原始形态的书信出现应该更早。

但当时人们交往有限，书写条件也有限，交流往往通过直接见面交谈进行，书信还不普及。因此著名文学理论家刘勰认为，书信这种文体真正发达，是在春秋战国时期，"三代（夏商周）政暇，文翰颇疏。春秋聘繁，书介弥盛"，"及七国献书，诡丽辐辏"。这一时期，无论是诸侯国之间，还是贵族士大夫个人之间，交往更加频繁，书信遂被大量使用。刘勰列举《左传》中所载春秋年间秦国绕朝赠晋国士会以策、郑国子家致书晋国赵宣子、楚国巫臣奔晋后致书楚国重臣子重和子反、郑国

① 姚鼐："书说类者，昔周公之告召公，有《君奭》之篇。"见姚鼐纂《古文辞类纂》，岳麓书社 1988 年版，"序"第 2 页。

子产致书晋国执政范宣子等，认为“详观四书，辞若对面”[1]，可视为书信的典范。而姚鼐《古文辞类纂》所录战国年间的《苏代遗燕昭王书》《鲁仲连遗燕将书》等，更是洋洋洒洒，辞气畅达。

至秦汉之际，书信更加普及，刘勰形容为“汉来笔札，辞气纷纭”[2]。李斯《谏逐客书》、邹阳《谏吴王书》、邹阳《狱中上梁王书》、枚乘《说吴王书》、司马迁《报任安书》、杨恽《报孙会宗书》、刘歆《移让太常博士书》等，就是其中出类拔萃的名篇。《后汉书》的《班固传》《蔡邕传》《孔融传》等，在记录传主身后留存于世的各种体裁的作品时，都列了“书”这一类，可见当时人已将书信视为一种重要文体。

但在秦汉之际，“书”这种文体的特征还比较模糊，内涵还比较笼统。人们几乎把所有由一个人写给另外的人的文章都称为“书”，并将“记”与“书”连称为“书记”。所谓“书记”文体的内涵就更庞杂了。刘勰说：“夫

---

①《文心雕龙·书记第二十五》，刘勰著、周振甫注《文心雕龙注释》，人民文学出版社 1981 年版，第 277 页。

书记广大，衣被事体，笔札杂名，古今多品。”[①] 他把“谱籍簿录、方术占式、律令法制、符契券疏、关刺解牒、状列辞谚”等，也都归入“书记”一类，认为是“书记所总”，说它们“或事本相通，而文意各异，或全任质素，或杂用文绮，随事立体，贵乎精要”[②]。

从两汉到魏晋南北朝，随着文学的发展，各种文体进一步分化独立，“书”体文也经历了两次重要的分化。一是士大夫与帝王之间的往来文章，和官府之间的往来书札，原来也都称为“书”。秦汉以后，为了加强君王的权威，立起了规矩，帝王写给臣民的文章，被称为“命、谕告、玺书、批答、诏、敕、册、制诰”等；士大夫写给皇帝的文章被称为“表奏”，它们就都从“书”中分化出去了。到了东汉时期，官府之间的往来书札，也有了单独的名称，被称为“奏记”“奉笺”，也从“书”中分化出去了。刘勰云：“战国以前，君臣同书，秦汉立仪，始有表奏；王公国内，亦称奏书”；

①《文心雕龙·书记第二十五》，见刘勰著、周振甫注《文心雕龙注释》，人民文学出版社 1981 年版，第 278 页。

②《文心雕龙·书记第二十五》，见刘勰著、周振甫注《文心雕龙注释》，人民文学出版社 1981 年版，第 281 页。

“迄至后汉，稍有名品，公府奏记，而郡将奉笺”。[1] 梁萧统编《文选》，就已将“诏、册”（卷三十五）、“令、教、策”（卷三十六）、“表”（卷三十七、三十八）、“上书”（卷三十九）、“弹事、笺、奏记”（卷四十）与“书”（卷四十一、四十二、四十三）分开了。总体而言，经过这一分化，属于公文的“书”，即所谓“公牍”，就基本上从“书”中独立出去了，“书”主要用来指相对个人化的书信。

但剩下来的“书”体文内容仍然非常复杂，可以论政，可以论学，也可以用于应酬，用于亲人、朋友之间相互问候，彼此之间差异仍然较大。两汉以后，随着纸张的发明使用，书写更为便利，亲人、朋友之间的日常联系越来越多地运用书信。这类书信一般篇幅短小，内容日常生活化，语言活泼轻松，与此前的公牍性书信，以及比较郑重、正式的论政、论学书信不同，成为书信的一个很重要的门类，后人称之为帖、

①《文心雕龙·书记第二十五》，见刘勰著、周振甫注《文心雕龙注释》，人民文学出版社 1981 年版，第 278 页。明代吴讷《文章辨体序说》亦称：“昔臣僚敷奏，朋旧往复，皆总曰书。近世臣僚上言，名为表奏；惟朋旧之间，则曰书而已。”见吴讷、徐师曾《文章辨体序说　文体明辨序说》，人民文学出版社 1998 年版，第 41 页。

短笺等，有些近似于现在的便条、字条。[1] 著名书法家王羲之等就留下了大量这类帖、短笺。至此，在相对个人化的书信内部，比较郑重、正式的论政、论学类书信，与比较日常生活化的书信也相对区分开来了，后者就是后来人们所称的狭义的“尺牍”的前身。

“尺牍”之称，起于汉朝。当时朝廷的诏书都写在一尺一寸长的竹木板上，所以称“尺牍”或“尺一牍”，是包括朝廷诏书在内的所有书信的通称。当公文性的“书”被改称为“诏”“敕”“制”和“奏”“疏”“表”等而独立出去，个人化的“书”内部又发生分化之后，“尺牍”遂被专门用来指比较日常生活化的书信。它就由所有书信的通称变成比较日常生活化书信的专称。人们用丝帛、纸张写信，也比照“尺牍”的说法，称“尺素”“尺缣”“尺锦”“尺纸”等。既然各种载体的书信都以“尺”称，所以书信又被称为“尺书”“尺翰”。

从魏晋南北朝到唐宋，人们越来越多地写这种帖、短笺，即“尺牍”，但它们还不受重视。人们重视的还是那种比较郑重、正式的论政、论学“书”，认为这种“书”才比较有价值。王羲之的众多帖、短笺之所以

① 见钱锺书《管锥编》，中华书局1979年版，第三册，第1108页。

能流传下来，是因为他的书法为世人所重，这些书信是因书法而传。当时其他人应该也写了不少类似的东西，它们就没有这样幸运了。刘勰《文心雕龙·书记卷二十五》已两次提到“尺牍”（“祢衡代书，亲疏得宜：斯又尺牍之偏才也”[①]；“然才冠鸿笔，多疏尺牍”[②]），语气中显然对“尺牍”颇为轻视。唐宋间文人自编文集，或他人代编文集，如白居易《白氏文集》、欧阳修《居士集》、苏轼《东坡集》《东坡后集》等，都列有“书”类，但只收比较郑重、正式的“书”。

直到南宋年间，人们的观念才开始发生变化。据信编纂于南宋的《东坡外集》中，除有“书”二卷外，还有“小简”（即“尺牍”）十九卷。周必大等人所编《欧阳文忠公集》收“书简”十卷。这种将“书”与“尺牍”分开收录的编纂方式，此后被继承下来。如明代所编《东坡续集》十二卷中，除“书”一卷外，还有“书简”四卷。同样编于明代的《三苏全集·东坡集》八十四卷中，

① 刘勰著、周振甫注《文心雕龙注释》，人民文学出版社 1981 年版，第 277 页。

② 刘勰著、周振甫注《文心雕龙注释》，人民文学出版社 1981 年版，第 281 页。

除“书”二卷外，还有“尺牍”十二卷。这些“尺牍”都是原来被遗落的，这时才被搜集汇录在一起。这固然是因为欧阳修、苏轼人品高尚、文采出众，尺缣片楮，后世人皆乐于收集而宝藏之，亦因“尺牍”这种文体的价值终于得到认可。人们对“尺牍”的文体特征有了比较清晰的认识，因而将它与比较郑重、正式的论政、论学书信分别开来。狭义的“尺牍”作为一种文体，遂正式登上文坛。[①]自此以后，比较郑重、正式的论政、论学“书”，一般被视为“古文”之一体；而比较日常生活化、篇幅短小、文风活泼的“尺牍”，则被归于“小品文”的范畴，两者并行不悖。

当然，无论是公文性书信与个人化书信之间，还是个人化书信中比较郑重、正式的论政、论学书信与比较日常生活化的“尺牍”之间，界限都不是绝对的。两汉以后，臣僚给皇帝的奏疏，也还有叫“书”的，如王安石著名的《上仁宗皇帝言事书》。有些比较日常生活化的书信，如曹植《与杨德祖书》、陶渊明《与子俨等疏》，内容也未尝不重要。但总体上说，这几类书

① 见（日）浅见洋二《文本的“公”与“私”——苏轼尺牍与文集编纂》，《文学遗产》2019年第5期。

信之间的分野是清楚的。

及至明清时期，随着社会生活和人们思想观念的变化，人们的文学观念总体上越来越世俗化，即越来越注重反映普通人日常生活的文体，尺牍遂越来越受青睐。人们在编选文集时，往往将“尺牍”与“书”等量齐观，将之统一编入“书”中，甚至将“尺牍”单行。如明代文学家陆深的文集中，“书”类就兼收比较郑重、正式的论政、论学“书”，和包括家书在内的“尺牍”。后来因为他的“尺牍”很受欢迎，人们又将他的“尺牍”另编为《俨山尺牍》行世。冯梦祯《快雪堂集》六十四卷本收录“尺牍”十三卷，他又将尺牍部分单独刊刻为《快雪堂尺牍》。晚明其他著名文人如屠隆、汤显祖、王思任等，均有尺牍单独刊行。晚明至清初，更出现了选编出版历代名人尺牍总集的风潮，现在可以考知的不下两百种，其中影响较大的有杨慎《赤牍清裁》、王世贞《尺牍清裁》、屠隆《国朝七名公尺牍》、顾起元《盛明七子尺牍》、凌迪知《国朝名公翰藻》、李渔《尺牍初征》、周亮工《尺牍新钞》、汪淇等《尺牍新语》、陈枚《写心集》《写心二集》等。

二

尺牍历来是比较受欢迎的读物，堪称读者的宠儿，用鲁迅先生的话来说："日记或书信，是向来有些读者的。"[①] 人们为什么对尺牍感兴趣？古代尺牍对当代人还有何价值？我想它至少具有如下四个方面的意义：

一是可以帮助我们更准确深入地认识历史的真相。中国素来有重视历史的传统，记载古代历史的文献可谓汗牛充栋。但大部分正经正史记录的都是重大历史事件，描写的都是风云人物在朝堂、疆场上的壮举，属于宏大叙事，固然气势恢宏，但较少触及这些人物的日常生活图景，包括他们与家人、亲友、同僚等之间盘根错节的微妙关系，以及他们复杂幽微的内心活动。而他们所写的书信，则与各种笔记、野史等一起，展现了历史的另外一面。如果说正经正史反映的是这些人物带着面具的表演，那么书信等则在一定程度上反映了他们摘下面具后的真相。如果说前者展现的是台前的景象，那么后者则揭示了幕后的种种细节。看

① 鲁迅《孔另境编〈当代文人尺牍钞〉序》，见《鲁迅全集》（六）《且介亭杂文二集》，人民文学出版社 1961 年版，第 330 页。

历史，既要把握大局，也要深入细节；既要看到正面，也要看到反面。只有将这些不同的面相拼接在一起，才庶几接近历史的真面目。如我们可以称明代著名文学家汤显祖秉性刚正，不畏权贵，从遂昌知县任上自行辞职归家。但看到他当时与好友刘应秋等人的往来信函，就知道当时朝中人际关系多么复杂，汤显祖为争取出路曾做了多么不懈的努力。又如看到明代文学家王樵给子侄的书信，说到其子王肯堂中进士时，亲友们如何不屑一顾，当得知王肯堂中选翰林院庶吉士后，他们如何马上换了一副嘴脸，由此我们就可以知道当时人对进士、翰林院庶吉士的真实看法，以及当时社会所谓亲友之间关系的真相。从曾国藩写给其弟曾国荃等人的书信中，我们可以得知湘军内部、湘军与淮军之间、湘军淮军与清廷之间，是如何的矛盾重重。而从太平天国忠王李秀成写给英国传教士艾约瑟、杨笃信的书信中，我们又可以看到打着基督教旗号的太平天国与清朝、西方势力三者之间的微妙关系。从书信中获取的这些零碎而生动的细节，可以大大丰富我们对历史真相的认知，让我们对历史的印象由粗线条的轮廓变为鲜活的图景。

二是可以让我们感受古人的心灵世界，让我们加深对人性、人生、人世的理解。历史的车轮不停转动，社会生活嬗变不息，人们的思想观念也在不断变化，但人总还是具有灵性的血肉之躯，总还是要经历生老病死，难免种种喜怒哀乐、爱恨情仇。人类心灵深处的这些东西，千百年来变化其实非常有限。我们阅读古代优秀的文学作品，可以感受到古人的忧乐，与他们展开心灵的对话。在这个过程中，他们的面容神情清晰真切地浮现在我们眼前，让我们真觉得古今人相去不远。相对来说，在各种文体里，书信和日记是较能真实反映人们的内心世界的。周作人曾指出：

日记与尺牍是文学中特别有趣味的东西，因为比别的文章更鲜明的表出作者的个性。诗文小说戏曲都是做给第三者看的，所以艺术虽然更加精炼，也就多有一点做作的痕迹。信札只是写给第二个人，日记则给自己看的（写了日记预备将来石印出书的算作例外），自然是更真实更天然的了。我自己作文觉得都有点做作，因此反动地喜看别人的日记尺牍，感到很多愉快。我不能写日记，更不善写信，自己的真相仿佛在心中隐约觉到，但要写他下来，即使想定是私密的文字，总不免还有做作——这并非故意如此，实在是修养不足的缘故，然而因此也愈觉得别人的日记尺牍之佳妙，可喜亦可贵了。[1]

有趣的是，鲁迅先生也讨论了书信与其他文体之不同：

作者本来也掩不住自己，无论写的是什么，这个人总还是这个人，不过加了些藻饰，有了些排场，仿佛穿上了制服。写信固然比较的随便，然而做作惯了的，仍不免带些惯性，别人以为他这回是赤条条的上场了罢，他其实还是穿着肉色紧身小衫裤，甚至于用了平常决不应用的奶罩。话虽如此，比起峨冠博带的时候来，这一回可究竟较近于真实。所以从作家的日记或尺牍上，往往能得到比看他的作品更其明晰的意见，也就是他自己的简洁的注释。不过也不能十分当真。有些作者，是连账簿也用心机的，叔本华记账就用梵文，不愿意别人明白。[2]

①《日记与尺牍》，见周作人《雨天的书》，岳麓书社 1987 年版，第 11 页。

② 鲁迅《孔另境编〈当代文人尺牍钞〉序》，见《鲁迅全集》（六）《且介亭杂文二集》，人民文学出版社 1961 年版，第 330—331 页。

相比较而言，鲁迅先生更冷静清醒。在短短的一段话中，开头和结尾处两次强调，即使是写书信这类东西，作者也往往免不了“做作”和“用心机”，因此读者“也不能十分当真”。我们应该对此抱有充分的警觉。古代有些人写信给某人谈某事，本来就是准备公之于世的，相当于写公开信，这种文章就和一般文章没有多少差别，只是运用了书信这样一种文体形式而已。有些比较有名的人物，即使是写给朋友和家人的书信，或为名，或为利，或为了名利双收，也是早就打算日后要结集出版的，写的时候不免就有诸多顾忌和矫饰。有些信件收入文集或尺牍集时，还会做许多加工，加上一些漂亮话，尤其是删掉某些敏感内容，这些书信的真实性就要大打折扣了。

但鲁迅先生毕竟也肯定，书信的内容“究竟较近于真实”；通过书信，可以“从不注意处，看出这人——社会的一分子的真实”。[①]凡是书信，都是写给特定的人看的，如果太不真实，完全是套话假话，那就相当于当面撒谎，不会有任何好效果。何况大部分书信，特

① 鲁迅《孔另境编〈当代文人尺牍钞〉序》，见《鲁迅全集》(六)《且介亭杂文二集》，人民文学出版社1961年版，第330页。

别是尺牍，一般都是写给亲人，或比较熟悉的朋友，作者的心态往往比较放松。有些在公开场合不能说的真实感受和想法，可以向亲人和朋友一吐为快。说过之后，写信人往往还不忘记嘱咐收信人，所言不足为外人道,甚或要求看后即销毁。如苏轼《答李端叔（之仪）书》云："自得罪后，不敢作文字。此书虽非文，然信笔书意，不觉累幅，亦不须示人，必喻此意。"[①] 看看苏轼给亲友的诸多书信，我们就知道，在旷达洒脱的外表下面，一代天才心中又有多少悲苦与无奈。著名书画家赵孟頫的妻子管道昇，回娘家后给丈夫写信，叮嘱种种家务事，让他赶快寄柿子，说是丈人要吃，不仅书法清丽潇洒，而且语气亲切有趣，传递出这一对艺术家夫妇相知相惜的温情。至于明末清初抗清志士夏完淳的《狱中上母书》、辛亥革命先烈林觉民的《与妻书》，写信人临难之际，对至亲至爱的人敞开自己的心扉，真可谓饱含血泪，至情至性，感人至深。阅读这些尺牍中的精品绝品，我们会对人性的光辉、人生的悲欢和人世的苍茫有更深的感悟。

① 张志烈、马德富、周裕锴主编《苏轼全集校注》之《文集》卷四九，河北人民出版社 2010 年版，第 16 册，第 5345 页。

三是可以欣赏古人的文笔之美。书信本是一种应用性很强的文体，把要说的事情说完也就可以了。但我们现在所能看到的中国古代的书信，基本上都是士大夫们写的。中国古代一直存在一个士大夫阶层，这是中国古代长期实行大一统君权专制制度的产物，是中国古代社会结构的一个重要特点。士大夫们都接受过良好的教育，有较好的文学艺术修养，善于将生活艺术化。茶有茶道，花有花道，至于琴棋书画，那就更精妙无穷了。写信也是一件很雅的事情，不仅笔墨砚纸马虎不得，行款格式也有讲究。书信本身则力求写得生动活泼，于尺幅中见巧思。或如语家常，娓娓道来；或夸张调侃，风趣幽默。表关切则务求语气平和，有请托则力戒卑躬屈膝，要尽可能恰如其分，彼此两宜。结构则似信笔所之，而姿态横生。有些精巧鲜活的表达方式，在其他文体中是不可能出现的。所以鲁迅先生说，过去人看尺牍，就是为了看其中的“朝章国故，丽句清词，如何抑扬，怎样请托”①。诗词文赋文雅精致，内涵丰富，但要读懂并不容易；小说戏曲比较易懂，

① 鲁迅《孔另境编〈当代文人尺牍钞〉序》，见《鲁迅全集》（六）《且介亭杂文二集》，人民文学出版社 1961 年版，第 330 页。

但篇幅大多偏长。至于众多一本正经的高文典册，内容或许渊深，但除了专门研究者，一般人读起来无不觉得头昏脑胀。相形之下，小巧活泼、饶有情趣的尺牍，就成了阅读起来最轻松、可读性最强的文体。

四是可供当代人借鉴人际交往之道，尤其是语言交流的必要礼仪和技巧，因而具有实用价值。现代人已很少写信，但人际交往特别是语言交流仍然是必不可少的。古人既然写信，纸短情长，就要注意锤炼字句，力求表达清晰优美。对不同的对象，也要用不同的称谓和表达方式，以表示礼貌，务使“尊卑有序，亲疏得宜”[1]。现在人们发短信、微信，往往脱口而出，随手而发，态度随便，久而久之，语言就越来越单调，甚至粗鄙。长此以往，整个民族的语言水平和礼仪修养都可能下降，这是一件令人担心的事情。有些人不具备古文功底，又要显摆自己的古文，就更糟糕了。例如古代书信用语中的“启”本来是陈述的意思，因此书信可以用“敬启者”开头。现在人们一般用它表示打开信封的意思，有人却在信封上写某某人“敬启”，

① 徐师曾《文体明辨序说》，见吴讷、徐师曾《文章辨体序说 文体明辨序说》，人民文学出版社 1998 年版，第 129 页。

就是要求别人（包括尊长）恭恭敬敬打开这封信。“聆听”是恭敬听取的意思，所以只能说自己“聆听”。请别人听或读，只能说“垂听”“垂察”“垂览”“垂鉴”“赐览”“赐鉴”等。现在人汇报完了却常说“谢谢聆听”。试问收信或听汇报的长者看到或听到这样的表达，心中会作何感想？又如“家父”“家兄”本用于称自己的家人，有人写信却说对方的“家父”“家兄”如何如何；“令郎”“令爱”是称对方的儿女，有人却说自己的“令郎”“令爱”如何如何；“先严”“先慈”是指自己已过世的父母，有人却用来指还活着的父母。凡此种种，让人哭笑不得。再如年长者对晚辈，为表客气，也可称“兄”“世兄”“仁兄”等，而自称“弟”。有些人不懂这一点，拿着某位名人称其为“兄”而自称“弟”的信函，到处炫耀，洋洋得意，令人齿冷。现代人主要通过电子邮件、短信、微信等联系，这是大势所趋。写这类东西也不必生搬硬套古人尺牍的模式，但读一点古人的尺牍还是有好处的。浸润既久，我们可以多少懂得一些必要的知识，少闹笑话；也可以感受到一些古人相交相处之道，提高自己的修养，言辞之间学会以礼相待，从而构建一种和谐的人际关系。

基于上述认识，我们编选了这套“历代名家尺牍精粹”丛书，分辑出版，首辑拟推出明清尺牍十一家。

丛书的总体定位是一套具有一定学术水准、面向社会大众读者的普及型文学读本。主要收录狭义的尺牍，即比较日常生活化的书信，兼收部分比较有文采、有情趣的论政、论学类书信。选择标准主要着眼于尺牍的文学价值。注释和赏析力图在全面深入了解作者的经历、个性，对相关事件的来龙去脉了然于心的基础上，准确把握每篇尺牍的真实含义，揭示其压在纸背的心情，及其写作上的精巧微妙之处。

丛书旨在提供一套涵盖面广、典型性强、审美价值高的历代尺牍文学选本，有助于广大读者欣赏美文，获得轻松愉悦的审美享受；发抒性灵，陶冶情操；回望祖国传统文化，回味前人的生活方式，增进对中国古代社会和士人精神世界的理解；感受汉字和汉语的深邃魅力，提高书面和口头表达能力。

本丛书的编选撰写和出版肯定存在诸多不足之处，敬希读者批评指正。

廖可斌

前　言

汤显祖，字义仍，号海若、清远道人、若士、茧翁，书斋号玉茗堂，江西抚州府临川县(今抚州市临川区)人。生于明嘉靖二十九年八月十四日（公历1550年9月24日）。嘉靖四十二年（1563）成秀才。隆庆四年（1570）中举。万历十一年（1583）中进士，十二年八月赴任南京太常寺博士，十六年改南京詹事府主簿，十七年升南京礼部祠祭司主事。万历十九年闰三月上《论辅臣科臣疏》，五月贬广东徐闻县典史。九月赴贬所，二十年回到临川家中，年底晋京，量移浙江遂昌知县。万历二十一年三月到任，在任奖励农耕，抑制豪强，兴建相圃书院。万历二十六年初在北京上计后向吏部告假归里，万历二十九年正月吏部大计，被以“浮躁”名义正式罢职，自此闲居，万历四十四年六月十六日（公历1616年7月29日）去世。

汤显祖在后世主要作为文学家被人们纪念，但《明史》卷二百三十为他立传，乃是因为他的政治表现。汤显祖中举前后就以能文名传遐迩，时任内阁首辅张居正曾遣亲友联络，意欲延揽汤显祖与其子共学，汤显祖谢绝不往。隆庆五年（1571）、万历二年（1574）、万历五年、万历八年四次会试他均落榜。直到万历十年张居正死，他才于次年中进士。观政礼部时，内阁辅臣张四维、申时行有意招致门下，许以选为翰林院庶吉士，他又予以拒绝。《论辅臣科臣疏》抨击时任内阁首辅申时行及其门生吏科都给事中杨文举、礼科都给事中胡汝宁贪污受贿，弄权徇私，批评万历皇帝即位以来，“前十年之政，张居正刚而有欲，以群私人嚣然坏之；后十年之政，时行柔而有欲，又以群私人靡然坏之”。万历二十年以后，朝臣为大计、京察、立储等事件，互相攻击，势成水火。汤显祖虽身处偏远山区小县，仍然积极关注，对正直官员被贬表示不满，又遭到时任内阁首辅王锡爵等人嫉恨。万历二十四年起，因平哱拜、援朝抗倭、平播州杨应龙“三大征”，及紫禁城宫殿焚毁后重建，朝廷财政紧张，神宗派矿监、税使前往各地开矿、收税，举国骚然，酿成多处民变，汤显祖更感担忧。万历二十五年，他在《寄吴汝则郡丞》中说：“搜山使者如何？地无一以宁，将恐裂。”他之所以辞官，与对朝政的极端失望有关。

在文学方面，汤显祖被后世称颂的，主要是他的戏曲作品，但在当时，汤显祖之所以享有盛名，主要是因为他的诗赋和八股文创作。汤显祖早年志向远大，他的人生理想，就是像他的同乡前辈王安石那样，首先在政治上有重大建树，其次在学术、文学等方面都建立不朽业绩。他是阳明心学学者罗汝芳的弟子，对理学有独到见解，对佛学、道家学说也有很深造诣，还着手重编《宋史》。他曾有志于撰写子学著作，表达对天地万物和社会历史人生的看法，成一家之言。发现难度很大，遂把主要精力放在诗赋写作上。早年曾追随当时流行的复古派的文学主张，学习模仿汉魏六朝至初盛唐的诗风文风，以多用典故、辞采华丽见长。后来他意识到，这种模拟之作，不能表达真情实感，徒具形式，只是一种“赝文”。他进而敏锐地认识到，诗赋古文这种古典文学形式，已经失去生命力，“此道神情声色，已尽于昔人，今人更无可雄，妙者称能而已”(《答王澹生》)，达到了当时文人对古典诗文这种文学形式的前途命运的认识的最高水平。他之所以转而从事戏曲创作，与这种认识分不开。

汤显祖只是在他生命中的一小段时间里，专心从事戏曲创作，就写成了享誉千古的《临川四梦》。其中《紫钗记》脱胎于万历五年(1577)至七年间所作的《紫箫记》，万历十二年至十五年在南京任职期间修改为《紫钗记》，万历二十三年春再次修改完成。该剧描写唐代才子李益和美女霍小玉的爱情故事，表达了年轻人对爱情的浪漫想象。万历二十六年汤显祖辞官归里后，仅用数月时间，即于当年秋写成《牡丹亭》，赞美豆蔻少女杜丽娘与书生柳梦梅的美好爱情，“情不知所起，一往而深，生者可以死，死可以生”(《牡丹亭记题词》)，揭示了爱情这一人类永恒情感的神奇力量，赋予这一全人类共同话题以具有鲜明时代特色的深刻意蕴。万历二十八年夏完成的《南柯记》，描写唐代游侠淳于棼因醉梦入“大槐安国”，招为驸马，官至丞相，尽享荣华富贵二十年，醒来发现原来只是一梦，所谓“大槐安国”乃是门前槐树下一蚂蚁洞。此剧辛辣地讽刺官场丑恶，体现了汤显祖对政治和功名富贵的否定。《邯郸记》完成于万历二十九年秋，写唐代卢生在小店中感叹怀才不遇，仙人吕洞宾给他一个磁枕，卢生入梦，考中状元，历经宦海风波，官至太师，一觉醒来，小店中煮黄粱米饭尚未熟，表达了汤显祖对人生虚幻的感受和思考。

汤显祖曾被视为明代八股文“八大家”之一，但正如他本人所料,“制举义虽传,不可以久”(《答李乃始》),时过境迁，后来人基本就不提了。而他的尺牍则一直脍炙人口。天启元年（1621）韩敬编刻《玉茗堂文集》四十四卷，或遵循汤显祖本人所定，其中尺牍就占了六卷，共447篇，这个比例在古代作家别集中算是比较高的，可见汤显祖颇致力于此。除随全集流传外,《玉茗堂尺牍》还单独刊行，明末祁承㸁《澹生堂书目》、清初徐乾学《传是楼书目》都载有“《玉茗堂尺牍》六卷二册”。各种尺牍选集、总集中,玉茗堂尺牍都是重头戏。汤显祖尺牍的收信人，包括同乡师友、科举同年、朝廷大臣、所在省府县官员、文学界戏曲界同道等。涉及的话题，主要是自己的政治态度和对时政的评论、朋友情谊，还有对诗文和戏曲的见解等。汤显祖学问富赡，才思敏捷，见识高超，感情深挚，这些特点都在他的尺牍中得到体现。其尺牍篇幅或长或短，笔调或庄或谐，每于人意想不到处递进或转折，以叙事、议论为主体，而运以描写和抒情，韵致隽永，令人回味。明末沈际飞编《玉茗堂选集》之“尺牍题词”云:“汤临川才无不可，尺牍数卷，尤压倒流辈。”

本书选录汤显祖尺牍118篇。录文依据徐朔方先生笺校《汤显祖诗文集》（上海古籍出版社1982年版）卷四十四至卷四十九“尺牍”部分。对尺牍收信人、写作时间和背景的考订，也参考同书和徐朔方先生《汤显祖年谱》（浙江古籍出版社1993年版《徐朔方集》本），但利用现有资料条件有所补充修正。大多数尺牍以写作时间先后为序排列。个别不能确定写作时间的，置于同一收信人能确定写作时间的信函之后。选注工作由廖可斌、高虹飞合作完成，廖可斌负责选定篇目、修改补充注释、撰写点评，高虹飞负责录入原文、写出注释初稿。书中肯定存在讹误之处，敬祈读者指正。

廖可斌

2024年4月9日于北京大学中国古文献研究中心

目录

寄何滨岩先生〔一〕

某庚午举于乡〔二〕，今且当强仕〔三〕。记成童时，面受师训〔四〕，风义可想〔五〕。嗣后虽远炉鞴〔六〕，性局本殊，不好鲜规之技〔七〕，拓落于时〔八〕，流莅于古〔九〕。读《天台赋》〔一〇〕，续《名山游》〔一一〕，推襟送抱，常在缙、丽渚之墟〔一二〕。见津客〔一三〕，辄问吴越清正之士，复是谁人。而翘车之音不闻〔一四〕，将所搜扬为何〔一五〕。某父母年半百矣。敬问吾师，令子有当世才者几人？《雍藻》请正函丈〔一六〕，惟不惜金声〔一七〕。

注释

〔一〕何滨岩：何镗，字鸣仪，一字振卿，号宾岩，浙江丽水人，嘉靖二十六年（1547）进士，官至云南参政，见《（道光）丽水县志》卷十一本传等。是篇提到自己“庚午（隆庆四年，1570）举于乡”，何镗万历十三年（1585）卒，当作于其间。是篇未提到自己中进士，又提到“今且当强仕”，古人以四十为“强仕之年”，按当时风俗，汤显祖万历八年满三十周岁以后，已进入四旬之年，即可称“且当强仕之年”；又云“某父母年半百矣”，汤显祖之父汤尚贤生于嘉靖七年，其母吴氏生于嘉靖九年，他们“年半百”也在万历八年左右。信中又说以《雍藻》请正，按郭子章曾于万历九年为《雍藻》作序（见郭子章《青螺公遗书合编》卷首郭孔延《资德大夫兵部尚书郭公青螺年谱》），《雍藻》或刻于该年，则此信或即作于万历九年，汤显祖三十二岁。汤显祖另有《归云亭怀何宾岩先师丽水》诗（《汤显祖诗文集》卷十三）。

〔二〕庚午举于乡：隆庆四年（1570），汤显祖乡试中举。

〔三〕且当强仕：即将四十岁。古人以四十岁为“强仕之年”。《礼记·曲礼上》：“四十曰强，而仕。”

〔四〕记成童时，面受师训：成童：年纪稍大的儿童。古人以十五岁以上为“成童”（《礼记·内则》“成童舞象”注）；或谓八岁以上（《穀梁传·昭十九年》“羁贯成童”注）。汤显祖十四岁进学，时何镗任江西提学佥事。

〔五〕风义：风度、气概。可想：意谓现在还可以回想。

〔六〕炉鞴（bèi）：火炉鼓风的皮囊，借指熔炉。远炉鞴：指远离教诲。

〔七〕性局：秉性和器局。鲜规之技：小技。《庄子·天运》：“鲜规之兽，莫得安其性命之情者，而犹自以为圣人。”这里指写科举文章的技艺。

〔八〕拓落：亦作落拓，不得意。

〔九〕流莅：散漫涉猎。流莅于古：指不喜欢像世人一样专心揣摩八股文，而爱好古代诗文典籍。

〔一〇〕《天台赋》：指东晋孙绰《游天台山赋》。《世说新语·文学》："孙兴公作《天台赋》成，以示范荣期云：'卿试掷地，要作金石声。'" 天台山在浙江台州府天台县，何镗为浙江处州府丽水县人，两地相距较近。此处表达对天台山的向往，同时表达对何镗的想念。

〔一一〕《名山游》：指南朝宋谢灵运《游名山志》，原书已佚，今人有辑本，主要描写浙江温州、绍兴、丽水一带山水，何镗有《名山记》十七卷。

〔一二〕推襟送抱：指情感的指向。缙：缙云山，在今浙江缙云县。丽渚：丽水，在今浙江省南部。墟：区域。

〔一三〕津客：渡口的过路客人。《论语·微子》："长沮、桀溺耦而耕，孔子过之，使子路问津焉。"

〔一四〕翘车：礼聘贤士的车子。《左传·庄公二十二年》引逸诗："翘翘车乘，招我以弓。"

〔一五〕搜扬：访求举拔。

〔一六〕《雍藻》：万历四年（1576）前后，汤显祖集其在南京国子监游学时所作诗文为《雍藻》，约刻于万历九年，已佚。函丈：古代讲学者与听讲者，坐席之间相距一丈。后用以称讲席，引申为对前辈学者或师长的敬称。《礼记·曲礼上》："若非饮食之客，则布席，席间函丈。"

〔一七〕惟：希望。金声：对人声音的美称。

点评

汤显祖堪称神童，十四岁就中了秀才，二十一岁中举，当时在士子中已享有盛名。但此后十余年连续四次参加会试均不中，一晃就到了中年,心情不免郁闷。这封信写给最早赏拔自己的何镗,既对往日何镗的知遇之恩满怀感激,又不免感到失意愧疚。但此时汤显祖对自己的前途还抱有信心,所以情绪总体上还比较稳定。把对师长的想念,与对师长家乡山水胜景的向往融为一体,表达方式比较生动自然。

寄高太仆〔一〕

久不闻问,知履候无爽〔二〕。长安贵人〔三〕,辄问吾郡荐逸〔四〕,谁最所知。仆详宣道趣〔五〕,以为浑金润玉〔六〕,不宜久委泉石间〔七〕。第门下一辈人远矣〔八〕,无知言者。吾乡贵人如短尾羊,裁取自掩〔九〕,何能庇人。

忆与拾芝诸友倡歌踏舞〔一〇〕,备极一时之致,长者时为欣然御之〔一一〕。比来乃为物情周摄所苦〔一二〕。右军云,晚须丝竹陶写〔一三〕。觉少年人磊魂更须也〔一四〕。还布衣于南国,作傲吏于本朝。《春秋》有作,亦何用书"高子来"乎〔一五〕?

注释

〔一〕高太仆:高应芳,字惟实,江西抚州人,嘉靖三十二年(1553)进士,官至太仆少卿,见《(雍正)江西通志》

卷八十二本传等。是篇作于万历十一年（1583），时高应芳罢官家居，汤显祖春试中进士，观政北京礼部，年三十四。

〔二〕履候无爽：经历和状态不错。任昉《为庾杲之与刘居士虬书》："冲明在襟，履候无爽。"《梁书·何胤传》："既内绝心战，外劳物役，以道养和，履候无爽。"

〔三〕长安贵人：指北京朝廷中的达官贵人。

〔四〕吾郡：高应芳和汤显祖同为江西抚州府人。荐逸：推荐隐逸之士。《论语·尧曰》："兴灭国，继绝世，举逸民，天下之民归心焉。"

〔五〕仆：我的谦称。详宣道趣：详细宣传（您的）修道的情趣。《晋书·皇甫谧传》："谧上疏自称草莽臣，曰：'臣以尫弊，迷于道趣。'"

〔六〕浑金：未经冶炼的金，比喻具有天然美质的人。润玉：温润的玉。

〔七〕久委：长期抛弃闲置。泉石间：指乡野。

〔八〕第：只是。门下一辈人远矣：指高应芳的学生一辈人距朝廷比较远。

〔九〕裁：通"才"，仅仅。

〔一〇〕与拾芝诸友倡歌踏舞：指吴拾芝、谢九紫、曾粤祥等，俱为汤显祖同乡好友。万历五年（1577）至万历七年，汤显祖于家乡创作《紫箫记》传奇，每填好一曲，即被吴拾芝"夜舞朝歌而去"。关于《紫箫记》的创作过程，详见汤显祖《玉合记题词》（《汤显祖诗文集》卷三十三）。

〔一一〕御之：光临，参加。

〔一二〕物情周摄：各种各样的人情物议，求全责备。

〔一三〕右军：王羲之，东晋著名书法家，曾任右军将军。晚须丝竹陶写：指人到晚年，经历的生离死别越来越多，心情悲凉，需要靠音乐排遣。《世说新语·言语》："谢太傅语王右军曰：'中年伤于哀乐，与亲友别，辄作数日恶。'王曰：'年在桑榆，自然至此，正赖丝竹陶写，恒恐儿辈觉，损欣乐之趣。'"

〔一四〕磊磈：众石累积，喻胸中不平之气。陆游《懒趣》："已矣驰驱息，悠然磊磈平。"

〔一五〕高子来：《春秋·闵公二年》："冬，齐高子来盟。"《穀梁传》："其曰来，喜之也；其曰高子，贵之也。"这里借用其语，指高应芳应诏还朝为官。

点评

高应芳是汤显祖的同乡前辈，当汤显祖与同乡好友吴拾芝、谢九紫、曾粤祥等夜舞朝歌、征逐诗酒时，高应芳以长辈的身份不时欣然参加。万历三年（1575），汤显祖首部作品《红泉逸草》付梓，卷首题"临川令李大晋刊，太仆卿金溪高应芳校"，可见高应芳是一个热心奖掖后辈的人。据《（康熙）金溪县志》，高应芳隆庆中晋太仆卿，请假归，为忌者所中，神宗即位，左迁武冈知州，不赴，家居三十余年卒。则汤显祖写此信时，高应芳已家居十余年，而且他也并不热衷仕途，但汤显祖此信还是希望他能复出。中国古代文人口头上都说不愿意做官，但实际上一般都想做官，也总是祝愿别人做官、复官、升官，很少有劝对方不做官的，这是人之常情，也是人际交往通例。此信中讽刺江西籍在京高官如“短尾羊”，只顾自己，颇为冷峻辛辣，这可能与汤显祖在京观政期间希望得到同乡高官的关照不果有关。汤显祖未考中进士前很不得意，刚考中进士又发现很多不如意，胸中垒块似乎比老年人还多。这里写出了人生常态，但汤显祖打定主意不违背自己为人处世的原则，即使罢官回家也在所不惜，这预示了他后来的人生道路。

奉罗近溪先生〔一〕

受吾师道教〔二〕，至今未有所报，良深缺然〔三〕。道学久禁，弟子乘时首奏开之〔四〕，意谓吾乡吏者当荐召吾师，竟尔寥寥。知我者希，玄涤所贵〔五〕。云南进士张宗载时道吾师毕节时化戢莽部〔六〕，干羽泮宫之颂不诬矣〔七〕。京师拥卧无致〔八〕，小疏一篇附往。

注释

〔一〕罗近溪：罗汝芳（1515—1588），字惟德，号近溪，学者称为明德夫子，江西南城人，嘉靖三十二年（1553）进士，官至云南布政司右参政，见清黄宗羲《明儒学案》卷三十四本传等。罗汝芳是明泰州学派王艮的三传弟子，主张以“赤子之心”“不学不虑”致良知。是篇约作于万历十一年（1583），时罗汝芳罢官归里，从事讲学。汤显祖春试中进士，观政北京礼部，年三十四。

〔二〕吾师：汤显祖尝从罗汝芳受学。汤显祖《秀才说》："吾生四十余矣。十三岁时，从明德罗先生游。"（《汤显祖诗文集》卷三十七）《太平山房集选序》："盖予童子时从明德夫子游，或穆然而咨嗟，或熏然而与言，或歌诗，或鼓琴。予天机泠如也。"（《汤显祖诗文集》卷三十）

〔三〕良：很。缺然：心中感到欠缺。

〔四〕道学久禁：万历三年（1575），张居正上疏请求禁止别创书院、群聚徒党；万历七年，又拟旨诏毁天下书院。乘时：万历十年张居正病逝。

〔五〕知我者希，玄涤所贵：知道我的人很少，这是《老子》所肯定的。《老子》："涤除玄览，能无疵乎？""知我者希，则我者贵，是以圣人被褐怀玉。"

〔六〕张宗载：字一宁，白族，云南鹤庆人，万历十一年（1583）进士，官至山东道监察御史，见《（雍正）云南通志》卷二十一本传等。张宗载与汤显祖为同年进士。毕节：明时设毕节卫，治所在今贵州毕节市，西邻今云南昭通、曲靖市。化：感化。戢：制服。莽部：毕节当地的少数民族部落。万历初，罗汝芳曾任云南布政使司右参政，分守永昌。

〔七〕干羽：古代舞者所执的舞具，文舞执羽翳，武舞执干盾。此处指文德教化。《尚书·大禹谟》："帝乃诞敷文德，舞干羽于两阶。"泮宫：西周诸侯所设大学，后泛指学宫。《汉书·郊祀志上》:“周公相成王，王道大洽，制礼作乐，天子曰明堂辟雍，诸侯曰泮宫。”这句是说，罗汝芳不用武力，而是教化边远地区的少数民族部落，《尚书》等典籍中的说法，真正得到了实践。

〔八〕拥卧：拥被而卧。无致：没有兴致。

点评

罗汝芳是万历前期重要理学家，以善于讲学著称。万历五年(1577)，罗汝芳任云南布政使司右参政，因公进京，应邀至城外广慧寺讲学，朝中人士纷纷前往听讲，引起轰动。当时的首辅张居正是一个政治家，讲究效率，比较务实，对理学家们讨论性理之类问题不感兴趣，因此唆使朝臣上书，劾罗汝芳“事毕不行，潜在京师”(《明儒学案》卷三十四《参政罗近溪先生汝芳》)、“摇撼朝廷，爽乱名实”(张居正《张太岳集》卷二十九《答南司成屠平石论为学》)，遂罢官。这是万历前期张居正当政时打压讲学的一个标志性事件。万历十年张居正卒，他的一些做法纷纷被推翻，讲学之禁也放开了，因此汤显祖写这封信，希望罗汝芳能够复官，为没有人推荐罗汝芳复出抱不平。实际上罗汝芳此时已年近七十，复出可能性不大，汤显祖又引《老子》中的话安慰他“知我者希，则我者贵”,这与罗汝芳“大道只在自身”的学术观点也有相通之处。

答余中宇先生〔一〕

某少有伉壮不阿之气〔二〕，为秀才业所消〔三〕，复为屡上春官所消〔四〕。然终不能消此真气。观察言色，发药良中〔五〕，某颇有区区之略〔六〕，可以变化天下。恨不见吾师言之〔七〕，言之又似迂者然，今之世卒卒不可得行〔八〕。惟吾师此时宜益以直道绳引上下〔九〕，万无以前名自喜〔一〇〕。弟子不胜为国翘祝〔一一〕。

注释

〔一〕余中宇：余懋学（1543—1599），字行之，号中宇，江西婺源人，隆庆二年（1568）进士，官至南京户部右侍郎，见清张廷玉《明史》卷二百三十五本传等。是篇作于万历十一年（1583）中进士后，时余懋学复官，汤显祖观政北京礼部，年三十四。

〔二〕伉壮：强壮。不阿：不曲从，不逢迎。

〔三〕秀才业：指考八股文。

〔四〕屡上春官：指参加会试。汤显祖隆庆四年（1570）乡试中举后，于隆庆五年、万历二年（1574）、万历五年、万历八年四次参加会试，均落第。春官：礼部。《周礼》以天、地、春、夏、秋、冬配六官，春官配大宗伯，相当于后世的礼部。

唐宋以后的进士考试初试（省试、礼部试、会试）由礼部主持。

〔五〕观察言色：中医以望闻问切、观察病人的气色作为诊断手段。发药良中：开出的药方非常对症。这里用中医治病比喻治理国家。

〔六〕区区：形容微不足道。略：方略。

〔七〕吾师：汤显祖《负负吟》诗序："为诸生时，太仓张公振之，期予以季札之才。婺源余公懋学、仁和沈公楠，并承异识。"（《汤显祖诗文集》卷十六）

〔八〕卒卒：匆促急迫之中。

〔九〕绳：木工用以划定直线的墨斗线，借指标准、正道。引：引导、约束。

〔一〇〕万无以前名自喜：万历初，余懋学任南京户科给事中，时张居正当国，进《白燕曲》《白莲颂》粉饰太平。懋学以天下大旱，皇帝下诏罪己，与百官图修禳，而居止献瑞，非大臣所当为，抗疏论之。接着又弹劾南京守备太监申信不法，又上疏建议崇惇大、亲謇谔、慎名器、戒纷更、防佞谀五事。时居正务为从严治政，而余懋学之疏与他意见相反，遂将余罢官，永不叙录，余懋学正直之声传遍朝野。

〔一一〕翘：翘首，抬头望，表示盼望之切。祝：祝愿。

点评

汤显祖做秀才时，余懋学就很赏识他。万历初张居正当权，余懋学以得罪张居正免官。万历十年（1582）张居正卒，余懋学复官。汤显祖写此信，一方面表示自己对朝政很有见地，希望得到余懋学的重视和推荐，同时劝余懋学不要满足于先前所获得的名声，而应该继续坚持正道，扶持朝纲。余懋学虽是科举和官场前辈，但仅比汤显祖大七岁，在良师益友之间，所以汤显祖此信语气比较坦诚直率。《论语·季氏》："益者三友，损者三友。友直，友谅，友多闻，益矣；友便辟，友善柔，友便佞，损矣。"汤显祖可谓益友。从这封信中可以看出，汤显祖是有远大政治抱负的，可惜后来一直没有得到施展的机会。顺便指出，余懋学复官以后，确实如汤显祖所期望的，敢于指斥时弊，弹劾权贵，奏请剥夺成国公朱希忠追封的定襄王爵，请召还因言事被谴的官员，抨击朝廷中官员拉帮结派、互相排斥等，锋芒不减当初。

与司吏部〔一〕

仆宵貌绰约〔二〕，秉意疏质〔三〕，得幸门下最久〔四〕，儌荣至深〔五〕。去八月中秩奏下覆，更与奉陵祠〔六〕，甚幸惠也。都下获夕〔七〕，以旁避客，有所留言。喜兹岁天下复得明选君〔八〕。窃不自疏外，宿意得陈〔九〕。

仕宦固争浓淡之路矣，置之淡则无色，与贵人亲易媒〔一〇〕，远则难致。故南郎者〔一一〕，仕人所谓迟回厌怠之者也〔一二〕。凤乘于风，龙乘于云，仕宦乘于时。圣贤亦若而人耳〔一三〕。向长安而笑〔一四〕，仆岂恶风云之壮捷哉。知门下有意留仆内征也〔一五〕。虽然，仆有私愿，而特不愿去南。仆之有南，如鱼之有水〔一六〕，精气之有垠宅也〔一七〕。

断不可北者有五。父母与子，异息分身〔一八〕，丝忽悬虑〔一九〕。纵以受事乏其温凊〔二〇〕，何得更忍阔离疏隔闻问乎！南都去家，水行风利，可五日所〔二一〕。家大人不远一来至，月一相闻也。北则违绝常百余日，子不知父母。一也。

仆亡妇二年矣〔二二〕。遗息阿蘧八龄，阿耆六周耳〔二三〕。推燥分甘〔二四〕，用父代母，至今两儿尚枕藉怀腕，行则牵人衣带，引凉避风，衣食加损，视病汗下，非仆不可。在北鞅掌〔二五〕，何能视儿。二也。

仆纵北徙，止可得六品郎〔二六〕，岁食钱可四万〔二七〕。而所僦门室两进〔二八〕，杂粢疏糒〔二九〕，买水上而食〔三〇〕，一马二隶，费已不下七万钱。人客过饷，十三酬折〔三一〕，裁足家累衣物〔三二〕，岁时伏腊耳〔三三〕。其余经纪〔三四〕，不能无求。南郎多宫舍〔三五〕,人从酒米家来〔三六〕。三也。

仆素羸〔三七〕，裁过时不得食卧，辄病惙数日〔三八〕。每自亲择药。常叹曰，神农于人有功，一得其食，二得其药〔三九〕。徙北则朝请谢谒〔四〇〕，常尽辰午失食〔四一〕。

道地精药，多不至北。取假频数，大吏所恶。且曹事沓迫〔四二〕，宁当舒枕卧邪〔四三〕？四也。

又南北地性，暑雨寒风，清污既别；飞虫之属，各有所多。南暑可就阴息，雨适断客为趣耳〔四四〕。吏于北者，虽有盲风灰人之面〔四五〕，粪人之齿〔四六〕，犹将扶马扬呼而造也〔四七〕。乃至寒时，冰厚六尺，雪高三丈。明星以朝〔四八〕，鼓绝而进〔四九〕，折风洞门，噫呜却立〔五〇〕。沉阴凌兢〔五一〕，瘁洒中骨〔五二〕。餐煤食炕，烁经销液〔五三〕。又弱不受秽，行见通都道头不清〔五四〕，每为眩顿〔五五〕。春深沟发尤甚〔五六〕，遂有游光赤疫〔五七〕，流行瘇首〔五八〕，不避顽俊〔五九〕。是生青蝇，常白日万口，横飞集前，意不可忍。旧都清丽娱人，独夜苦蚊音，妨人眠卧。至于垂玄幙〔六〇〕，燧青烟〔六一〕，未尝不杳然而去也。土风有宜，五也。

凡此五者，初非迂远奇怪，强有推持〔六二〕。凡在通怀〔六三〕，所宜并了〔六四〕。况夫迩中轴者，不必尽人之才〔六五〕；游闲外者，未足定人之短〔六六〕。长安道上，大有其人，无假于仆〔六七〕。此直可为知者道也。夫铨人者〔六八〕，上体其性，下刌其情〔六九〕。恐门下牵于眷故，未果前诺，故复有所云。倘得泛散南郎，依秣陵佳气〔七〇〕，与通人秀生〔七一〕，相与征酒课诗〔七二〕，满俸而出〔七三〕，岂失坐啸画诺耶〔七四〕。

《语》不云乎，“斐然成章”〔七五〕。人各有章，偃仰澹淡历落隐映者〔七六〕，此亦鄙人之章也。惟明公哀怜〔七七〕，成其狂斐。

注释

〔一〕司吏部：司汝霖，本为山东汶上张林之子，数岁母卒，湖广江陵人司镗，督运粮过汶上，与张林相友善，乞为子，因改姓司。隆庆二年（1568）进士，任临川知县，改兵部武选司主事，迁吏部稽勋司员外郎、吏部文选司郎中，万历十七年（1589）十一月任太常寺少卿时奏请复姓张，名汝济，字泽民，官至福建巡抚，见《（雍正）江西通志》卷六十二本传等。是篇作于万历十五年，时汤显祖任南京太常寺博士，年三十八。司汝霖调任吏部后，来信劝汤显祖与执政沟通，可转任吏部主事。汤显祖回此信，谢绝其意。明邹迪光《汤义仍先生传》：“时典选某者，起家临川令。公其所取士也。以书相贻，曰：‘第一通政府，而吾为之怂恿，则北铨省可望。’而公亦不应，亦如其所以拒馆选时者。”（《调象庵稿》卷三十三）

〔二〕仆：我。宵貌：平常相貌。宵本指夜晚，又通“小”，指细小、琐碎。绰约：这里是柔弱的意思。

〔三〕秉意：怀有的意向。疏质：疏远、质朴。

〔四〕门下：司汝霖隆庆二年（1568）中进士后任汤显祖家乡临川县知县，故汤显祖称“门下”。

〔五〕徼荣：获得荣耀，沾光。

〔六〕去八月中秩奏下覆：汤显祖于万历十二年（1584）八月始任南京太常寺博士。其《怀戴四明先生并问屠长卿》：“八月十日到官寺，是日临斋多所思。”（《汤显祖诗文集》卷七）更与奉陵祠，即指汤显祖任南京太常寺博士。明代南京太常寺主管祭祀明太祖孝陵等事务。

〔七〕获夕：获得时间。

〔八〕选君：吏部具体负责文官选拔的官员。

〔九〕不自疏外：不自以为疏远，保持距离。宿意：往日的心意。陈：述说。

〔一〇〕易媒：容易得到赏识介绍。周时《谢监司荐举启》：“笑穷通之有序，矜富贵于易媒。”

〔一一〕南郎：南京各衙门的郎官。下文“南都”即指南京。明太祖朱元璋建都南京，明成祖朱棣于永乐十九年（1421）迁都北京，后明代遂以南京为陪都。

〔一二〕迟回：犹疑、徘徊。《魏书·郭祚传》：“高祖叹谓祚曰：‘卿之忠谏，李彪正辞，使朕迟回不能复决。’”厌怠：厌倦怠惰。姚最《续画品》：“俾昼作夜，未尝厌怠。”

〔一三〕凤乘于风，龙乘于云，仕宦乘于时。圣贤亦若而人耳：这里是说像孔子、老子这样的圣贤，也希望乘时有所作为。《论语·微子》：“楚狂接舆歌而过孔子曰：‘凤兮凤兮，何德之衰！往者不可谏，来者犹可追。已而，已而，今之从政者殆而！'”《史记·老子列传》:“孔子适周,将问礼于老子……孔子去，谓弟子曰：‘鸟，吾知其能飞；鱼，吾知其能游；兽，吾知其能走。……至于龙，吾不能知，其乘风云而上天。吾今日见老子，其犹龙邪！'”

〔一四〕向长安而笑：形容仰慕京城。桓谭《新论·琴道》:“人闻长安乐，则出门向西而笑；知肉味美，对屠门而大嚼。”

〔一五〕门下有意留仆内征：指司汝霖有意将汤显祖由南京调任北京，是由外调内，故称内征。

〔一六〕仆之有南，如鱼之有水：《三国志·蜀书·诸葛亮传》:“孤之有孔明，犹鱼之有水也。”

〔一七〕垠宅：边际、空间，借指人的躯体。

〔一八〕父母与子，异息分身：形容骨肉之亲。《吕氏春秋·精通》:“父母之于子也，子之于父母也，一体而分形，同气血而异息，痛疾相救，忧思相感，生则相欢，死则相哀，此之谓骨肉之亲也。”

〔一九〕丝忽：中国古代极小的度量单位，这里指极细微的事情。《孙子算经》:“度之所起起于忽。欲知其忽，蚕吐丝为忽。十忽为一丝，十丝为一毫，十毫为一厘，十厘为一分，十分为一寸。”悬虑：相距遥远而担心。

〔二〇〕温凊：冬温夏凊的省称。凊：本义为凉，借作动词指使凉快。冬天先将床席睡暖，夏天先将床席弄凉，形容子女侍奉父母无微不至。《礼记·曲礼上》:“凡为人子之礼，冬温而夏凊，昏定而晨省。”

〔二一〕可五日所：大约五日左右。

〔二二〕仆亡妇二年矣：汤显祖夫人吴氏于万历十三年（1585）十二月初十病逝，年三十二。据汤显祖《明敕赠吴孺人墓志铭》，见吴凤雏《来自汤公故里的发现——读最新出土两篇汤显祖墓志铭》(《文学遗产》2017年第2期)。

〔二三〕遗息阿蘧八龄，阿耆六周：即汤显祖长子汤士蘧、次子汤大耆。汤士蘧生于万历五年（1577）腊月，时约八九岁。汤大耆生于万历八年，是年六岁。汤士蘧八岁即有文名，汤显祖《重得亡蘧讣二十二绝》其二："汝从三岁识经书，八岁成文便起予"；其三："五岁《三都》成暗诵，终星廿史略流通"。(《汤显祖诗文集》卷十四)万历二十八年汤士蘧卒于南京，年仅二十三岁。汤大耆字尊宿，监生，官至徐州判，见《(光绪)抚州府志》卷四十五等。汤大耆著有《焦尾》《霜叶》二集。

〔二四〕推燥：把干燥处让给幼儿睡。分甘：分享甘美之味。《孝经援神契》:“母之于子也，鞠养殷勤，推燥居湿，绝少分甘。”

〔二五〕鞅掌：形容事务繁忙。《诗经·小雅·北山》:“或栖迟偃仰，或王事鞅掌。”

〔二六〕六品郎：汤显祖此时任南京太常寺博士，正七品。如调任吏部主事，正六品。

〔二七〕岁食钱：俸禄。按明代官员俸禄构成比较复杂，总的来说为历代最薄。最初只发米，后来大部分折钞。钞不断贬值，折法也不断变化。银、钞、钱可以互相折换。六品官每年俸禄大约四五十两银，约合钱四万文。

〔二八〕僦（jiù）：租赁。进：递进的一层，中国古代院落的基本单位。古代院落基本布局，主要有单进、两进、三进、四进等。

〔二九〕籴（dí）：买进粮食。蔬：蔬菜。糒（bèi）：干粮。

〔三〇〕买水上而食：指需要从运河边购买南方运过来的食物。

〔三一〕人客过饷，十三酬折：指有人馈赠，要有所还礼，但馈多还少，有所结余。

〔三二〕裁：通“才”。家累衣物：家庭生活负担。

〔三三〕伏腊：夏天伏祭和冬天腊祭的省称，此处泛指一年内各种节日。杨恽《报孙会宗书》：“田家作苦，岁时伏腊，烹羊炮羔，斗酒自劳。”以上数句，言輂每年四万钱俸禄，加上得到的馈赠，仅足应付每年的日常用度。

〔三四〕经纪：料理各种事务。

〔三五〕南郎多宫舍：指南京太常寺房屋多，可以居住，不必另租房。

〔三六〕人从酒米家来：仆人和酒米都从江西家中带来，不必另外花钱雇佣购买。

〔三七〕素：向来。羸：瘦弱。

〔三八〕裁：才，只要。过时不得食卧：不能按时吃饭和睡觉。惙（chuò）：疲乏。

〔三九〕一得其食，二得其药：相传神农制耒耜以教民耕种，尝百草以救民疾病。

〔四〇〕徙北：指调任北京。朝请：泛指朝见皇帝。《史记·魏其武安侯列传》："太后除窦婴门籍，不得入朝请。"裴骃《集解》："律：诸侯春朝天子曰朝，秋曰请。"谢谒：进见拜谢。《魏书·元顺传》："凡有迁授，莫不造门谢谒。"

〔四一〕辰午：中国古代计时法，辰时即上午七点至九点，午时即上午十一点至下午一点。

〔四二〕曹事：部门的事务。官府的各个部门称曹。《汉书·游侠传》："又日出醉归，曹事数废。"沓：连续，多。迫：紧迫。

〔四三〕宁当：岂应该。

〔四四〕断客：谢绝来客。《梁书·沈约传》："遭母忧，舆驾亲出临吊，以约年衰，不宜致毁，遣中书舍人断客节哭。"此句谓南方雨多，但雨天正好谢绝交往，自得清闲。

〔四五〕盲风：疾风。《礼记·月令》："盲风至，鸿雁来，玄鸟归，群鸟养羞。"

〔四六〕粪人之齿：弄脏人的牙齿。

〔四七〕造：去，到。

〔四八〕明星以朝：天上还有明亮的星星，就要上朝。按古代上朝一般在卯正，即早晨六点。

〔四九〕鼓绝而进：五鼓声音一停，就要进衙门。古人将一夜分为五段，击鼓报时，称五鼓，又称五更、五夜。五鼓相当于清晨时分。

〔五〇〕折风洞门：在门洞里被风吹转。噫呜却立：口里发出声音，倒退站稳。

〔五一〕沉阴：很深的寒气。凌兢：因寒冷而战栗。《汉书·扬雄传上》："驰阊阖而入凌兢。"颜师古注："入凌兢者，言寒凉战栗之处也。"

〔五二〕瘁（cuì）：疾病。洒：寒栗貌。中骨：入骨。

〔五三〕餐煤食炕：用煤烧饭，在烧热的炕上吃饭。烁经销液：热气毁坏人经络，烘干人体中的水分。

〔五四〕通都：整个都城。道头不清：指当时北京冬天路上有冰雪，到处是垃圾，牛马粪也很多，无人清理。

〔五五〕眩顿：晕眩，短暂思维停顿。

〔五六〕春深沟发：旧时北京城冬天将包括牛马粪在内的各种垃圾扫入路旁沟中，春天到来，气温上升，沟中垃圾腐烂，散发浓烈恶臭气味，称为沟发。

〔五七〕游光：中国古代传说中的恶鬼，此处代指疫病。赤疫：中国古代传说中使人得疫病的恶鬼。张衡《东京赋》："殪野仲而歼游光"，"煌火驰而星流，逐赤疫于四裔"。薛综注："野仲、游光，兄弟八人，常在人间作怪异"，"赤疫，疫鬼恶者也"。

〔五八〕瘇（zhǒng）首：头肿病。

〔五九〕不避顽俊：不管是愚蠢的，还是优秀的，都会感染。顽：愚蠢。俊：优秀。

〔六〇〕玄幙：黑色的帐幕。

〔六一〕燧青烟：指点燃驱蚊的烟，升起青色烟雾。燧：本为打火石，此指点燃。

〔六二〕强有推持：故意有所推辞和坚持。

〔六三〕通怀：互相交流情意，沟通怀抱。《资治通鉴·唐纪一》："今日以前，咸共刷荡；使至以后，彼此通怀。"

〔六四〕所宜并了：肯定能够完全理解。了：理解。

〔六五〕迩：接近。中轴：指朝廷中枢权力机构。不必尽人之才：不一定就能充分发挥人的才能。

〔六六〕游闲外者：指不做官或担任一些闲散职务者。未足定人之短：也不能就此断定这个人的短处。

〔六七〕假：借用，依靠。仆：对自己的谦称。

〔六八〕铨：选拔官吏。

〔六九〕刌：同"忖"，揣度。

〔七〇〕秣陵：中国古代县邑名，其县治即今南京市江宁区秣陵街道一带，此处代指南京。

〔七一〕通人：学识渊博的人。王充《论衡·超奇篇》："博览古今者为通人。"

〔七二〕征酒：行令饮酒。课诗：以写作诗歌为功课，泛指写诗。

〔七三〕满俸而出：做满一个任期，正常调离。明代官员三年考核一次（不同于考察），称满俸、考满。

〔七四〕坐啸：闲坐吟啸。画诺：在文书上签字，表示同意照办。均形容为官清闲。《后汉书·党锢列传》:“二郡又为谣曰:‘汝南太守范孟博，南阳宗资主画诺。南阳太守岑公孝，弘农成瑨但坐啸。’”

〔七五〕语不云乎，“斐然成章”:《论语·公冶长》:“子在陈，曰:‘归与!归与!吾党之小子狂简，斐然成章，不知所以裁之。’”斐然:文彩华丽。章:文彩，图案。斐然成章:形成了华丽的图案,指人生有所成就。下文“狂斐”亦自此出。

〔七六〕偃仰:俯仰，悠然自得的样子。澹淡:水波动荡、随风漂浮貌，此处用以形容安居之从容自得。司马相如《上林赋》:“群浮乎其上，泛淫泛滥，随风澹淡。”历落:洒脱。苏轼《苏世美哀词》:“有美一人，长而髯兮，廞歆历落，进趋襜兮。”隐映:隐退而映照,指甘居闲散边缘位置,若隐若现。

〔七七〕明公:即指对方，敬称。

点评

这是汤显祖书信中篇幅最长者之一，是他的精心之作，也是历来受到高度关注的一篇名文。该文通篇仿拟嵇康的《与山巨源绝交书》，表达自己不愿意攀接达官贵人，以谋求调到北京吏部这样的实权部门任职。汤显祖是否真的完全不想到实权部门任职呢?肯定不是。他怀有远大的政治抱负，对自己的才华能力也抱有充分自信，根本不想终生只做一个文学家和学者。按明代制度，新考中进士者一般在中央各部门实习几个月，称“观政”，然后即分派中央各部门和地方州县任职。汤显祖中进士后在北京滞留一年多，才赴南京就任太常寺博士，不同寻常，具体原因不详，不排除是想谋取更好的职位。后来十几年，他也一直在努力升迁到更高的官位，以实现自己的人生理想。司汝霖的建议是出于真心，但汤显祖断然予以拒绝，原因可能有如下几点：一是根据自己在北京期间的见闻，汤显祖觉得这件事成功的可能性不大；二是司汝霖虽然是汤显祖的旧交，对汤显祖很关心，但他与张居正走得较近，后来终究因此被罢官，汤显祖可能不想与他建立过于密切的联系；当然更重要的是，汤显祖秉性刚正，不想通过讨好达官贵人获得升迁，一如他当初不想依附张居正而高中鼎甲，不想受张四维、申时行笼络以进翰林院一样。

此信描写在南京任职的种种好处，和在北京任职的种种坏处，笔调调侃幽默，不能完全当真，主要是为了表达汤显祖追求自由自尊的个性、刚直不阿的品格，但客观上也写出了当时南北气候环境等方面的差异。当时南方特别是东南地区的人士到北京做官，很多人都表达过对北方的气候环境的不适应。汤显祖此信，是描写最生动的篇章之一。

答冯永安〔一〕

天之生才多少，遂亦有以置之〔二〕。弟才少，官之易而安〔三〕；兄才多，官之难而危〔四〕。东吴不已，徙而南滇〔五〕。努力。士非短长坎坷无奇，非数迁不能所在有迹〔六〕。君家敬通〔七〕，岂不遇主〔八〕，岂非旷材〔九〕，而至摈里恚妇泣子〔一〇〕。兄犹能慷慨断儿女色〔一一〕，赴崖瘴县〔一二〕，差为遇于敬通耳〔一三〕。傜杂如憨雉〔一四〕，幸好驯之〔一五〕。

注释

〔一〕冯永安：冯渠，字谦川，江西新城人，万历十一年（1583）进士，据《（道光）永安县三志》卷四，冯渠万历十六年任广东永安知县，十八年尚在任。是篇当作于万历十六年，时汤显祖任南京詹事府主簿，年三十九。

〔二〕置之：给予相应安置、安排。

〔三〕官之易而安：指自己中进士后被任命为南京太常寺博士、詹事府主簿之类闲职。

〔四〕官之难而危：指冯渠被任命为扬州府泰兴知县、苏州府吴县知县等。这些地方是朝廷财赋重地，有权有势的人多，难于治理，容易得罪人，故曰难而危。

〔五〕东吴不已，徙而南溟：指冯渠先被任命为泰兴、吴县知县，再被贬为广东永安知县。南溟：《庄子·逍遥游》："是鸟也，海运则将徙于南冥。南冥者，天池也。"这里指冯渠移官南方。

〔六〕所在有迹：在所到达的地方都留下事迹。

〔七〕敬通：东汉辞赋家冯衍，字敬通。冯衍自幼即有奇才，光武帝时任曲阳令，曾诛剧贼，因谗言而未获封赏。

后因与外戚交往被免官，再未被任用。冯衍妻北地任氏女子，蛮横猜忌，冯衍最终赶走了妻子。见《后汉书·冯衍传》。

〔八〕遇主：指冯衍遇到了汉光武帝这样英明君主的赏识。

〔九〕旷材：长时间所未见的杰出人才。

〔一〇〕摈：抛弃。里：乡里。恚（huì）：怒，恨。泣子：冯衍妻任氏暴虐，其子冯豹等生存艰难。

〔一一〕断：断绝。儿女色：儿女间表现的依恋、忸怩的情态。韩愈《北极一首赠李观》："无为儿女态，憔悴悲贱贫。"

〔一二〕崖瘴县：指永安县在海崖边，有瘴气。

〔一三〕差为：稍微。遇于敬通：比敬通（冯衍）更得到君王知遇。

〔一四〕傜杂：指瑶族和各种少数民族。雉：野鸡。

〔一五〕驯：指驯服鸟兽。这里指抚养管理百姓。

点评

冯渠与汤显祖同于万历十一年（1583）中进士，据黄宗羲《明文海》卷三百八十九邹观光《下篇》，冯渠初任泰兴知县，风裁著闻。时任首辅申时行嘱吏部调其为自己家乡吴县知县。冯渠未上任，即投书申时行，表示如申氏家人在籍者不法，自己将秉公执法，以报知遇。上任后裁豪暴，拊贫弱，俱如泰兴时。万历十四年大计，议罢，有救解者，得降二级，调闲散，稍迁广东永安知县。

冯渠可谓仕途坎坷，汤显祖自己也仕途不顺，只好用自己的境遇与冯渠的境遇相比来安慰他，说冯渠之所以如此，是因为才华太出众了。汤显祖认为，一个人没有什么是非，不经过一些挫折，就没有什么奇特之处；如果不多经历几个地方，也不能在多地留下自己的事迹，有所建树。从古代一再遭贬的韩愈、苏轼等人的经历来看，倒也确实如此。汤显祖以此激励冯渠，也是以此安慰自己。接着用同样姓冯的东汉冯衍的遭遇，劝勉冯渠不要过于悲观消沉。据邹观光《下篇》，冯渠后从永安知县调任东莞知县，“乃东莞议论沸起，谓君任刑太甚。余遇泰兴、吴县、永安、东莞四邑人，辄问状，人人言君敝衣冠视事，如窭人子，而治用严。最后泰兴人言君所督责者，衙门猾吏胥及豪强人耳，实未尝妄加刑百姓也。顷余览新城邓元锡赠君任泰兴序，则君砥砺好修，自举人时然矣”。这样看来，冯渠执政可能比较严厉。汤显祖在信的末尾嘱咐冯某关心爱护永安的老百姓，表达了自己一贯的爱民思想，也可能有一定的针对性。他把当地的瑶族和其他少数民族的百姓比作“憨雉”，则反映了当时士大夫对下层百姓特别是边远地区少数民族的偏见。

答屠纬真〔一〕

读足下手笔，所未能忘怀，是山人口语一事〔二〕。天下固有此人，初莫肜其鸱也〔三〕，取之雏䳢之中〔四〕，生其羽毛，立其魂魄，乍能飞跳，便作愁胡〔五〕。但我辈终当醉以桑椹〔六〕，噤其饥啸耳〔七〕。宁人负我，无我负人〔八〕。江海萧条，大是群鸥之致〔九〕。

注释

〔一〕屠纬真：屠隆，字长卿，又字纬真，浙江鄞县人，万历五年（1577）进士，授颍上（今属安徽）知县，后调任青浦（今属上海）知县。万历十一年升礼部仪制司主事，次年因被弹劾罢官。见清张廷玉《明史》卷二百八十八本传等。是篇作于万历十六年，时汤显祖任南京詹事府主簿，年三十九。

〔二〕山人口语一事：屠隆《与汤义仍奉常》："吾乡一老山人，仆北面而奉之。往宰由拳，过为折节……此人使气好骂，有灌夫之病。"（《栖真馆集》卷十六）山人指屠隆同乡沈明臣。屠隆曾向沈明臣学诗，然自万历十四年（1586）以来二人关系交恶。汤显祖在回信中，表达了对屠隆的劝慰之意。

〔三〕胗：通"诊"，察看，辨别。鸱（chī）：鹞鹰，被认为是一种凶恶的鸟。

〔四〕毻（tuò）：鸟兽换毛。雏毻之中：指鸟还没有长大时，比喻人还没有成名时。

〔五〕愁胡：本指胡人深目状似悲愁，后多用以形容鹰眼。孙楚《鹰赋》："深目蛾眉，状如愁胡。"杜甫《王兵马使二角鹰》："二鹰猛脑绦徐坠，目如愁胡视天地。"

〔六〕醉以桑椹：桑椹吃多了会醉。这里意谓对人多讲好话，他就会迷糊，不会挑衅了。《诗经·卫风·氓》："于嗟鸠兮，无食桑葚；于嗟女兮，无与士耽。”毛传："食桑葚过则醉，而伤其性。”

〔七〕噤：不发声，这里是使其不发声之意。饥啸：鸟兽饿了会发出咆哮声。

〔八〕宁人负我，无我负人：罗贯中《三国志通俗演义》："操曰：‘宁使我负天下人，休教天下人负我。’”这里反其意而用之。

〔九〕江海萧条，大是群鸥之致：指现实社会很萧条，让人失望。我们只能独善其身，无心无虑，自由自在，聊以度日。《列子·黄帝》："海上之人有好沤鸟者，每旦之海上，从沤鸟游，沤鸟之至者百住而不止。其父曰：‘吾闻沤鸟皆从汝游，汝取来，吾玩之。’明日之海上，沤鸟舞而不下也。”指人无巧诈之心，异类可以亲近。后以“鸥鹭忘机”比喻淡泊隐居，不以世事为怀。

点评

屠隆与汤显祖都是万历前中期在文坛上很有影响的文学家，两人仕途都不顺，后来都从事戏曲创作，有很多共同点。汤显祖任遂昌知县期间，屠隆曾于万历二十三年（1595）秋往访。但两人的不同点可能更多。屠隆喜欢结交名流，风流自赏，汤显祖品行刚直，个性严冷；屠隆的文学主张依违于当时的“后七子”复古派与重性情一派（以徐渭、汤显祖、袁宏道等为代表）之间，或者说缺乏明确的文学主张，与文学界的交往主要考虑名声和利益；汤显祖早年也追随过复古派的主张，但不久就完全转变为重性情的主张，对复古派的主张予以明确否定。万历十一年汤显祖刚中进士，屠隆就赠诗订交。本年屠隆致一长信，将汤显祖与“后七子”之首王世贞并提，并劝汤显祖与王世贞交好（王世贞正任南京兵部右侍郎），这就体现了屠隆文学主张的模糊和功利。此时汤显祖的文学思想已与复古派“后七子”完全决裂,故回此寥寥数语,对屠隆之劝避而不谈。后来汤显祖《与刘君东》谓“屠长卿曾以数千言投弟，弟以八行报之，渠颇为怪”，即指此次书信往来。屠隆来信，见其《栖真馆集》卷十六《与汤义仍奉常》。

汤显祖的回信，主要谈了作为科举成功者和官场中人如何与没有科举功名的“山人”交往的问题。晚明时期，读书的人越来越多,举人和进士考试录取的人数有限,许多读书人只得另谋出路,或以诗文、书画游走江湖，换取生活物资，或进入高官、将帅幕府做幕僚，往往自称“山人”，于是“山人”形成一个很大的群体。他们游走江湖，尽力依附达官贵人，又不断改换门庭，已中科举、已在官场的士大夫往往不敢得罪他们，担心他们散布对自己不利的谣言。屠隆与沈明臣的关系，就经历了这样一个由交好到交恶的过程。汤显祖对这种人的面目观察犀利，刻画惟妙惟肖，对如何对付他们也做过认真考虑，总的来说是抱与人为善、息事宁人、远祸避害的态度，不失为一种洞达世情的人生智慧。

答祝无功〔一〕

见门下登第，为世道喜，又私计何地得此长令。已而休宁得之。休有商贾而少士，长其地者，亦如其地之气而后可。今以祝公长休宁，不类。近见休人有知者，稍稍称述祝公清苦，不甚为怪。乃今知孔子曰“齐一变至于鲁”〔二〕，真期月而可者〔三〕。夫性能融世而接之，此礼乐文章之根也。如仆太常、祠部，所习而能，皆陈迹碍真，小文破理，亦不足为明公道矣〔四〕。

注释

〔一〕祝无功：祝世禄，字延之，号无功，江西鄱阳人，万历十七年（1589）进士，官至南给事中，见清黄宗羲《明儒学案》卷三十五本传等。是篇当作于万历十七年，时祝世禄中进士，授任休宁县令，汤显祖任南京礼部祠祭司主事。祝世禄来信，见其《环碧斋尺牍》卷二《寄汤义仍》。

〔二〕齐一变至于鲁：《论语·雍也》：“子曰：‘齐一变，至于鲁；鲁一变，至于道。’”

〔三〕期月而可：《论语·子路》：“子曰：‘苟有用我者，期月而已可也，三年有成。’”期月：同“朞月”，这里指一整年。

〔四〕夫性……不足为明公道矣：此数句是针对祝世禄来信而言。祝世禄《寄汤义仍》："今海内人文彬彬……义仍为冠冕焉"，"旧京典礼多暇，计锦闱香署之间，著作益富"。

点评

祝世禄早闻汤显祖之名，读过他的作品。此时在南京汪秩宗处见到汤显祖，深为倾慕，主动写信缔交。汤显祖回信，当然要对祝世禄中进士表示祝贺。但祝世禄五十岁才中进士，说起来就有点尴尬。所以汤显祖没有直接祝贺他，而是从侧面着笔，说从祝世禄中进士看到世间还有公平在，又为休宁得到这样的贤知县而喜。接着又运用欲扬先抑的手法，说休宁多商贾，重利益，读书人少，担心祝世禄不适应。结果传来的信息是，祝世禄没有为当地民风所同化，而是当地民风在很短时间内就被祝世禄感化了。总之，道喜和赞扬的方式都很巧妙，运用《论语》中的典故也信手拈来，不落俗套。至于祝世禄恭维汤显祖为当时文坛冠冕，希望汤显祖馈赠著述，汤显祖则以一语淡然带过，说自己在南京太常寺、礼部祠祭司，所接触的都是一些陈腐旧套，写不出表达真感情的作品，写出来的小文也不正统，不值一提，实际上是拒绝了祝世禄的请求。祝世禄是个理学家，泰州学派耿定向的门徒，在《明儒学案》中占有一席之地。估计汤显祖是从祝世禄的来信中看出他在文学上没有什么真知灼见，不可能成为自己的知音，所以除礼貌性回复外，不愿意花更多时间精力虚与委蛇。祝世禄的来信写得毕恭毕敬，汤显祖的回信则写得潇洒随意。实际上此时汤显祖的官位与祝世禄大致相当，年纪还比祝世禄小十岁。从这里可以看出两人在当时文坛上的声誉地位的区别。

别沈太仆〔一〕

明公渡江急不得见。不知明公更得渡江否〔二〕？虎以懆亏〔三〕，龙以静全。花以上披〔四〕，根以下存。名不可以多取，行不可以累危。虚以居之，可以待时。

注释

〔一〕沈太仆：沈思孝，字纯父，浙江嘉兴人，隆庆二年（1568）进士，官至右都御史，见清张廷玉《明史》卷二百二十九本传等。是篇当作于万历十四年（1586）至万历十九年，时沈思孝任南京太仆卿。

〔二〕明公：对对方的尊称。按渡江二句，或暗用“公无渡河”典故，劝阻沈思孝不要激进惹祸。汉乐府诗《公无渡河》：“公无渡河，公竟渡河！堕河而死，当奈公何。”

〔三〕懆：骚动不安，与“静”相对。

〔四〕披：散，与“存”相对。

点评

沈思孝是明万历年间朝廷党争的焦点人物。万历五年（1577），首辅张居正父丧，欲夺情，即以朝政需要为名，不回家守孝，时任刑部主事的沈思孝与吴中行、赵用贤、艾穆、邹元标等相继上奏谏阻，触怒张居正，五人廷杖几死。沈思孝戍神电卫（今广东茂名市电白区）。万历十年居正卒，召复官，进光禄少卿，迁太常少卿、顺天府尹，被弹劾宽纵冒籍举人，诏贬三级视事，而沈思孝依然穿着三品官服，又被劾，调南京太仆卿，仍贬三级。未几称病归家。

除了上述五人外，当时李植、江东之、丁此吕等人也以揭发张居正闻名，内阁大臣申时行、王锡爵等人主张适可而止，沈思孝等人转而攻击申、王等，另一批官员又为申、王辩护，朝廷里吵得一塌糊涂。万历二十三年（1595），吏部尚书孙丕扬主持对全国地方官员的考察，黜参政丁此吕，沈思孝时任右都御史协理京营戎政，与江东之为丁此吕辩护，刘应秋、岳元声、顾宪成、高攀龙等都站在沈思孝这一边，支持孙丕扬的官员又攻沈思孝等。

毫无疑问，汤显祖一直是站在反对张居正、反对内阁大臣的官员这一边的。他与沈思孝、丁此吕、刘应秋、饶伸、万国钦、顾宪成等交往密切，而与另一派很少交往。这也是汤显祖一直不被重用、最终被免官的原因。汤显祖选择这一立场，固然与同乡、同年之谊有一定关系（丁此吕、刘应秋、饶伸、万国钦都是江西人，刘、饶、万与汤显祖是同年进士），但主要是出于他对是非的判断。他为此付出了沉重代价，但他无法放弃自己的原则。

此信作于沈思孝任南京太仆卿时，首先表达对沈思孝的渴慕，继而劝沈思孝不要锋芒太露，以免招致更大的祸患，体现出对沈思孝的真诚关心。但沈思孝后来依然好争执，并没有接受汤显祖的意见。《明史·沈思孝传》称“思孝素以直节高天下，然尚气好胜，动辄多忤，以（丁）此吕故，颇被物议”。

寄万二愚[一]

读兄大疏[二]，甚善。一不负江西，二不负友，三不负髯[三]。闻新太宰清[四]，新御史大夫明[五]，或能久兄。兄亦可效外人法，移病去官[六]。已作殿中侍御史[七]，不为朝廷用，更何如！

注释

〔一〕万二愚：万国钦，字二愚，江西新建人，万历十一年（1583）进士，授婺源知县，擢监察御史，以上疏论首辅申时行，贬剑州（今四川省广元市剑阁县一带）判官，后官至南京刑部郎中，见清张廷玉《明史》卷二百三十本传等。是篇作于万历十八年，时万国钦任山西道御史，汤显祖任南京礼部祠祭司主事，年四十一。万国钦与汤显祖为同年进士。

〔二〕大疏：万历十八年九月（1590），万国钦上疏弹劾首辅申时行对蒙古主和，掩盖丧师失地真相，且受边将贿赂，欺君误国。

〔三〕髯：胡子，此处喻指年岁。

〔四〕新太宰：指吏部尚书宋纁，万历十八年（1590）三月上任。

〔五〕新御史大夫：指都御史李世达，万历十八年（1590）五月上任。

〔六〕移病：官员上书称病，多为以求退隐。《汉书·公孙弘传》："使匈奴，还报，不合意。上怒，以为不能，弘乃移病免归。"

〔七〕殿中侍御史：三国魏命御史二人居殿中，因以为官名。唐代侍御史、殿中侍御史、监察御史职掌有别，殿中侍御史主掌纠弹百官朝会失仪等。明初曾设殿中侍御史，后废。这里以之指万国钦任监察御史。

点评

万国钦与汤显祖是江西同乡，又同于万历十一年（1583）中进士，但他们更大的共同点，在于秉性刚正，不媚权贵。两人都以激烈弹劾申时行被贬，也因同样原因而被载入《明史》。万国钦万历十八年九月对申时行的弹劾，汤显祖完全认同，他冷眼旁观，已经憋了很久，在南京看到传过来的万国钦的奏章，不禁大呼叫好。次年闰三月，汤显祖就上了《论辅臣科臣疏》，弹劾申时行，在这封给万国钦的信中，已可以看到苗头，他已经是积愤在胸，不得不发了。在这封信中，汤显祖还对万国钦的处境表示关切，希望新任的吏部尚书和都御史能发挥作用，保留万国钦的职位。又给万国钦出主意，如果形势不妙，可以采用人们经常用的办法，称病离职。汤显祖不知道，朝廷已贬万国钦为剑州判官了。万国钦后来也像汤显祖一样，仕途上一蹶不起。万历二十年，吏部尚书陆光祖建议量移万国钦为建宁推官，同样因弹劾申时行、王锡爵被贬的饶伸为刑部主事，遭到万历皇帝切责，吏部多名官员受牵连被免。后来，万国钦仅得升为南京刑部郎中，归家卒。《（雍正）江西通志》本传称他“平生肮脏自负，不治家人生产，比殁，囊无余赀”。他确实当得上汤显祖的称赞。

寄石楚阳苏州〔一〕

初某公以吴宪拜中丞治吴〔二〕，而明公亦以吴漕使守吴〔三〕。南都人皆疑之，弟稍为不然。或二相亦欲得高品抚牧其乡耳〔四〕。近从苏来者，并云石公有羔裘豹饰之节〔五〕，仁而且勇，非吴大家所宜〔六〕。然犹谓石而无瑕，人急不得施其牙〔七〕，未几有此〔八〕。虽然，公之品乃今无疑者矣。幸益自坚。有李百泉先生者〔九〕，见其《焚书》〔一〇〕，畸人也〔一一〕。肯为求其书寄我骀荡否〔一二〕？

注释

〔一〕石楚阳：石昆玉，字汝重，号楚阳，湖广黄梅人，万历七年（1579）南京乡试第二名，八年成进士，授户部主事，督漕浙江，洗除漕务积弊，浙民勒有碑志。升员外郎，历郎中，秩满迁苏州知府。官至大同巡抚，见清万斯同《明史》

卷三百三十四本传等。据《(道光)苏州府志》卷五十三，石昆玉万历十八年任苏州知府，万历十九年卢大顺接任。是篇作于万历十八年至十九年间，时汤显祖任南京礼部祠祭司主事，年四十一。

〔二〕某公：指时任应天巡抚李莱。吴宪：应指巡按应天等府御史。中丞：对巡抚的雅称。汉代以下设御史大夫，主管监察，其副手为御史中丞。明代都御史相当于御史大夫，左、右副都御史、佥都御史相当于御史中丞。出任各地巡抚者，例带副都御史、佥都御史衔，故称。

〔三〕明公：对对方的敬称。以吴漕使守吴：指石昆玉由主管漕运的户部郎中转任苏州知府。

〔四〕二相：指时任内阁大学士申时行、王锡爵，均苏州人。高品：这里指具有高尚品德的人。抚牧：治理。

〔五〕羔裘豹饰：用紫羔制的皮衣、用豹皮制成的缘饰，古时诸侯、卿、大夫的朝服，此处代指正直之臣。《诗经·郑风·羔裘》："羔裘豹饰，孔武有力。"

〔六〕吴大家：指苏州一带的达官贵人。

〔七〕石而无瑕，人急不得施其牙：石头没有瑕疵，人们即使急于咬它，也无处下牙。石昆玉在苏州以清廉著称，时有"石苏州"之谓。清万斯同《明史》卷三百三十四："(石昆玉)以才调苏州，清勤爱民。"按这里暗用《诗经·召南·行露》的典故，原诗有句云"谁谓鼠无牙，何以穿我墉？谁谓女无家，何以速我讼？虽速我讼，亦不女从！"是说一个已婚女子谴责一个企图强暴她的恶棍，云：谁说老鼠没有牙齿，为何穿破了我的墙壁？谁说你没有家室，为何把我告到公堂？即使告到公堂，我也绝不顺从你。

〔八〕未几有此：不久就发生了这件事，指石昆玉因得罪苏州的申时行等权贵之家，遭到诬陷。

〔九〕李百泉：李贽，原名载贽，号卓吾（又号笃吾），别号温陵居士、百泉居士、宏父（又作宏甫）、思斋居士、龙湖叟、秃翁等，福建泉州人。嘉靖三十一年（1552）举人，曾任云南姚安知府等职，见清傅维鳞《明书》卷一百六十本传等。李贽是晚明著名思想家、文学家，著有《藏书》《续藏书》《焚书》《续焚书》等。

〔一〇〕《焚书》：李贽诗文集，凡六卷。《焚书》对道学家展开了激烈的批判，其后屡遭禁毁。李贽《焚书》自序云："所言颇切近世学者膏肓，既中其痼疾，则必欲杀我矣，故欲焚之。"万历十八年《焚书》始刊刻于麻城。（据近人容肇祖《李贽年谱》，北京：生活·读书·新知三联书店 1957 年版，第 68 页）

〔一一〕畸人：特立独行、不同流俗的人。《庄子·大宗师》："子贡曰：'敢问畸人？'曰：'畸人者，畸于人而侔于天。'"

〔一二〕骀荡：怡悦。范成大《行唐村平野晴色妍甚》："云烟酿春色，心目两骀荡。"

点评

据《（道光）苏州府志》卷七十二本传：石昆玉万历十八年（1590）由户部郎中出守苏州，"孤行一意，而能惠下，按治豪横，剖析狱讼，舆论翕服，逾年调去，所携图书三箧而已。尝语郡人伍袁萃曰：吴郡脂膏地，无论染指，即重入而轻出，亦足饶矣，吾不为也”。又据《（乾隆）黄梅县志》本传、《（光绪）黄州府志》卷四十下本传、《（乾隆）杞县志》卷十三等，石昆玉参加会试时，大学士申时行任会试总裁，因此他算是申的门生。申府的家眷在原籍者，凡出入，当地府县长官都要迎候。石昆玉任苏州知府，都不前往。申氏家人藐视昆玉，昆玉杖之。申之内戚吴之贞强夺人妻为妾，该妇伺有孕不为防闲，潜出鸣冤于石昆玉前，剖其腹，自到庭前。石昆玉执之贞，依法判处死刑，书报时行，时行表面上为优容，手墨答之，而心恨之。应天巡抚李莱逢迎时行之意，假查盘事诬陷石昆玉。曾有巡按御史取府帑额银若干两，府吏懒惰失去案卷，李莱因认定昆玉为“侵罔”，下四郡推官袁可立覆核。可立知其冤，因找不到案卷为难，祷告神灵，次日，袁可立和石昆玉坐府厅，见库藏严锁，询问之，则是数十年没有打开过，忽有大鼠啮以入，可立心动，叱开户视之，发现相关案卷就在那里，再拜称贺曰：谁谓天道无知耶！御史李用中也了解昆玉冤枉，上疏力白其状，昆玉得免罪调离，当地民众为他建生祠以祭祀。这件事当时闹得动静很大。石昆玉是一位与时任首辅申时行对立的人，汤显祖又对他极为欣赏，汤显祖怎么可能升官呢？

在此信中，汤显祖还请石昆玉帮助寻找李贽的著作《焚书》。李贽是晚明革新思想的突出代表，辛辣讽刺假道学，主张尊重人的情感和自由。他的第一本著作《焚书》万历十八年（1590）刻于麻城，麻城与石昆玉的家乡黄梅同属黄冈府，相距不远。大约此时石昆玉已从苏州回到黄梅。当时交通信息传播不便，李贽的《焚书》一出版，汤显祖就注意到了，而且希望先睹为快。在当时整个社会，具有批判创新精神的人是少数，知道还有人在进行同样的探索，如闻空谷足音，不禁热切呼应，如徐渭致信汤显祖，汤显祖致信袁宏道等，都是如此。

答陈公衡〔一〕

温州风土虽佳〔二〕，而少人士，去省会远。丈苦政深心，或不上闻。移长洲如建路鼓也〔三〕。两贵人家在，径窦必多〔四〕，君子不由也〔五〕。李元冲在锡〔六〕，无以殊人，久而不害者，平耳。平者，道之滋也〔七〕。良友分金〔八〕，以言为报。

注释

〔一〕陈公衡：陈其志，字公衡，福建晋江人，万历十一年（1583）进士，官至南户部郎，见《（同治）苏州府志》卷七十一本传等。陈其志与汤显祖为同年进士。万历十八年，陈其志自奉化移知长洲，是篇当作于其时或稍后。

〔二〕温州：陈其志初为温州府永嘉知县。风土虽佳：指温州有雁荡山等风景名胜。《宋书·谢灵运传》："出为永嘉太守，郡有名山水，灵运素所爱好，出守既不得志，遂肆意游遨，遍历诸县，动逾旬朔，民间听讼，不复关怀，所至辄为诗咏，以致其意焉。”

〔三〕建路鼓：据《周礼·大仆》，天子建路鼓于大寝门之外，以接受群吏及普通百姓的投告。这里指陈其志移任长洲知县，这里是繁华便利之处，又是朝廷大臣的家乡，什么事情都能马上传到朝廷。

〔四〕两贵人：指时任大学士申时行（苏州府长洲县人）、王锡爵（苏州府太仓州人）。径窦：门径。

〔五〕由：通过。《孟子·公孙丑上》：“伯夷隘，柳下惠不恭。隘与不恭，君子不由也。”

〔六〕李元冲：李复阳，字宗诚，江西丰城人，万历十一年（1583）进士，官至通政司左参议，见清陈鼎《东林列传》卷二十一本传等。李复阳与汤显祖为同年进士。万历十一年至万历十六年，李复阳任无锡知县。

〔七〕道之滋也：是滋养大道的基础。

〔八〕良友分金：春秋时期齐国管仲、鲍叔牙故事。《史记·管晏列传》：“管仲曰：‘吾始困时，尝与鲍叔贾，分财利多自与，鲍叔不以我为贪，知我贫也。’”这里或指陈其志对汤显祖有所馈赠，汤显祖收下，而只能以劝告回赠。

点评

据《（道光）苏州府志》卷七十三：陈其志中进士后初除永嘉知县，守父丧归，万历十八年（1590）由奉化知县移任长洲知县，在任热心延接文士，评骘艺文，而公务不废。秩满，授南户部郎，历兵、吏、礼三部。尤能鉴别人才，曾参与应天乡试阅卷，录取十人，九成进士。汤显祖对他的劝告，仍与其对石昆玉说的差不多，即苏州一带是当朝大学士申时行、王锡爵的家乡，不必去巴结讨好他们，也不必锋芒太露，得罪他们。让他向同年进士、曾任无锡知县的李复阳学习，以平衡、平和的态度处事。汤显祖一再告诫朋友为人处事要摧亢为和，化方为圆，表明他实际上也在不断提醒自己。但在现实生活中，他自己就做不到这一点。

寄帅惟审膳部〔一〕

人生有限之年，岂给无穷书籍。但用深心取适于妙。弟去岭海〔二〕，如在金陵〔三〕。清虚可以杀人，瘴疠可以活人〔四〕。此中杀活之机〔五〕，于界局何与邪！归苦热瘴〔六〕,魄几易宅〔七〕。痁危之后〔八〕,身寄转轻〔九〕。语云：“本见而草木节解。”〔一〇〕此时然也。兄无甚酒，幸为我留少许情神，相老而嬉。

注释

〔一〕帅惟审：帅机，字惟审，江西临川人，隆庆二年（1568）进士，官至南京刑部侍郎，见《（雍正）江西通志》卷八十二本传等。膳部：官署名，帅机万历四年（1576）前后任南京礼部精膳司郎中，故称“膳部”。帅机为汤显祖挚友，其《乙未仲夏廿六日即景绪兼怀汤》(《阳秋馆集》卷二十)诗云:“汤生去后无知己,久废诗篇类俗人。”是篇作于万历十九年,时汤显祖因上奏《论辅臣科臣疏》,激烈抨击朝政,被贬官广东徐闻县典史,南行过临川小住,年四十二。帅机时任河南彰德府同知。

〔二〕岭海:指两广地区,其地北倚五岭,南临南海,故名。张孝祥《念奴娇·过洞庭》:“应念岭海经年,孤光自照,肝肺皆冰雪。”

〔三〕金陵:南京。

〔四〕瘴疠可以活人:得过瘴疠之病,人可以产生抵抗力。瘴疠:由于瘴气而生的疾病。

〔五〕杀活之机:杀人或活人的机理。

〔六〕瘅(dān):热症。

〔七〕魄几易宅:指几乎死亡。《道德经·载营魄章第十》唐玄宗注:“人生始化曰魄,既生曰魂。”人的身体为魂魄寄托之所,犹如房宅。人死,则魂魄离开身体。

〔八〕痁(shān):病。汤显祖有诗《辛卯夏谪尉雷阳,归自南都,痁疟甚。梦如破屋中,月光细碎暗淡,觉自身长仅尺。摸索门户,急不可得。忽家尊一唤,霍然汗醒,二首》(《汤显祖诗文集》卷十一)。

〔九〕身寄转轻:因魂魄差点离开身体,所以身体变得轻微不足道了。指自己经历了这件大事,生命和功名富贵等都变得相对不重要了。

〔一〇〕本见而草木节解：意谓自己遇到重大挫折，其他相关的事情都变得无所谓了。《国语·周语中》："天根见而水涸，本见而草木节解。"韦昭注以为，"天根"指天上二十八星宿的"亢、氐"之间，"本"指"氐"。寒露之后五日，每当"天根"开始出现在清晨，就说明仲秋已经到来，天气渐渐寒冷，水开始枯竭。而寒露之后十日，每当"本"开始出现在清晨，就说明阳气已尽，草木的枝节都依着纹理凋落。

点评

汤显祖因上《论辅臣科臣疏》，被贬徐闻典史，这应该是他预料到的结果。虽然这个结果很严重，但他说出了早想说出的话，求仁而得仁，未尝不感到一丝轻松。面对好友，他说南京那种清虚的环境，空闲无聊的氛围，令人窒息，也会消磨生命。自己既然经历了这么大的挫折，其他都变得无所谓了，就好像经历过南方极热的天气和瘴疠之病，反而可以获得新生一样。生死顺逆，主要取决于自己的心灵，与"界局"即客观环境没有多大关系。此信表达汤显祖并不为上疏后悔。

寄王弘阳冏卿〔一〕

列子、庄生，最喜天机〔二〕。天机者，马之所以千里，而人之所以深深。机深则安，机浅则危，性命之光，相为延息。此旨令人憯焉恍焉〔三〕。大病月余，益知有此。北望琅邪，醉翁何似〔四〕？

注释

〔一〕王弘阳：王汝训，字古师（一作师古），号泓阳，亦作弘阳，山东聊城人，隆庆五年（1571）进士，官至右副都御史巡抚浙江，见清张廷玉《明史》卷二百三十五本传等。是篇当作于万历十九年，时王汝训任南京太仆寺少卿，汤显祖被贬官广东徐闻县典史，南行过临川小住，年四十二。冏卿：太仆卿。《尚书·冏命》："穆王命伯冏为周太仆正。"

〔二〕列子：列御寇，战国时郑人。庄生：庄周，战国时宋人。两人均为先秦道家重要代表人物。《列子·说符》："若（九方）皋之所观，天机也。得其精而忘其粗，在其内而忘其外；见其所见，不见其所不见；视其所视，而遗其所不视。若皋之相者，乃有贵乎马者也。"《庄子·大宗师》："其嗜欲深者，其天机浅。"

〔三〕憯（cǎn）焉：悲痛。恍焉：恍然若失。

〔四〕琅邪、醉翁：宋代欧阳修号醉翁，曾任滁州知州，作有《醉翁亭记》："环滁皆山也。其西南诸峰，林壑尤美。望之蔚然而深秀者，琅邪也。"琅琊山在今安徽省滁州市，此以欧阳修比王汝训。按明洪武六年（1373）置群牧监于滁州，旋改为太仆寺。洪武三十年置行太仆寺于北平。正统六年（1441）以北京行太仆寺为太仆寺，其旧在滁州者改为南京太仆寺，见《明史·职官三》。明代南京太仆寺官署一直在滁州。王汝训时任南京太仆寺少卿，正在滁州一带。

点评

万历十八年（1590）正月，光禄寺少卿王汝训弹劾吏科都给事中陈与郊擅权用事，并触怒吏部尚书杨巍。陈与郊是首辅申时行的门生，又依附另一位辅臣王锡爵。王汝训被调南京，十八年九月任为南京大理寺右寺丞，十九年六月升南京太仆寺少卿，十月转太常寺少卿（《明神宗实录》）。此信称王汝训“冏卿”，当作于十九年六月至十月之间王汝训任南京太仆寺卿时。此时汤显祖刚因上疏弹劾申时行等被贬徐闻典史，对此前因弹劾陈与郊得罪申时行等人的王汝训，自然有志同道合之感。此信只谈所谓“天机”，既是劝慰王汝训，也是自我安慰。至于朝政是非，他们心照不宣，都不用提起。汤显祖愿意交往的，几乎都是与前后几任内阁大臣张居正、申时行、王锡爵相对抗的人。汤显祖的政见和气节由此可见，他官场失意也就是必然的了。

答王宇泰太史〔一〕

门下殆真人耶。世之假人，常为真人苦。真人得意，假人影响而附之，以相得意。真人失意，假人影响而伺之〔二〕，以自得意。边境有人，其名曰窃。人之所畏，吾得不畏哉！仆不敢自谓圣地中人，亦几乎真者也。南都偶与一二君名人而假者[三]，持平理而论天下大事。其二人裁伺得仆半语[四]，便推衍传说，几为仆大戾[五]。彼假人者，果足与言天下事欤哉！然观今执政之去就，人亦未有以定真假何在也。大势真之得意处少，而假之得意时多。仆欲门下深言无由矣。门下且宜遵时养晦[六]，以存其真。

注释

〔一〕王宇泰：王肯堂，字宇泰，南直隶金坛（今属江苏）人，万历十七年（1589）进士，官至福建参政。见清张廷玉《明史》卷二百二十一本传等。王肯堂为明代著名医学家，有《证治准绳》等医学著作。太史：官名。明清两代俗称翰林院官和庶吉士为太史。是篇当作于万历二十年王肯堂上疏不纳、称病归里时。

〔二〕伺：观察、侦候。

〔三〕南都：南京。

〔四〕裁：才。

〔五〕戾：恶。

〔六〕遵时养晦：顺应时势，积蓄力量以待时机。《诗经·周颂·酌》："于铄王师，遵养时晦。"

点评

王肯堂万历十七年（1589）举进士，选为庶吉士，万历二十年散馆，授翰林院检讨，因博学多闻，而声著馆阁。这年倭寇侵犯朝鲜，兵部尚书石星仓皇募兵，王肯堂批评他不选不练，如驱市人而战，疏陈上议，愿辞去翰林院官职，请朝廷给予御史衔，练兵海上，以报效朝廷。朝廷不仅没有采纳，而且批评他浮躁从事，王肯堂愤而引疾归里。

汤显祖读到王肯堂的上疏，写此信表示极为佩服。汤显祖没有说王肯堂的建议有多么高明，他专门谈的是真不真的问题，即是否遵从自己的良心，说出真实的想法。盖当时官场上，大家都因循度日，苟且敷衍。很多事情大家不是看不到，就是不肯说破。敢于捅破真相的人，反而变成了异类。王肯堂对当时朝廷的一些做法实在看不下去，主动提出辞去翰林院职务去练兵，在世人看来显得幼稚可笑。汤显祖就有过类似的亲身经历。他在南京时，也对人谈过自己对朝政的真实想法，结果有人就借此大做文章，陷害汤显祖。这个世界上，特别是官场上，假人太多，真人太少。真人顺遂时，假人就会来依附以获取利益；真人倒霉时，假人就会攻击真人以获取利益。汤显祖对世情看得很清楚，说得一针见血，令人感慨。汤显祖这里说的“真人”，指的是对朝政比较真诚的人，与同时段李贽在《童心说》里所说的人性论、伦理观意义上的“真人”“真心”不完全是一回事，但有相通之处。

复刘郡伯〔一〕

辱以郡乘下询〔二〕。意三十年中人物，皆在耳目之前。乡贤官以媚人，何得依乡作传？名宦人以媚官，未审以何而名？大可忘言，细复何述？若兵、食、杂志，只取各县规条，浃夕而成〔三〕，又无需立局也〔四〕。

注释

〔一〕刘郡伯：刘世节，字克和，湖广华容人，嘉靖年间贡生，官至抚州知府，见《（光绪）华容县志》卷十本传等。是篇当作于万历十八年（1590）刘世节任抚州知府之后。

〔二〕郡乘：府志。时刘世节以编修府志事咨询汤显祖。下文"乡贤""名宦""兵""食""杂志"，即指郡县志中的乡贤、名宦、武备、食货、杂志等子目。

〔三〕浃（jiā）夕：十日。中国古代以干支纪日，称自甲至癸一周十日为"浃日"。

〔四〕局：修书的机构。古代人编纂比较大型的书籍，都要组织纂修班子，称立局。

点评

古代省、府、州、县等不断修地方志，对保留地方历史具有重要意义。但修史在一定程度上也是一场游戏，很多因素都会干扰，有钱有势者往往会要求给自己、自己的祖先等多写几句，多写好话。这是惯例，大家都心知肚明，心照不宣。但汤显祖心明如镜，眼光如刀，就是要揭破这种把戏。抚州知府刘世节就修府志事向汤显祖请教，汤显祖犀利地指出，修志肯定以原有的旧志为基础，主要是增补近三十年左右的人和事。这些人和事大家都耳闻目睹，怎么样大家都清楚。志中的"乡贤传"部分，一般记录本地出生曾经做过官或有名望的人物，但往往名不副实。平时的表彰，修志时收录，都是在此地做官的人用来讨好当地名人的手段。"名宦传"部分用来记载在本地做官的著名人物，则是本地人特别是修志的人讨好官员的一种手段。在这种情况下，地方志就变成了本地有钱有势的人和在本地做官的人相互讨好的产物，缺乏可信度。汤显祖认为，记录都应该从严、从实，更没有必要夸张细说。修志其实是很简单的事情，也没有必要专门设局，耗费人力物力。弄得越复杂,就越修不成相对真实的方志。汤显祖的回信实话实说，不知刘世节接到此信作何感想。此信语气稍显生硬，不知是否与刘世节贡生出身有一定关系。

答管东溟〔一〕

不佞非有夙慧〔二〕，然能读门下应制之文〔三〕，觉有殊诣，非时人色泽而已。后知门下摄心三一〔四〕，而不佞亦且从明德先生游〔五〕。后稍流浪，戏逐诗赋歌舞游侠如沈君典辈〔六〕,相与傲睨优伊〔七〕。成进士,观政长安,见时俗所号贤人长者,其屈伸进退,大略可知。而嘿数以前交游〔八〕,俊趣之士,亦复游衍判涣〔九〕,无有根抵。不如掩门自贞〔一〇〕。得奉陵祠〔一一〕,多暇豫〔一二〕。如明德先生者,时在吾心眼中矣〔一三〕。见以可上人之雄〔一四〕,听以李百泉之杰〔一五〕,寻其吐属,如获美剑〔一六〕。方将藉彼永割攀缘〔一七〕,而竟以根随,生兹口业〔一八〕。不思谭局之易〔一九〕,而题鼎位之痴〔二〇〕;不谅挥金之难〔二一〕,而怪琐郎之墨〔二二〕。"修慝辨惑"〔二三〕,先师之戒虚矣。不谓门下长者乃亦漫以为然。捧读大章〔二四〕,可谓焦原有险〔二五〕,曲突无择〔二六〕。其中画一,多有名言,照晻丹青〔二七〕,垂俟来俊〔二八〕。若不佞所指,似是发蒙振落之资〔二九〕;不佞所当,似是回飚末引之势〔三〇〕。岂敢附君厨之后〔三一〕,为经营世业之伦哉!

忆不佞在祠署时〔三二〕,晤赵宗伯公〔三三〕,未尝不问门下起居〔三四〕。时宗伯殷殷为吴中屈第一指。今宗伯在事〔三五〕,而中允吴公且接迹凌厉〔三六〕。不富以邻〔三七〕,并离其祉〔三八〕,微管而谁〔三九〕!惟门下及时龙惕〔四〇〕,以安或疑〔四一〕,上应风云之求〔四二〕,下慰离群之望〔四三〕。

注释

〔一〕管东溟：管志道，字登之，号东溟，南直隶太仓人（今属江苏），隆庆五年（1571）进士，官至南京刑部主事。晚明思想家，提倡“三教合一”之说，人称“东溟先生”，见明过庭训《本朝分省人物考》卷二十四本传等。是篇作于万历十九年（1591）汤显祖贬官之后，万历二十一年赵用贤罢官之前。

〔二〕不佞：即指自己，谦称。夙慧：生来就有的悟性。

〔三〕应制之文：指科举试文。制：帝王的命令之一种。科举考试名义上是按皇帝的命令进行的，所以科举试文被称为应制之文。

〔四〕门下摄心三一：即指管志道提倡儒佛道“三教合一”之说。

〔五〕不佞亦且从明德先生游：明德先生即罗汝芳，见《奉罗近溪先生》注〔一〕〔二〕。

〔六〕沈君典：沈懋学，字君典，安徽宣城人，万历五年（1577）进士第一，官至广西参议，见《明史》卷二百十六本传等。万历四年春，汤显祖结识沈懋学于宣城。汤显祖《玉合记题词》：“余往春客宛陵……时送我者，姜令、沈君典、梅生禹金，宾从十数人。”（《汤显祖诗文集》卷三十三）

〔七〕傲睨：傲慢斜视。罗隐《送宣武徐巡官》：“傲睨公卿二十年，东来西去只悠然。”优伊：又作“嘤咿”，口中发出声音。苏轼《寄蕲簟与蒲传正》：“孤舟儿女自嘤咿”。

〔八〕嘿（mò）数：凭记忆点数。

〔九〕游衍：虚浮。判涣：散漫。《诗经·周颂·访落》："于乎悠哉，朕未有艾；将予就之，继犹判涣。"《毛传》："判，分；涣，散也。"

〔一〇〕贞：坚定。

〔一一〕奉陵祠：见《与司吏部》注〔六〕。

〔一二〕暇豫：闲暇。谢灵运《斋中读书》："卧疾丰暇豫，翰墨时间作。"

〔一三〕如明德先生者，时在吾心眼中矣：汤显祖在其诗文中，多处论及罗汝芳对自己的影响，如《答邹宾川》："弟一生疏脱，然幼得于明德师，壮得于可上人"；《柬杜西华》："枕上觉气隐，因思明德师讲'勿忘勿助'，大有入处。其语录幸抄示。此亦弟朝闻时也"。（《汤显祖诗文集》卷四十七、卷四十九）

〔一四〕可上人：真可，俗姓沈，字达观，晚号紫柏，江苏吴江人，世称"紫柏真可"。虽为出家人，但系心世事，豪气干云。万历三十一年（1603）因"妖书案"被诬下狱致死。真可对儒释道三教及佛教各宗采取调和态度，提倡禅教合一，主张性相圆融，是"明代四大高僧"之一。

〔一五〕李百泉：李贽，见《寄石楚阳苏州》注〔九〕。

〔一六〕寻：寻绎，梳理分析。吐属：谈吐，言辞。美剑：美好锋利的剑。

〔一七〕攀援：援引他物而上，指与世事的各种联系。

王安石《与宝觉宿龙华》之二："世间投老断攀缘，忽忆东游已十年。"

〔一八〕根随：这里指人的本性。根：五根，佛教谓能生一切善法的五种根本法，即信根（信奉佛法）、精进根（勤修善法）、念根（忆念正法）、定根（使心不散）、慧根（思维真理）。随：因根而生的特性。《大智度论》："如五根等一切善根，亦如是。复次二万一千淫欲人根，为是根故，佛说八万四千治法根。随是诸根，乐说治法次第。"口业：佛教以身、口、意为三业，口业指妄言、恶口、两舌和绮语。苏轼《胜相院藏经记》："结习口业，妄言绮语，论说古今是非成败。"这里指自己上《论辅臣科臣疏》。

〔一九〕谭局：谈话的场合，此指高谈阔论。

〔二〇〕题：题写，揭发。鼎位：宰相等重要职位，这里指辅臣申时行等人。彭大翼《山堂肆考》："《姑臧集》谓宰相为鼎臣，又曰鼎位。"痴：指权臣对权力的痴迷。《新五代史·冯道传》：冯道早年效力于燕王刘守光，历仕后唐、后晋、后汉、后周四朝，先后效力于后唐庄宗、后唐明宗、后唐闵帝、后唐末帝、后晋高祖、后晋出帝、后汉高祖、后汉隐帝、后周太祖、后周世宗十位皇帝，期间还向辽太宗称臣，始终担任将相、三公、三师之位。"契丹灭晋，冯道又事契丹，朝耶律德光于京师，德光责道事晋无状，道不能对。又问曰：何以来朝？对曰：无城无兵，安敢不来。德光诮之曰：尔是何等老子？对曰：无才无德痴顽老子。德光喜，以道为太傅。"

〔二一〕挥金：指拒绝钱财不收。《世说新语·德行》："管宁、华歆共园中锄菜，见地有片金，管挥锄与瓦石不异，华捉而掷去之。"

〔二二〕琐郎：给事中的别称，此指汤显祖《论辅臣科臣疏》所弹劾的吏科都给事中杨文举、礼科都给事中胡汝宁。汉代黄门侍郎每日暮向青琐门拜。唐宋之后给事中相当于汉代黄门侍郎，因称为青琐郎。杜甫《奉同郭给事汤东灵湫作》："飘飘青琐郎，文采珊瑚钩。"墨：贪污。

〔二三〕修慝（tè）：改正过错。辨惑：辨别疑惑。《论语·颜渊》："樊迟从游于舞雩之下，曰：'敢问崇德，修慝，辨惑。'子曰：'善哉问！先事后得，非崇德与？攻其恶，毋攻人之恶，非修慝与？一朝之忿，忘其身以及其亲，非惑与？"

〔二四〕大章：应指管志道所上奏章。万历六年（1578）明神宗大婚后，刑部主事管志道上书请求明神宗亲政，疏陈九条以讥切时政，得罪张居正。九月，转员外郎。十一月，因为张居正的排挤，出任广东按察佥事，分巡南韶。

〔二五〕焦原：巨石名，喻险地。《尸子》卷下："莒国有名焦原者，广数寻，长五十步，临百仞之溪。莒国莫敢近也。"此指管志道的奏章触犯了权臣张居正。

〔二六〕曲突无择：此用"曲突徙薪"典故，指管志道预先指出朝政弊端，别无选择。曲突：烟囱。《汉书·霍光传》："今论功而请宾，曲突徙薪亡恩泽，焦头烂额为上客耶？"

〔二七〕晻：暗，笼罩之意。丹青：此指史籍。文天祥《正气歌》:“时穷节乃见，一一垂丹青。”

〔二八〕俟（sì）：等待。来俊：后来的优秀人才。

〔二九〕发蒙振落：揭开蒙盖之物，摇掉将落之叶，喻指容易之事，这里指与管志道上疏触犯张居正相比，自己上疏弹劾中时行等只是很简单的事情。资：基础。《资治通鉴·汉纪十一》:“至如说丞相弘等，如发蒙振落耳。”胡三省注：“发蒙，谓物所蒙覆，发而去之；振落，谓木叶将落，振而坠之。皆言其易。”

〔三〇〕回飚：旋风，回风。贾谊《惜誓》:“临中国之众人兮，托回飚乎尚羊。”末引：引发射箭之末。此指自己上疏只是遭到了一些不重的惩罚。

〔三一〕君厨：指名流君子。《后汉书·党锢列传》:“海内希风之流，遂共相标榜，指天下名士，为之称号。上曰‘三君’,次曰‘八俊’,次曰‘八顾’,次曰‘八及’,次曰‘八厨’,犹古之‘八元’‘八凯’也。”

〔三二〕在祠署时:即指汤显祖任南京礼部祠祭司主事时。

〔三三〕赵宗伯公：赵用贤，字汝师，江苏常熟人，隆庆五年（1571）进士，官至吏部侍郎，见清张廷玉《明史》卷二百二十九本传等。宗伯：周代六卿之一，掌管礼仪祭祀等事。赵用贤万历十七年（1589）任南京礼部右侍郎，万历十八年召还北京，任礼部右侍郎兼翰林院侍读学士，万历二十年进礼部左侍郎并教习庶吉士，次年改吏部左侍郎，旋移疾归。

〔三四〕问门下起居：指向赵用贤打听管志道的生活状况。起居：日常生活作息。

〔三五〕宗伯在事：指赵用贤正任礼部侍郎。

〔三六〕中允吴公：吴中行，字子道，南直隶武进（今属江苏）人，隆庆五年（1571）进士，官至翰林侍讲学士，见清张廷玉《明史》卷二百二十九本传等。中允：职官名，负责掌管侍从礼仪等事，汉代始置。万历十一年（1583），吴中行任右中允兼翰林院编修，掌管右春坊印信。接迹：足迹前后相接。杜甫《寄刘峡州伯华使君四十韵》："太后当朝肃，多才接迹升。"凌厉：气势猛烈。按管志道、赵用贤、吴中行曾相继弹劾张居正。

〔三七〕不富以邻：谓有德者，虽不富裕，却能与相邻近者关系亲密。《周易·泰卦》："六四：翩翩，不富以其邻，不戒以孚。"刁包《易酌》："不富以其邻之象。《传》曰：富者，众之所归，惟财为能聚人。五以居位之尊，而执谦顺以接于下，天下所归心，故不富而能有共邻也。邻，近也，不富而得人之亲也。"

〔三八〕并离其祉：并：都。离：通罹，遭受，获得。祉：福。《周易·否卦》："九四：有命无咎，畴离祉。"

〔三九〕微管而谁：微：非。管：指管志道。《论语·宪问》："微管仲，吾其披发左衽矣。"这是借《论语》中语指管志道，说管志道与赵用贤、吴中行等籍贯相近，都是有德君子，互相激励。

〔四〇〕惟：希望。门下：对对方的敬称。龙惕：像龙一样警觉而飞腾。《周易·乾卦》诸爻谓“龙”自潜、见、惕、跃而至飞、亢，主于变化流行，神妙莫测。惕：警惕，专注。《周易·乾卦》：“九三：君子终日乾乾，夕惕若，厉，无咎。”

〔四一〕以安或疑：让那些对你或有怀疑担心的人安下心来。

〔四二〕风云之求：指君王渴求贤臣。《周易·乾卦》：“云从龙，风从虎，圣人作而万物睹。”

〔四三〕离群：超群。鲍彪《战国策注·秦》：“周衰，辩士未有若（陈）轸之绝伦离群者也。”

点评

汤显祖与管志道之间，有两个重要的共同点。一是他们都信奉阳明心学，都是泰州学派的传人，蔑视假道学，崇尚真性情。二是他们都指斥当朝权臣，并因此遭受沉重打击。两人因此有共同语言。在这封信里，汤显祖回顾了自己半生交友的情况，年轻时在家乡和宣城结交帅机、沈懋学等人，他是感到满意欢快的。考中进士，在北京停留了一段时间，然后正式进入官场，照理说接触了更多出类拔萃的人，见到了久闻其名的大人物，但汤显祖坦率地说，感到相当失望。这时候，他觉得真正值得钦佩的，只有罗汝芳、达观上人、李卓吾数人而已。同时，他一直对管志道、赵用贤、吴中行等一派敢于挑战权臣的士大夫有好感。这封信写得很长，述说了自己上疏的心路历程。但可能是因为他与管志道不是特别熟悉，所以用语比较矜持，用典也比较多。当时士大夫，特别是像汤显祖这样的饱学之士，对古代经典烂熟于心，用典用词都是随手拈来。

与刘士和司业〔一〕

今年大计殊佳〔二〕。是陆公晚节得意处〔三〕。但如此亦真奇士矣。承手命〔四〕,弟一生大病,坐于多读多言〔五〕。多读多芜，多言多漏。今稍愧悔。兄其许我乎？海上尉当一二年，安心供职。郭考功未即开府〔六〕，何也？逐臣无所忻〔七〕，喜清人得政耳〔八〕。

注释

〔一〕刘士和：刘应秋，字士和，江西吉水人，万历十年（1582）江西乡试解元，万历十一年中进士第三人（探花），官至国子监祭酒，见清张廷玉《明史》卷二百十六本传等。是篇作于万历二十年，时刘应秋任南京国子监司业，汤显祖任广东徐闻县典史，年四十三。

〔二〕大计：明代朝廷对地方官进行考核的制度，每三年一次，有奖有惩，亦称“入计”“上计”“外察”“朝觐考察”等。对京官进行考核则称作“京察”，六年一次。大计和京察对官员的仕途升降有很大影响。

〔三〕陆公：陆光祖，字与绳，浙江平湖人，嘉靖二十六年（1547）进士，官至吏部尚书。万历二十年（1592）大计外吏，时任给事中李春开、王遵训、何伟、丁应泰、御史刘汝康，皆先为外吏，有物议，悉论黜之。又荐举许孚远、顾宪成等二十二人，当时舆论一致称赞。顷之，以推用饶伸、万国钦忤旨，于同年三月辞官归。见清张廷玉《明史》卷二百二十四本传等。

〔四〕手命：即手书，敬辞。

〔五〕坐：因为。多言：即指万历十九年（1591）上奏《论辅臣科臣疏》一事。下文"海上尉当一二年"即指贬为徐闻县典史。

〔六〕郭考功：生平不详。考功：职官名，为吏部考功司郎中的简称。汤显祖另有《送郭考功北征采药南归》《为郭考功题赵松雪山水歌》诗二首（《汤显祖诗文集》卷十、卷二十）。开府：古代高级官员如三公、大将军等可建立府署，自选僚属，称开府。明代指任巡抚。

〔七〕逐臣：被贬到外地的官员。《战国策·秦策五》："太公望，齐之逐夫，朝歌之废屠，子良之逐臣，棘津之雠不庸，文王用之而王。"忻：同"欣"。

〔八〕清人：纯洁的人。葛洪《抱朴子·行品》："体冰霜之粹素，不染洁于势利者，清人也。"

点评

刘应秋与汤显祖是江西同乡，又是万历十一年（1583）同年进士，二人且有儿女婚姻之约。汤显祖之女詹秀生于万历十六年，时汤显祖任南京詹事府主簿，以许刘应秋之子刘同升（长詹秀一岁，后于崇祯十年（1637）中状元）。（汤显祖《汤显祖诗文集》卷十二《平昌哭殇女詹秀七女二绝序》："詹秀产于詹事府，能读书，许字吉水刘祭酒应秋儿。"）虽然詹秀万历二十二年七岁时殇，但刘应秋一家一直承认这门亲戚。刘应秋《刘大司成集》中，收录写给汤显祖的书信多达十七封。汤显祖从被贬徐闻典史到量移遂昌知县后，一直在为职位升迁努力，对此最用心用力的朋友就是刘应秋。万历二十八年刘应秋去世，汤显祖为作《明故朝列大夫国子监祭酒刘公墓表》(《汤显祖诗文集》卷四十一）。

更重要的是，刘应秋与汤显祖政治立场一致，堪称同志。万历十八年（1590）冬，刘应秋上疏论首辅申时行："陛下召对辅臣，谘以边事，时行不能抒诚谋国，专事蒙蔽。贼大举入犯，既掠洮、岷，直迫临、巩，覆军杀将，频至丧败，而时行犹曰'掠番'，曰'声言入寇'，岂洮、河以内，尽皆番地乎？辅臣者，天子所与托腹心者也。辅臣先蒙蔽，何责庶僚？故近日敌情有按臣疏而督抚不以闻者，有督抚闻而枢臣不以奏者。彼习见执政大臣喜闻捷而恶言败，故内外相蒙，恬不为怪。欺蔽之端，自辅臣始。夫士风高下，关乎气运，说者谓嘉靖至今，士风三变。一变于严嵩之黩贿，而士化为贪；再变于张居正之专擅，而士竞于险。至于今，外逃贪黩之名，而颀夫债帅多出门下；阳避专擅之迹，而芒刃斧斤倒持手中。威福之权，潜移其向；爱憎之的，明示之趋。欲天下无靡，不可得也。"(《明史》卷二百十六）刘应秋的弹劾也涉及次辅王锡爵。此疏与汤显祖的《论辅臣科臣疏》若合符契，其中"士风三变"

之言，更与汤疏中“前、后十年之政”的说法如出一辙。此信劝勉刘应秋，也是告诫自己，要慎言免祸。其中说自己“一生大病，坐于多读多言”，苏轼《洗儿》诗“人皆养子望聪明，我被聪明误一生。惟愿孩儿愚且鲁，无灾无难到公卿”，两者有异曲同工之妙。汤显祖对朝政的变化非常关心，关于自己则称“海上尉当一二年，安心供职”，可见他此时对朝政、对自己的前途还比较乐观。

寄刘芝阳开府〔一〕

淑德重地〔二〕，江海安澜〔三〕，岭外闻之，不胜驩尉〔四〕。吾乡在此位者，功泽良多，吉之周公，次欧阳公也〔五〕。有光前牒，是在门下〔六〕。赵侍郎苏州田赋一疏〔七〕，有可寻举否〔八〕？海中丞松江水利〔九〕，今更何如？苟利吴人，不必自己〔一〇〕，固大雅本怀矣。

故中丞余姚张公〔一一〕，雄才疏节，不为世知〔一二〕，如剑飞沉，出土入水〔一三〕。幸乃其子丹徒知县集义〔一四〕，意度魁奇〔一五〕，当复大受也〔一六〕。又丹阳县学训导李东明〔一七〕，笃于躬行〔一八〕，若进之六馆〔一九〕，必有绳染之益〔二〇〕。伏惟台下高其品目，引而重之。视时筐箧小吏〔二一〕，章句末儒〔二二〕，故相矫绝耳〔二三〕。

注释

〔一〕刘芝阳：刘应麒，字道征，芝阳或为其号，江西鄱阳人，隆庆二年（1568）进士，官至应天巡抚，见《（雍正）江西通志》卷九十本传等。开府：这里指巡抚。是篇作于万历二十年（1592），时刘应麒任应天巡抚，汤显祖任广东徐闻县典史，年四十三。

〔二〕淑德：美德。重地：这里指应天等府。明代应天府为洪武至永乐十八年间首都所在地，此后一直为留都所在地，又管辖附近一带财赋主要产区，故称重地。

〔三〕安澜：水波平静，比喻太平。王褒《四子讲德论》："天下安澜，比屋可封。"按明代应天巡抚的全称是"总理粮储提督军务兼巡抚应天等府"。嘉靖三十三年（1554）以海警，始加"提督军务"，驻苏州。万历中，移驻句容，不久复驻苏州。应天巡抚职责之一是管理海防，所以这里说"江海安澜"。

〔四〕岭外：五岭以南。时汤显祖贬任广东徐闻典史。驩：同"欢"。尉：同"慰"。

〔五〕吉之周公：周忱（1381—1453），字恂如，号双崖，江西吉安府吉水县人，永乐二年（1404）进士，选庶吉士。宣德五年（1430）以工部右侍郎巡抚江南诸府、总督税粮。欧阳公：按明代万历二十年（1592）以前，曾任应天巡抚的江西吉安府姓欧阳者有三位：欧阳重（1483—1553），字子重，号三崖，吉安府庐陵人，正德三年（1508）进士，嘉靖六年（1527）任右佥都御史巡抚应天等府。欧阳铎（1487—1544），字崇道，别号石江，吉安府泰和县人，正德三年进士，嘉靖十五年任都察院右副都御史巡抚应天十府。欧阳必进（1492—1567），字任夫，号约庵，吉安府安福县人，正德十二年进士，嘉靖二十四年任总督粮储兼巡抚应天等府。不知汤显祖指其中哪位。

〔六〕有光：增光。前牒：前代谱牒、记录。门下：对对方的敬称。

〔七〕赵侍郎：即赵用贤，见《答管东溟》注〔三三〕。万历二十年（1592）赵用贤任南京礼部侍郎。苏州田赋一疏：指万历十四年赵用贤所上《议平江南粮役疏》(《松石斋集》文集卷二)。

〔八〕寻：探寻。举：实施。

〔九〕海中丞：海瑞，字汝贤，海南琼山人，嘉靖二十八年（1549）进士，隆庆三年（1569）升右佥都御史巡抚应天等府，尝疏浚河道，修筑水利工程。清张廷玉《明史》卷二百二十六《海瑞传》："（隆庆）三年夏，以右佥都御史巡抚应天十府。……瑞锐意兴革，请浚吴淞、白茆，通流入海，民赖其利。……又裁节邮传冗费，士大夫出其境率不得供顿，由是怨颇兴。"中丞：汉代御史大夫的属官，明清两代亦称巡抚为"中丞"。

〔一〇〕苟：如果。不必自己：不必出自自己。此处建议刘应麒借鉴赵用贤、海瑞等人的治理方略，合适的就继续实施。

〔一一〕张公：张岳，字汝宗，浙江余姚人，嘉靖三十八年（1559）进士，官至刑部右侍郎，见清张廷玉《明史》卷二百二十七本传等。汤显祖于隆庆四年（1570）中举，时张岳任江西乡试考官。

〔一二〕雄才疏节，不为世知：张岳入仕后，不阿附权臣。任礼科给事中时，巡视内府库藏，奏行厘弊八事。又陈时政，指斥大学士徐阶、兵部尚书杨博。万历初，张居正赏识张岳，用为太仆少卿，再迁南京右佥都御史，督操江。刚到官，就逢张居正父丧谋夺情，南京尚书潘晟及诸给事、御史咸上疏请留居正，张岳独上疏请令驰驿奔丧，居正大怒。会大计京官，贬一秩调外，岳遂归。久之，操江佥都御史吕藿、给事中吴绾知居正憾未释，摭劾岳落职闲住。刚过两月，居正死，南京御史方万山荐岳，起四川参议。旋擢右佥都御史巡抚南、赣。入为左佥都御史，献时政四议，其一言宗藩宜以世次递杀，亲尽则停，俾习四民之业。这些都没有得到回应。进左副都御史，迁刑部右侍郎，坐罢归。（据《明史》卷二百二十七《张岳传》）

〔一三〕如剑飞沉，出土入水：用剑出于土，又入于水，比张岳有所建树，又被世人遗忘。《晋书·张华传》：晋司空张华，夜见异气起斗、牛之间，问善观天象的雷焕。雷焕说："这是宝剑气，应在豫章郡丰城县。"张华乃任雷焕为丰城令。焕到县，移开县里的监狱，掘狱基入四十余尺，得青石函一枚，中有双剑，乃送一剑与张华，自留一剑。华得剑，喜置坐侧，曰："乃干将也，莫邪何复不至？虽然，天生神物，终当合耳。”及张华被诛，剑莫知所在。雷焕亡，子雷华得其剑，携之经延平津，剑无故堕水。令人入水寻找，见二龙长数丈盘交，须臾光采彻发，曜日映川。

〔一四〕丹徒知县集义：张集义，字德宜，浙江余姚人，张岳之子，万历十四年（1586）进士，授华亭知县，万历十九年调丹徒知县，又调常熟知县，官至兵部主事，见《（同治）苏州府志》卷七十二本传等。张集义每任皆勤政爱民。如在华亭知县任上，“旱潦为灾，请蠲赈，知府令富户自行赈济，奸民大肆抢掠，集义坚明约束，惩首事者，骚扰遂定。又设糜活饥民甚众”（《（嘉庆）松江府志》卷四十二）。在常熟知县任上“慷慨任事，修城浚川，不避劳怨。更变役法……后皆遵行”（《（道光）苏州府志》卷七十四）。

〔一五〕意度：识见与气度。魁奇：杰出。

〔一六〕大受：委以重任。《论语·卫灵公》：“君子不可小知，而可大受也。”

〔一七〕李东明：号勿斋，江西临川人，受业于罗汝芳，潜心为己之学。年未四十贡于乡，遂弃举子业，为丹徒教谕。端悫俭让，设诚教士，有古长者之风。迁柳州，不赴。教人务以躬行为主，规言矩行，年八十余，监司郡县官员登门请教，他从不提及个人私事，妇人孺子皆称为勿斋先生。见《（雍正）江西通志》卷八十二等。

〔一八〕笃：一心一意。躬行：身体力行。《论语·述而》：“躬行君子，则吾未之有得。”陆游《冬夜读书示子聿》：“纸上得来终觉浅，绝知此事要躬行。”

〔一九〕六馆：本为国子监之别称。唐代国子监领国子学、太学、四门、律学、书学、算学，统称六馆。韩愈《太学生何蕃传》：“于是太学六馆之士百余人，又以蕃之义行，言于司业阳先生城，请谕留蕃。”宋元以后，渐加合并，以至仅存国子一学，但世人仍以六馆指国子监。此应指刘应麒辖下应天府学等。

〔二〇〕绳染：修正、熏陶。

〔二一〕视：看，比较。时：时下。筐箧（qiè）：竹子或柳条等编成的盛东西的器具。筐箧小吏：指普通平庸的小吏，只知道征收财物之类事情。《汉书·贾谊传》：“夫移风易俗，使天下回心而乡道，类非俗吏之所能为也。俗吏之所务，在于刀笔筐箧，而不知大体。”

〔二二〕章句：经学家通过剖章析句的方式以解说经义称作“章句”，章句解经有繁琐之弊。末儒：小儒。《汉书·夏侯胜传》：“章句小儒，破碎大道。”《汉书·艺文志》：“后世经传既已乖离，博学者又不思多闻阙疑之义，而务碎义逃难，便辞巧说，破坏形体，说五字之文，至于二三万言。”

〔二三〕故相矫绝：肯定高出很多。矫：高举。绝：超过。

点评

汤显祖此信主要谈了两方面的事情。一是建议刘应麒了解赵用贤此前所上《议平江南粮役疏》，和海瑞治理吴中水利的有关情况，如果觉得其中有合理的主张，就继续实施。大雅君子行政，主要是为了民众，不必都要出自自己的主张。古往今来，官场往往新官不理旧账，每任官员都要另搞一套，以便自己出政绩，结果每一任都留下很多烂账，很多该做的事情也半途而废，受累的还是老百姓。汤显祖此言，可谓深中官场积弊。他自己正处于贬所，而能关心政事，对朋友提出施政建议，难能可贵。二是向刘应麒推荐几位朋友，希望他予以关照任用。张岳本人刚直不阿，其子张集义属于廉能之吏，李东明也确有操守。于公汤显祖是秉持公心，于私汤显祖是关心故人，举贤不避亲，所以他的推荐合情合理。

按刘应麒也是一位刚方之士，不然汤显祖也不会如此坦诚地向他提上述两件事。据《(康熙)江西通志》卷三十一："刘应麒，字道征，鄱阳人，戊辰进士，授礼部主事。富宗人重赀求继亲藩，应麒执不可，当事者啣之，出为督学广东。会沙汰例起，应麒格不行，以疾告致仕。三载，起广西督学，升四川参政，值川北荒乱，移檄赈济，赖以安辑。迁湖广臬，长浙江左右辖。壬辰大计，举异等，升应天巡抚。吴俗，闾右巧避赋，小民偏受其累，应麒疏查限征，不避权贵，小民欢若更生。以得罪豪右，遂乞终养。起湖广巡抚，以父老不出。旋丁艰，服阕起南大理卿，再起工部侍郎，俱未赴。转兵部侍郎，命下先旬日卒。应麒居官贞亮，公忠有大节，所至以清名。尝题吴厅事云：'来时行李去时装，五夜清天一炷香。尽得海图留幕府，不将山水带还乡。'其廉介类如此。"

答刘中允〔一〕

得手教〔二〕，知益凝慎。以重视轻，静视躁，如凉中人视热境也。倭事遂少信臣〔三〕，可怪可惧。禁庭颇、牧为竟如何〔四〕？若倭遂有朝鲜，亦似元昊在西〔五〕，天必不使北胡有人以轻中国。

注释

〔一〕刘中允：刘应秋，见《与刘士和司业》注〔一〕。是篇当作于万历二十年（1592），时刘应秋任右中允，汤显祖任广东徐闻县典史，年四十三。

〔二〕手教：即手书，敬称。

〔三〕倭事：万历二十年（1592）四月，日本丰臣秀吉出兵侵略朝鲜。信臣：忠诚可靠之臣。万历二十年七月，游击史儒率师至平壤，战死；副总兵祖承训统兵三千余往援，全军覆没，仅以身免。

〔四〕禁庭：宫廷。颇、牧：战国时期赵国名将廉颇、李牧。

〔五〕元昊：西夏开国皇帝。元昊于宋仁宗宝元元年（1038）正式称帝，其后西夏与北宋连年征战不断，成为与北宋、辽相鼎立的第三大势力。

点评

万历二十年（1592）前后，日本关白丰臣秀吉统一了日本，将关白之职让予外甥丰臣秀次，自任太阁。为控制国内军阀和武士，实现占领亚洲的野心，向朝鲜提出假道伐明朝。朝鲜表示拒绝，并向明朝禀告，丰臣秀吉遂侵入朝鲜，明朝仓促发兵朝鲜相拒，互有胜败。万历二十六年丰臣秀吉卒，日本与明朝议和撤兵。此战前后耗时六年，与同样发生在万历二十年的平宁夏副总兵哱拜之乱、发生在万历二十一年至二十八年的平播州杨应龙之乱，合称为“万历三大征”。一般认为，三大征虽然表面上都以明朝的胜利告终，但消耗了明王朝的巨大人力物力。朝廷为筹备军费横征暴敛，加剧了与民众的矛盾。明军损失惨重，有利于满洲军队的崛起，因此，“万历三大征”是明朝灭亡的导火索。

汤显祖此信，对当时援朝抗倭的状况表示担心。他不是仅从朝鲜的角度看问题，而是借鉴宋朝的历史，从整个明朝的安危来看这场战争，指出日本若占据朝鲜，则将对整个明朝构成重大威胁。

寄傅太常〔一〕

委清署而游瘴海〔二〕，秋去春归，有似旧巢之燕〔三〕；六月一息，无异垂天之云也〔四〕。比意陵祠松柏〔五〕，依依五云〔六〕，殊深缅恋。加以足下风徽缊藉〔七〕，岂不偏反[八]。神乐观道书[九]，多半弟手点摘[一〇]。清斋时为下十数签乎[一一]？居太常东者[一二]，前数人皆得给事省中。足下体势[一三]，当是吏部郎[一四]。正弟居闲不如人耳，乃如来教，又忽不自知其不如人也[一五]。

注释

〔一〕傅太常：应为南京太常寺官员，生平不详。是篇作于万历二十年（1592），时汤显祖自徐闻归临川家居，年四十三。

〔二〕委：放弃，离开。清署：即指南京礼部。瘴海：即指广东徐闻县。

〔三〕秋去春归：汤显祖万历十九年（1591）闰三月二十五日上《论辅臣科臣疏》，四月二十五日被诏切责，五月十六日贬徐闻县典史，取道皖南返回临川家中，九月出发往徐闻。万历二十年春返回临川家中。

〔四〕六月一息，无异垂天之云：以《庄子》中语自比，言往返恰好也是六个月，与天上的云飘动相似。《庄子·逍遥游》："鹏之背，不知其几千里也；怒而飞，其翼若垂天之云……鹏之徙于南冥也，水击三千里，抟扶摇而上者九万里，去以六月息者也。"

〔五〕比：近来。意：思念。陵祠：明太祖孝陵在南京，南京太常寺和南京礼部负责祭祀。

〔六〕依依：依念不舍。五云：皇帝所在地。此指南京。

《南齐书·乐志》:“圣祖降，五云集。”王建《赠郭将军》:“承恩新拜上将军，当直巡更近五云。”

〔七〕风徽：风范、美德。缊藉：含而不露。

〔八〕岂不偏反：岂不思念。《论语·子罕》:“‘唐棣之华，偏其反而。岂不尔思，室是远而。’子曰：‘未之思也，夫何远之有？’”

〔九〕神乐观：南京太常寺官署所在地，掌管祭祀的礼乐歌舞。《(万历)应天府志》卷二十三：“神乐观：在天地坛东南隅，设太常寺署官，典祀礼乐。设乐舞生若干人，习八音籥翟。今南京惟释奠与雅乐。”

〔一〇〕点摘：阅读并作笔记。汤显祖尝任南京太常寺博士，因此有机会遍览神乐观道书。邹迪光《临川汤先生传》:“乞得南太常博士，至则闭门距跃，绝不怀半刺津上。掷书万卷，作蠹鱼其中，每至丙夜，声琅琅不辍。”

〔一一〕清斋时：本指举行祭祀或典礼前洁身静心以示诚敬。此指清闲读书时。下十数签：在读书有疑难或有心得处作注。《世说新语·文学》:“殷中军读《小品》，下二百签，皆是精微。世之幽滞，尝欲与支道林辩之，竟不得。今《小品》犹存。”

〔一二〕居太常东者：按明南京太常寺设卿一人，少卿一人，典簿一人，博士一人。此当指居于南京太常寺官署东侧者，应为典簿或博士。《汤显祖诗文集》卷八《过太常博士宅》:“太常东署中，五年足栖集。……儿子此生成，琴书此敦习。逼迫徙詹事，后者来何急。出门别井灶，致词如欲泣。临去几回首，向后恒过入。昔作主人居，今向宾阶揖。已悲题字灭，稍讶新堂葺。触迹有思存，循年真怅悒。旧隶犹瞻叩，比邻都问及。”汤显祖与傅太常对南京太常寺官署情况都很熟悉，故云。给事省中：即给事中，官名。明制分设吏、户、礼、兵、刑、工六科给事中，掌侍从规谏，稽察六部弊误。

〔一三〕体势：状况、势头。

〔一四〕吏部郎：吏部主事、员外郎、郎中均可称吏部郎。

〔一五〕又忽不自知其不如人也：意谓傅太常的来信，对汤显祖多有赞美，汤显祖忽然又不知道自己不如别人了。

点评

傅太常姓名不详，当时应任南京太常寺典簿或博士，这是汤显祖曾经任职的地方。傅太常的来信，不禁勾起了汤显祖很多回忆。不管怎样，那都是自己万历十二年（1584）入仕之初担任的第一个职务，而且一任就是五年，直到万历十六年才改任南京詹事府主簿。估计傅太常的来信对汤显祖多有仰慕之词，汤显祖也祝愿他升任给事中或吏部郎，不像自己一样落魄潦倒。由对方的仕途想到自己的仕途，不禁怃然。但接着说，傅太常对自己的夸奖和鼓励，使自己忘记了不如人。这是向傅太常表示感谢，同时也是诙谐而坚定地表示：自己并没有不如人。

答徐闻乡绅〔一〕

万里手教〔二〕，如扶摇从天池南下〔三〕。中间所以尉藉良过〔四〕。独念“君子学道则爱人”〔五〕，常见古人虽流寓一时〔六〕，不肯傀焉如不终日〔七〕，诚爱人也。无论与诸生相劝厉〔八〕，不敢虚其来〔九〕，即朴蓫编民〔一〇〕，流离蛋户〔一一〕，有见，未尝不呴尉而提诱之〔一二〕。此自门下心神所照矣〔一三〕。闻贵生书院成〔一四〕，甚为贵地欣畅。然必有人焉，加意讲德弦歌鼓箧其中〔一五〕，乃不鞠为茂草耳〔一六〕。

注释

〔一〕是篇作于万历二十年（1592），时汤显祖自徐闻归临川家居，年四十三。

〔二〕手教：即来信，敬称。

〔三〕扶摇从天池南下：《庄子·逍遥游》：“穷发之北有冥海者，天池也……有鸟焉，其名为鹏，背若太山，翼若垂天之云，抟扶摇羊角而上者九万里，绝云气，负青天，然后图南，且适南冥也。”

〔四〕尉：通“慰”。良：确实。慰藉良过：安慰和鼓励确实过份。

〔五〕君子学道则爱人：《论语·阳货》："君子学道则爱人，小人学道则易使也。"

〔六〕流寓：流落他乡居住，此指贬官到异地。

〔七〕儳（chán）焉：不恭敬、不整齐。不肯儳焉如不终日：君子不肯使自己显得随意苟且，好像一天也过不下去的样子。《礼记·表记》："君子不以一日使其躬儳焉，如不终日。"

〔八〕无论：且不论。诸生：明清两代对已入学生员的称呼。劝厉：激励，勉励。

〔九〕虚其来：使其白来。陶渊明《乞食》："主人解余意，遗赠岂虚来。"

〔一〇〕朴蓮：又作朴樕，小树木，这里指普通百姓。编民：编入户籍的平民。

〔一一〕流离：漂泊流动。蛋户：同"蜑户"，古代指南方地区水上居民。

〔一二〕呴（xǔ）：嘘气使温润。尉：通"慰"。形容悉心爱护教导。

〔一三〕照：了解。

〔一四〕贵生书院：万历十九年（1591）汤显祖任徐闻典史时，向知县熊敏提议，营建贵生书院新院舍。刘应秋《徐闻县贵生书院记》："义仍以谋于邑令熊君，择地之爽垲者，构堂一区，署其榜曰'贵生书院'。义仍自为说，训诸弟子。"（《刘大司成集》卷四）汤显祖《贵生书院说》，见《汤显祖诗文集》

卷三十七。万历二十年汤显祖自徐闻归临川后，院舍方建成。贵生书院后多次重建，今在广东徐闻县徐城镇旧城内圣殿塘东，为广东省文物保护单位。

〔一五〕弦歌：此指礼乐教化。《论语·阳货》："子之武城，闻弦歌之声。"鼓箧：谓击鼓开箧，古时入学的一种仪式，此指求学。《礼记·学记》："入学鼓箧，孙其业也。"

〔一六〕鞠：养成。

点评

汤显祖去徐闻任典史，往返只有六个月左右，除去路途所费时间，实际上在徐闻可能只停留了两三个月。当时官员贬任这种职务，一般都是如此。汤显祖担任的这个典史，属于"添注"，没有任何职权，但汤显祖没有虚度，在徐闻还是做了一些有意义的事情，其中最重要的一项工作，就是建议知县熊敏修建了贵生书院。汤显祖离开徐闻后，徐闻的父老没有忘记他，专门写信问候，汤显祖很感动，回了这封信。他表示，自己的人生信条就是，不管在什么地方，待多长时间，都要践行儒家"爱人"的主张，不能辜负民众。他也是这么做的。在徐闻，他不仅悉心指导当地士子的学业，而且对贫苦百姓，包括水上蛋民，只要自己看到了，都会予以关心。对于贵生书院，他嘱咐要请师长在里面开讲，让士子们在其中学习，不然就会变成一片荒草。人们做事往往只图一时热闹，徒具形式，过后就荒废了。汤显祖是务实之人，深知世人弊习，所以予以提醒。

上马映台先生〔一〕

庚午之秋，所录者弟子某一人而已〔二〕。而弟子复以性气乖时，游宦不达〔三〕，无以报称。南都一问起居〔四〕，量移平昌〔五〕，驰问公子，而贵里人云〔六〕，俱在廉府〔七〕。寸忱未将〔八〕，弟子何为！知师盛德考盘〔九〕，福履弥泰〔一〇〕；而师母夫人北堂春永〔一一〕，佳公子翩联耸秀〔一二〕，弟子之愿殊慰。因便薄致芹私函丈之前〔一三〕。趋风何日〔一四〕，弟子无任想恋徊徨之至〔一五〕。

注释

〔一〕马映台：马千乘，字国良，号映台，浙江平湖人，隆庆二年（1568）进士，官至广东副使，见《（光绪）嘉兴府志》卷五十八本传等。是篇当作于万历二十一年（1593）三月汤显祖正式上任遂昌知县之后。

〔二〕庚午之秋，所录者弟子某一人而已：隆庆四年（1570）汤显祖乡试中举，时马千乘为试官。清盛枫《嘉禾征献录》："（马千乘）庚午充本省同考，得士汤显祖。" 汤显祖《与车嘉兴》："平湖马映台师老而子少，沈几轩师去而子孤。"（《汤显祖诗文集》卷四十七）

〔三〕性气乖时，游宦不达：指万历十一年（1583）中进士后，长期在南京闲曹任职。万历十九年更以上疏贬徐闻典史，至此时仍只官遂昌知县。

〔四〕南都一问起居：应指汤显祖万历十二年（1584）至万历十九年任官南京时，曾致信问候马千乘。

〔五〕量移平昌：万历二十一年（1593），汤显祖移官浙江遂昌知县。平昌，即遂昌。县东十五里有山，与孟山前后相叠，形如“昌”字，故名平昌山。三国吴赤乌二年（239），分太末县置平昌县，以山得名。西晋太康元年（280），因与青州城阳郡之平昌县重名，更名遂昌县。

〔六〕驰问：遣人或发信问候。公子：马千乘之子。贵里：对他人乡里的敬称。

〔七〕俱在廉府：据《（崇祯）廉州府志》卷七，马千乘万历二十二年（1594）任广东按察副使海北兵巡道，据《明史》卷七十五，海北道驻雷州，廉州府在其辖区内。据《（万历）广东通志》卷五十三，马千乘万历中官广东按察副使，置学田，“岁收租银，以给廉州、合浦二学”。

〔八〕寸忱：微薄的心意。

〔九〕考盘：考，扣击；盘，器名。扣盘以为节拍，指君子修养品德，安于寂寞，不改初衷。《诗经·卫风·考槃》：“考槃在涧，硕人之宽。独寐寤言，永矢弗谖”；“考槃在阿，硕人之薖。独寐寤歌，永矢弗过”。

〔一〇〕福履：福禄。《诗经·周南·樛木》：“乐只君子，福履绥之。”

〔一一〕北堂：中国古代居室东房的后部，为妇女盥洗之所，后用以代指母亲。《仪礼·士昏礼》：“妇洗在北堂。”春永：青春永驻之意。

〔一二〕翩联：共同飞翔的样子。耸秀：形容风姿高雅俊秀。

〔一三〕芹私：微薄的情意，谦辞。《列子·杨朱》记载：宋国有一田夫，对妻子说，太阳晒后背，特别舒服，别人都不知道，我告诉国君，必有重赏。里中有个富人告诉他，当初有个人认为戎菽、枲茎、芹萍子很甘美，对乡里豪强称道。乡豪取而尝之，蜇于口，惨于腹，众哂而怨之，其人大惭。后因以“献芹”比喻微不足道的礼物和建议。函丈：见《寄何滨岩先生》注〔一六〕。

〔一四〕趋风：瞻仰风采，指见面。

〔一五〕无任：不胜，敬辞。徊徨：徘徊彷徨。

点评

隆庆四年（1570），汤显祖乡试中举，这是他的科举仕宦之途的重要一步。当时马千乘是《书经》房的阅卷官。汤显祖选考的是《书经》，马千乘就成为汤显祖的“房师”。马千乘的赏识推荐极为关键，且这次马千乘推荐的考生就录取了汤显祖一人，这是汤显祖一辈子都不能忘记的恩情。汤显祖尺牍的题目，有“寄”“答”“复”“与”“柬”等，既表明写作的缘由，也体现出与接信者之间关系的差异。对何镗、高应芳、余懋学这些关心帮助过自己的前辈，汤显祖也只是用“寄”“答”，只对罗汝芳、戴洵两位师长用了“奉”，对马千乘一人用了“上”字，可见他对马千乘的尊重。汤显祖后来一直惦念着马千乘，但两人直接交往似乎不多。直到汤显祖担任遂昌知县，虽然官位不高，但这是他首次担任一个有点实权的职务，所以就给老师送上一点礼物。此时距他中举人已经过去二十三年了，自己还只是一个小小的知县，他觉得有负于老师当年的赏识，感情真挚。

与马公子长卿〔一〕

弟两拜吾师于长安〔二〕，后在南都，致问而已〔三〕，弟子之敬阙焉。初谓世路稍通，酬知未老。已而世弃，无能复奉音旨〔四〕。读世兄行实〔五〕，泫然泪下，长喟而兴〔六〕。当吾世，为吾师，而不知其人，可能免于驽钝之诛乎？勉从诸大笔后为神道碑〔七〕，亦不知弟子能传其师否也。然因师以传，弟子之幸。弟未死，终当一扫墓下，呕其寸心耳。

注释

〔一〕马长卿：马千乘之子，生平不详。马千乘，见《上马映台先生》注〔一〕。此信作于马千乘卒后。据《(万历)广东通志》卷十，马千乘万历二十年（1592）任广东布政使司左参议，万历二十三年周应治接任。又据《(崇祯)廉州府志》卷七，马千乘万历二十二年任广东按察副使海北兵巡道，“满秩里居，焚香读书而已，寻卒”，则马千乘可能卒于万历二十二年后不久。

〔二〕长安：都城，指北京。此当为万历十一年（1583）至万历十二年汤显祖观政北京礼部时事。

〔三〕后在南都，致问而已：《上马映台先生》一文中亦有相关记载，可参阅。

〔四〕世弃：即弃世，指去世。音旨：言辞旨意。

〔五〕行实：行状，记述死者生平事迹的文章。

〔六〕喟：叹气。兴：站起。

〔七〕神道碑：中国古代立于墓道前记载死者生平事迹的石碑。

点评

从这封信来看，上一封信应该是送达马千乘了，于是他们恢复了联系。可是不久马千乘就去世了，其子马长卿来信请汤显祖为其父撰写神道碑文。按当时人去世后，一般首先请亲友故旧中较有名望者写“行状（行实）”，也可由家属自己撰写，比较详细地记述逝者的生平经历。再请能够找到的名望更高的人物，在“行状”的基础上写成比较简要、重点突出的“传”。然后请能够找到的名望最高的人物，在前两者基础上写成更简明扼要的“神道碑”或“墓志铭”（只有达到一定官级的人才可立神道碑）。越往后，篇幅越短，撰写者地位越高。逝者一般在生前会表达希望谁给自己写行状、传、神道碑（墓志铭），为自己的文集作序等等。马长卿来请汤显祖作神道碑，应该出自马千乘的遗愿，那么，马千乘父子就是把汤显祖看成最了解马千乘的为人、最值得尊敬的人了。可见隆庆四年（1570）马千乘与汤显祖结下师生之缘后，虽然只再见过两面，通过两次信，但马千乘特别认可汤显祖。古人云：白头如新，倾盖如故。一生知交，只不过寥寥数见而已。

答吴四明〔一〕

明公下车〔二〕，仆以辟邑长〔三〕，不敢上援〔四〕。然即柬丁右武云〔五〕："吴四明不当以时势人相目。"右武答书，亦云："因此公为迟留海上，毕春汛去〔六〕。"不谓明公所以奖借不佞，如来书已甚。此自明公风厉旁属至意〔七〕，然非卑猥所敢承〔八〕。前为郎所言事〔九〕，天下似皆以其言为可，然时有出位之讥。雷阳归〔一〇〕，得憩此县，在浙中最称僻瘠。仆又不善为政，因百姓所欲去留，时为陈说天性大义。百姓又皆以为可。赋成而讼希〔一一〕，值上官一时皆贤者，苦无多求。前某观察有重客〔一二〕，传食属邑〔一三〕，至仆治〔一四〕，值仆受词日〔一五〕，即与冠带并坐堂上。所受词不二三纸。如此者再，客亦频蹙去〔一六〕。至今五日一视事〔一七〕，此外唯与诸生讲德问字而已。

四明山海人物巨丽〔一八〕，加以吴公治行〔一九〕，当为天下第一。所恨无缘展谒〔二〇〕，惟有来冬上计〔二一〕，门下时以太守入为九卿〔二二〕，故人相见，罄此晤言耳〔二三〕。

注释

〔一〕吴四明：吴安国，字文仲，江苏长洲人，万历五年（1577）进士，官至浙江副使，见《（乾隆）鄞县志》卷十一本传等。四明：即宁波。因宁波境内有四明山，故称。是篇作于万历二十一年，时吴安国任宁波知府，汤显祖任浙江遂昌知县，年四十四。

〔二〕下车：指官吏到任。

〔三〕辟：通“僻”。邑长：即指浙江遂昌知县一职。

〔四〕上援：向上级攀援、结交。

〔五〕柬：书信。这里用作动词，指写信。丁右武：丁此吕，字右武，江西新建人，万历五年（1577）进士，官至湖广右参政，见清张廷玉《明史》卷二百二十九本传等。万历二十三年秋，丁此吕于湖广右参政任上被捕下狱，汤显祖有《平昌得右武家绝决词示长卿，各哽泣不能读，起罢去，便寄张师相，感怀成韵》诗（《汤显祖诗文集》卷十二）。

〔六〕为：为之。迟留海上：时丁此吕任浙江海道副使。毕：

结束，完成。春汛：春天江河湖海水位上涨。此指春天海盗可能乘潮水上涨侵扰，届期须加防范。

〔七〕风厉：鼓励，劝勉。旁属：遂昌县属浙江处州府，是浙江宁波府的旁府之属县。至意：诚挚的心意。

〔八〕卑猥：卑贱庸俗，谦辞。承：承受，接受。

〔九〕前为郎所言事：指万历十九年（1591）汤显祖担任南京礼部祠祭司主事时上《论辅臣科臣疏》。

〔一〇〕雷阳：即广东雷州，此处特指徐闻县。汤显祖万历十九年（1591）被贬为广东徐闻县典史，万历二十一年移官浙江遂昌知县。下文“此县”即指遂昌。

〔一一〕赋成：赋税征收完成。讼：诉讼，官司。希：少。

〔一二〕观察：指按察副使或按察佥事。唐代曾设各道观察使。明代各省按察副使或佥事分巡某道，或整饬某道兵备等，俗称观察。重客：重要客人。

〔一三〕传食属邑：要求属下各县为该贵客提供饭食、住宿并送礼。《孟子·滕文公下》：“后车数十乘，从者数百人，以传食于诸侯，不以泰乎？”

〔一四〕治：治所。

〔一五〕值：正当。受词：接收诉状。《答王伯皋》一文中亦有关于受词及传食者的记载，可参阅。

〔一六〕频蹙：皱眉。

〔一七〕视事：指官吏办公。

〔一八〕巨丽：极其美好。

〔一九〕治行：治理的成绩和行为方式。

〔二〇〕展谒：拜见，敬辞。

〔二一〕上计：即大计，见《与刘士和司业》注〔二〕。“来冬上计”，指万历二十二年（1594）冬赴京参加万历二十三年大计。

〔二二〕太守：此指吴安国所任宁波知府，相当于汉魏六朝时的太守。九卿：古代中央政府的九个高级官职，明代一般以六部尚书和都御史、通政使、大理寺卿为九卿，但也有按汉魏时制度将光禄寺卿、太常寺卿、太仆寺卿、鸿胪寺卿等称为九卿者。此指吴安国有可能由宁波知府升任上述部门少卿、丞之类官职。

〔二三〕罄：尽。晤言：见面谈话。

点评

汤显祖是个孤傲的人，很少主动与人结交。他与吴安国交往，应该是通过丁此吕介绍。丁与吴是万历五年（1577）的同年进士，而丁是汤显祖最信赖的朋友之一。在此信中，汤显祖自豪地说，自己万历十九年的上疏，“天下似皆以其言为可”；自己任遂昌知县以后，按照自己的方式来治理，“百姓又皆以为可”，充分表达出他的自信。古代官员的正式俸禄都不高，收入主要来自于收受贿赂，特别是在诉讼中收受原告、被告双方贿赂。有时候是让亲友居间代收贿赂，作为对亲友的馈赠。汤显祖在多封给友人的信中都说，遂昌贫瘠，官司稀少，一方面是说明自己治理从简，不想从官司中捞取什么好处；另一方面也是告诉友人，自己这里没有什么油水，请他们不要对自己抱什么指望。

答王澹生[一]

弟少年无识，尝与友人论文，以为汉宋文章，各极其趣者，非可易而学也。学宋文不成，不失类鹜[二]；学汉文不成，不止不成虎也[三]。因于敝乡帅膳郎舍论李献吉[四]，于历城赵仪郎舍论李于鳞[五]，于金坛邓孺孝馆中论元美[六]，各标其文赋中用事出处，及增减汉史唐诗字面处，见此道神情声色，已尽于昔人，今人更无可雄，妙者称能而已。然此其大致，未能深论文心之一二。而已有传于司寇公之座者。公微笑曰："随之。汤生标涂吾文,他日有涂汤生文者。"弟闻之,怃然曰[七]："王公达人，吾愧之矣。"而当其时，门下于弟则有所谓心与而目成者[八]。人谁无情，而忍不报施乎[九]？

客曰：吴士文而吾乡质。文常有余，质常不足[一〇]。以不足交有余，辩给固不能相当[一一]，精微亦不能相致[一二]。无所相益，有以相损。因自引避，不敢再谒尚书之门，一参公子之席，其风性然也。又时知公子之意，雅在气节，不在文章。文章已矣。而窃观其时所号气节诸君者，弟亦未敢深附。《易》不云乎："定其交而后求，平其心而后语，安其身而后动。"不然，"莫益之，或击之"矣〔一三〕。迨其击之也〔一四〕，而悔其交，容有及乎〔一五〕？

且门下人地才美〔一六〕，固与弟江外枯槁之士去就不同。何也，今之执政者非异人〔一七〕，固门下之父行也〔一八〕。执政尚将择疏鄙有才之士而近之，况如通家之子也〔一九〕。才而好，远之，岂人情乎？夫以门下之才且亲，尚负意气不肯自近，其疏鄙有才之士负意气者，固益以远矣。然则肯自近于执政，执政因而近之者，其人又多非负意气而才者。彼其时政公论，安得不两〔二〇〕。而执政者之无所远闻，殆非疏鄙寒士之过，皆通家戚里子弟〔二一〕，高者引嫌〔二二〕，卑者昵附〔二三〕，无有与言之过也。

以愚计之，门下幸及此时强起除一闲署郎〔二四〕，得从容间见言事。执政有当，矔然承之〔二五〕；误则愀然而献疑〔二六〕。入则尽规，出不以语人〔二七〕。此亦事父执者礼然〔二八〕。而因以阴就天下之大计〔二九〕，亦不可谓非名节事也。且执政所以不受言事者，以为此毁人以自为名，莫爱己也。若门下以戚里晚进，而规随其间，又自匿不夺其名，执政必以为爱己，而不听其言者，非人情也。

然惟门下可以就此。正以门下有美才而负意气，执政所重。重之而不亲，此必门下负其人地才美，不思以用之。或意他有所在，先其疑形。如此而言不听，交不成，此如学汉文者讥学宋文者，皆未有以极其趣，不足相短长也。

偶感门下推引过至〔三〇〕，及欲移病塞门〔三一〕，似伤于怼世〔三二〕，故不惜亹亹言之〔三三〕。以门下昔日之心与而目成，庶有当于斯言也。

注释

〔一〕王澹生：王士骐，字冏伯，号澹生，南直隶太仓（今属江苏）人，王世贞长子。万历十年（1582）江南乡试解元，十七年中进士，授兵部主事，改礼部仪制司主事，升吏部稽勋司员外郎，署吏部郎中。三十一年，为权者所嫉，坐妖书狱削籍归。屡荐不起，刚直以终。天启初录争立储功，赠太仆寺少卿。著有《晋史》《四侯传》《醉花庵诗选》等。是篇或作于万历二十一年，时汤显祖任浙江遂昌知县，年四十四。

〔二〕类鹜：类：相似。鹜：鸭子。古人谓刻画鹄（天鹅）不成，还像鸭子。指模仿得虽不完全，但还相似。《后汉书·马援列传》载马援《诫兄子书》："效伯高不得，犹为谨敕之士，所谓'刻鹄不成尚类鹜'者也；效季良不得，陷为天下轻薄子，所谓'画虎不成反类狗'者也。"

〔三〕不成虎：形容不仅模仿得不像，而且变得更糟。见上条。

〔四〕帅膳郎：帅机，见《寄帅惟审膳部》注〔一〕。帅机万历三年（1575）冬起任南京礼部祠祭司主事，升精膳司郎中，首尾七年。李梦阳：字献吉，甘肃庆阳人，弘治七年（1494）进士，官至江西提学副使，见清张廷玉《明史》卷二百八十六本传等。李梦阳是明代著名文学家，提倡文学复古，与何景明、徐祯卿、边贡、康海、王九思、王廷相并称复古派“前七子”，对明代文坛影响深远。

〔五〕历城：在今山东济南市。赵仪郎：赵世卿，字象贤，山东历城人，隆庆五年（1571）进士，官至户部尚书，见清张廷玉《明史》卷二百二十本传等。仪郎：明代礼部仪制司郎中的简称。据《明神宗实录》，赵世卿万历初任兵部主事，得罪张居正，被罢职。张居正死后，万历十一年（1583）六月以户部郎中起用，万历十二年七月升陕西副使，万历十二年十二月已为礼部仪制司郎中，万历十三年六月升光禄寺少卿。李于鳞：李攀龙，字于鳞，山东历城人，嘉靖二十三年（1544）进士，官至河南按察使，见清张廷玉《明史》卷二百八十七本传等。李攀龙、王世贞、谢榛、宗臣、梁有誉、徐中行、吴国伦并称复古派“后七子”，其中以李攀龙、王世贞为领袖，故时人有“王李”之称。

〔六〕邓孺孝：邓伯羔，字孺孝，江苏金坛人，布衣，有《古易诠》《今易诠》等著作。馆中：家中。元美：王世贞，字元美，江苏太仓人，嘉靖二十六年（1547）进士，官至南京刑部尚书,见清张廷玉《明史》卷二百八十七本传等。下文“司寇公”亦指王世贞。司寇为周代六卿之一，掌理刑狱。

〔七〕怃然：怅然失意的样子。《论语·微子》：“夫子怃然曰：‘鸟兽不可与同群，吾非斯人之徒与而谁与？’”

〔八〕心与：以心相许。枚乘《七发》：“目窕心与。”目成：以目传情。屈原《九歌》：“满堂兮美人，忽独与余兮目成。”心与而目成：指双方默许，心照不宣。

〔九〕报施：报答。

〔一〇〕文：文采。质：朴实。《论语·雍也》：“质胜文则野，文胜质则史，文质彬彬，然后君子。”

〔一一〕辩给：能言善辩。《韩非子·难言》：“捷敏辩给，繁于文采，则见以为史。”相当：相等，足以抗衡。

〔一二〕相致：相互获取。

〔　二〕定其交而后求，平其心而后语，安其身而后动：语出《周易·系辞下》：“君子安其身而后动，易其心而后语，定其交而后求。君子修此三者，故全也。”莫益之，或击之：语出《周易·益卦》：“上九：莫益之，或击之，立心勿恒，凶。”

〔一四〕迨：等到。

〔一五〕容有及乎：还能来得及吗？

〔一六〕人地才美：本人很优秀，家族及其所在地的声誉（即古代所谓“地望”“郡望”）也很美好。

〔一七〕今之执政者：当指时内阁首辅王锡爵。

〔一八〕父行：父辈，父亲的朋友。

〔一九〕通家：累世有交往的家族。王锡爵与王世贞为同乡，时有“太仓二王”之称。王世贞家号“太仓瑯琊王氏”，王锡爵家号“太仓太原王氏”，二家颇多交往。

〔二〇〕两：两歧，不一致，对立。

〔二一〕戚里：亲戚和同乡。

〔二二〕引嫌：避嫌。

〔二三〕昵附：亲附。

〔二四〕门下幸及此时强起除一闲署郎：“此时”指王士骐三年服丧期满之时。王世贞于万历十八年(1590)去世。强起：勉力而起。意谓王士骐本不想做官，为国事而勉强出山任职。除：朝廷任命官职曰除。闲曹：没有重要职权的闲散部门。吏部、户部、兵部、刑部、都察院、六科给事中等属要害繁忙部门，其他部门相对闲散。郎：各部的主事、员外郎、郎中均可称为“郎”。

〔二五〕驩：同“欢”。驩然：欢乐的样子。

〔二六〕愀（qiǎo）然：忧愁的样子。

〔二七〕出不以语人：出来不对别人说。指保守秘密，不在外人面前夸耀自己为执政出了什么主意，将功劳揽在自己身上，让执政难堪。

〔二八〕父执：父亲的朋友。《礼记·曲礼上》：“见父之执，不谓之进，不敢进；不谓之退，不敢退；不问，不敢对。”孔颖达疏：“父之执，谓执友，与父同志者也。”

〔二九〕就：成就。

〔三〇〕推引：推许、赞扬。

〔三一〕移病：称病。古代官员身体有病或声称身体有病，弃任官职，叫“移病”。塞门：闭门不出。

〔三二〕怼：怨。

〔三三〕亹亹（wěi）：勤勉不倦的样子。《汉书·张敞传》：“今陛下游意于太平，劳精于政事，亹亹不舍昼夜。”

点评

汤显祖主张文学要表达真情实感，与当时盛行的复古派是相对立的。王世贞和李攀龙是复古派后七子的领袖，李攀龙隆庆四年（1570）去世后，王世贞更是独为文坛盟主二十年。汤显祖不肯追随，作为后生晚辈，还在公开场所批评王世贞的文章。照理说，汤显祖与王世贞之子王士骐的关系会比较紧张，但事实却不然，原因是王士骐对他父亲一派的文学主张并不以为然。钱谦益《列朝诗集》丁集卷六上“王司勋士骐”条：“冏伯倜傥轩豁，好结纳海内贤士大夫，勇于为人，不避嫌怨。在仪司，佐其长举行建储大典；在铨司，推毂废弃名贤无虚日。为权要所嫉，肮脏以死，公议惜之。冏伯论诗文，多与弇州异同。尝语余曰：‘先人构弇山园，叠石架峰，以堆积为工。吾为泌园，土山竹树，与池水映带，取空旷自然而已。’余笑曰：‘兄殆以为园喻家学乎？’冏伯笑而不答。”据钱谦益所述，王士骐为人慷慨有气节，文学主张确实与其父不同。汤显祖此信中说，当年王士骐对自己的文学主张“心与而目成”，看来是事实。这次也是王士骐先来信“推引过至”，这些都是汤显祖给王士骐回信的前提。

这封信主要谈了三点，一是自己与王世贞等复古派的文学主张有别。汤显祖曾当众一一指出李梦阳、王世贞、李攀龙等复古派巨子诗文中模仿袭用前人诗文的例子。由于汤显祖早年曾对古代经典下过很深功夫，且记忆力惊人，做这件事是他的拿手好戏。汤显祖最初也迷恋过一阵复古派的主张，经过数十年的实践和思考，他终于明白，当时人包括自己在内，无论如何努力，在古典诗文上都已不可能有大的作为。“此道神情声色，已尽于昔人，今人更无可雄，妙者称能而已。”明确认识到古典诗文已经是一种过去的文体，生命力已基本枯竭，要重现古典诗文的繁盛景象已不可能，再花过多精力于此道已经没有意义。这就宣告了古典诗文的终结。这是一个石破天惊的认识。当时及后来很长历史时期内，几乎所有人都还意识不到这一点，还以为古典诗文是永远合理的文学形式。既然此路不通，那么文学创作就必须另寻出路。汤显祖后来之所以选择从事戏曲创作，并取得巨大成就，在文学史上占有重要地位，与他具有这种超前的认识是相关的。

第二点，解释自己既然与王士骐文学观念相近，为何一直不与他联系。汤显祖称自己与王士骐所处的生活环境不同，气质也不同，交往对彼此不一定有益。王士骐是吴中人，且自曾祖倬、祖父忬、父世贞、叔世懋以来，四代都是进士，且祖、父均官至尚书。吴中比较富裕，吴中人士当时考科举、做官的人比较集中，势力较大，当时吴中人申时行、王锡爵相继为首辅。而汤显祖生长于江西，这里就偏僻多了。这里一方面体现了汤显祖自尊心强、不愿意攀附权贵的个性，另一方面也反映了当时不同地区之间的文化差异和隔阂。

第三点，表达了汤显祖回信的主要目的，即针对王士骐来信中流露出来的“移病塞门”的想法，劝他守父丧期满后，赴朝廷任职。说当朝执政（指王锡爵等人）是王士骐的同乡前辈，且彼此关系密切，王士骐如能给他们提一些建议，他们也许会接受，这样就对国家大计有益。汤显祖这么说，其实就是对王锡爵等人拒绝接受其他人的意见、一意孤行非常失望，只得寄希望于王士骐这种与他们关系亲近的人，对他们发生一点影响。汤显祖与申时行、王锡爵等人关系一直紧张，他或许也希望王士骐能在王锡爵等人面前为自己缓颊吧。

寄章仲明侍御〔一〕

大疏见示，俱经世大略〔二〕，且不激不随〔三〕，使人心服。昔人云，悾悾为忠〔四〕，未有反见罪者也〔五〕。山城阨塞〔六〕，无缘一望帝城为怅〔七〕。至于世寄〔八〕，可与悠然〔九〕。悠然之心，差可寄世〔一〇〕。

注释

〔一〕章仲明：章守诚，字仲明，号念清，浙江会稽人，万历十一年（1583）进士，官至广东参政，见明施沛《南京都察院志》卷六等。章守诚与汤显祖为同年进士。是篇或作于万历二十二年，时章守诚任南京福建道御史，汤显祖任浙江遂昌知县，年四十四。

〔二〕大疏见示，俱经世大略：应指章守诚担任南京福建道御史期间所上奏疏。据《明神宗实录》，万历二十年（1592）二月，兵部覆南京福建道御史上条陈控要害一款；万历二十二年十二月，南京福建道御史章守诚等疏救王汝训、彭应参等，罚俸有差。另，万历二十一年九月，章守诚上《议处民饥兵饷疏》，见明朱吾弼《皇明留台奏议》卷六。

〔三〕激：偏激。随：附随，附和。

〔四〕悾悾：诚恳的样子。《论语·泰伯》："狂而不直，侗而不愿，悾悾而不信，吾不知之矣。"

〔五〕见罪：被责怪。当指万历二十二年（1594）十二月，章守诚等疏救王汝训、彭应参等，罚俸有差。

〔六〕山城：指遂昌县城。阨塞：险要，闭塞。

〔七〕帝城：此指南京。

〔八〕世寄：世之所寄，世上所存在的事和物。

〔九〕悠然：不在意，随其自然。

〔一〇〕差可：勉强可以。寄世：寄于世，处世。

点评

章守诚与汤显祖同年中进士，汤显祖《寄李舜若侍御》曰："同年如章念清，其清可念也。"（《汤显祖诗文集》卷四十五）可见对他的人品很认可。汤显祖上《论辅臣科臣疏》，弹劾内阁首辅申时行和其门生吏科都给事中杨文举、礼科都给事中胡汝宁贪污受贿，弄权徇私，章守诚也上疏弹劾杨文举。据《明神宗实录》，万历十九年（1591）八月，“科臣杨文举奉命发帑救荒，贪肆不简，为汤显祖、李用中论劾，南道臣章守诚复纠其公论不容者十事，部覆以闻，上命降极边杂职”。章守诚因上疏而“见罪”，汤显祖自然为之抱不平。但他自己此前已经历长期担任闲职、上疏贬官等一系列挫折，此时在遂昌知县任上，希望调离升迁一直未果，对朝政及功名利禄的态度已趋于平淡。他也只能以悠然处世之说，与章守诚共勉。

慰浙抚王公〔一〕

浙事遂至于此〔二〕。私语在彼人，公议在天下。总之，台下清衷晬表〔三〕，贤佞所知〔四〕。今古不同，人道远，天道迩〔五〕。台下归，直登东山而望之耳〔六〕。

注释

〔一〕浙抚：浙江巡抚。王公：王汝训，见《寄王弘阳冏卿》注〔一〕。是篇当作于万历二十二年（1594）乌程案发时，时汤显祖任浙江遂昌知县，年四十五。

〔二〕浙事：即指万历二十二年（1594）乌程案事。浙江乌程人前礼部尚书董份、前国子监祭酒范应期居乡多有不法，引起当地百姓公愤。王汝训时以右副都御史巡抚浙江，正拟查处，万历二十一年，浙江巡按御史彭应参巡部至乌程，怨家千余人“遮道陈牒”，彭应参令乌程知县张应望调查，张应望将范应期拘捕，范自缢死，终年六十八岁，其妻吴氏赴京诉冤。范应期为嘉靖四十四年（1565）状元,曾任经筵讲书，即做过神宗的老师，颇受器重。神宗大怒，命将彭应参、张应望下狱，谪戍张应望烟瘴之地，彭应参削籍为民。王汝训亦被革职。见清张廷玉《明史》卷二百三十五《王汝训传》。

〔三〕清衷晬（zuì）表：纯洁的内心，润泽的仪表。

〔四〕佞：不正派的人，与“贤”相对。

〔五〕今古不同,人道远,天道迩:《左传·昭公十八年》:“子产曰：‘天道远，人道迩，非所及也，何以知之？’”这里是说现在的情况与子产说的相反，天道倒是很近，人间的道义却远不可见。

〔六〕东山：隐居之地。东晋谢安早年曾辞官隐居会稽之东山，经朝廷屡聘，方从东山复出，官至要职。

点评

万历二十二年（1594）的湖州乌程案，是轰动一时的重大事件。从直接起因看，它是由董份、范应期等居乡劣绅强占土地、横行乡里引起的。而更深层次的原因，则是当时全国最发达的环太湖地区，民众因为经济的发展和文化的普及，权利意识有所觉醒。因此这一事件具有重要历史意义。当时朝廷官员为王汝训、彭应参、张应望辩护的也不少。彭应参、张应望都是江西人。汤显祖明确站在他们这一边，专门写此信安慰王汝训。除此封书信外，在《柬丁庚阳》中，汤显祖认为“王中丞近以湖州事，为吴、越人人口语。然正大之举，或非邪小能害”；在《寄彭鲁轩侍御》中，汤显祖称赞彭应参“如兄之治越，与弘阳两公，虽被患而去，吴越间庶几一清。身为男子，高步中原，他更何论”。(《汤显祖诗文集》卷四十五、卷四十九）

与帅惟审〔一〕

满堂溪谷风松，弦歌嗒尔〔二〕，时忽忽有忘。对睡牛山〔三〕，齁齁一觉〔四〕，稍闻刘、顾二君子前后见推〔五〕，几逢其怒〔六〕。执政者太执乎！得天下太平，吾属老下位〔七〕，何恨。

注释

〔一〕帅惟审：帅机，见《寄帅惟审膳部》注〔一〕。是篇作于万历二十二年（1594），时汤显祖任浙江遂昌知县，年四十五。

〔二〕嗒（tà）尔：形容物我两忘的样子。《庄子·齐物论》：“南郭子綦隐几而坐，仰天而嘘，荅焉似丧其耦。”

〔三〕睡牛山：一名瑞山，又名眠牛山，在浙江遂昌县，因其远观时酷似一头卧地而眠的黄牛而得名。汤显祖《丁酉

平昌迎春口占》："琴歌积雪讼庭闲，五见春阳风历班。岁入火鸡催种早，插花鞭起睡牛山。"（《汤显祖诗文集》卷十二）

〔四〕齁齁（hōu）：熟睡时的鼻息声。

〔五〕刘、顾二君子：刘应秋，见《与刘士和司业》注〔一〕；顾宪成，字叔时，号泾阳，江苏无锡人，万历八年（1580）进士，官至吏部员外郎，见清张廷玉《明史》卷二百三十一本传等。顾宪成为明末东林党领袖人物。王汝训、刘应秋尝荐举汤显祖官南京刑部主事，顾宪成尝荐举汤显祖官南京礼部主事，均未果。刘应秋《与汤若士》之六"王弘阳已任事。相知之谊甚深，相为之意甚周。行时曾与弟私论，到任后数月即有揭赴部，欲兄早离苦海"；之八"顾泾阳甚知兄。前推南礼不下，近日极意欲以南仆丞优处。觉当路之意不可，正恐反不见用，故暂以南刑为速离县令计。以谓此稍稍薄处，必得俞旨，不料其如此也。岂但不许，且欲塞其来路，又并以塞建言诸公之路，可甚惋惜，可甚惋惜"。（《刘大司成集》卷十四）

〔六〕几逢其怒：几次碰上他正发怒，触怒他。《诗经·邶风·柏舟》："薄言往愬，逢彼之怒。"此指时任首辅王锡爵。汤显祖推官受阻，当与其有关。刘应秋《与汤若士》之二："太仓（王锡爵）甚不喜兄"；之七："今付之无可奈何，此中必有阻抑之者"。（《刘大司成集》卷十四）

〔七〕吾属：我们这些人。

点评

汤显祖任遂昌知县期间，大材小用，很轻松就把这个山区小县治理得有声有色。但他不可能安心于这个偏远之地，所以一直在争取调出去。刘应秋、顾宪成等在朝友人也一直在为之出力。但时任首辅王锡爵等人对汤显祖深怀敌意，因汤显祖曾弹劾其同乡、同僚申时行，且一直站在他们的对立面，总是支持与他们相抗的人。在这种情况下，汤显祖只能耐心等待。在这封信里，他对自己最好的朋友之一帅机说，自己在遂昌过得挺惬意，只要贤人在位，天下太平，自己也没有什么怨恨了。这是让朋友宽心，也是在说服自己。

答王伯皋〔一〕

足下手笔苦钜〔二〕，而时目苦小〔三〕，如之何。遂昌斗大县，赋寡民稀，故学舍、仓庾、城垣等作俱废〔四〕，非生稍修治，殆不成县。去年稍取赎新之，工讫而止〔五〕。每月受词者再〔六〕。今岁讼裁五十余〔七〕，而三食故人。食者踵至〔八〕，何以待王先生。诸君有以谅我矣。

注释

〔一〕王伯皋：生平不详。汤显祖另有《王伯皋贺函伯前后秋捷志喜》《和王伯皋薄妆含暮景》诗二首（《汤显祖诗文集》卷十七、卷二十一）。是篇或作于万历二十二年（1594），时汤显祖任浙江遂昌知县，年四十五。是年王伯皋欲至遂昌抽丰，汤显祖作此书信，以婉拒。

〔二〕钜：同“巨”。

〔三〕时目苦小：谓现在人的眼光太小，不能赏识王伯皋的文才。

〔四〕仓庾：贮藏粮食的仓库。城垣：城墙。

〔五〕去年稍取赎新之，工讫而止：取赎：取犯罪者所缴纳的赎罪财物。工讫：完工。万历二十一年（1593）八月，遂昌相圃书院建成，包括射堂与学舍，学舍凡三十间，每间可容生徒二人寄宿。相圃书院为遂昌有书院之始。详见汤显祖《遂昌县相圃射堂记》（《汤显祖诗文集》卷三十四）。

〔六〕受词：接受诉状。

〔七〕裁：才。

〔八〕踵至：接踵而至，形容来人之多。

点评

古代官员一旦担任一定的实职，就会有亲朋故旧来就食，或请求资助，即俗谓“打秋风（抽丰）”。汤显祖虽然只担任遂昌这样一个山区贫瘠小县的知县，但也有不少亲友故人要来，还有不少人情要还要送，压力不小。王伯皋要来，汤显祖只好坦诚说明遂昌油水有限，自己无法接待。借此我们可以了解汤显祖在遂昌的情况，也可进一步了解汤显祖的个性。对于某些朋友的诉求，与其勉为其难，弄得彼此都不愉快，不如直言相告，这是一种可取的交友之道。

柬长卿〔一〕

弟洗竹林寺以待足下〔二〕，竟成子虚〔三〕。羊沟蚶谷〔四〕，何得游赤水之珠〔五〕。吴人莫寒泉之子〔六〕，穷而问所之，弟云，王大司马后〔七〕，屠纬真家宜客。君以为何如？

注释

〔一〕长卿：屠隆，见《答屠纬真》注〔一〕。下文“屠纬真”亦指屠隆。是篇作于万历二十一年（1593）之后，万历二十三年秋屠隆应邀往游遂昌之前，时汤显祖任浙江遂昌知县。

〔二〕竹林寺：按《遂昌县志》及汤显祖、屠隆与此行有关的诗文，均未提到竹林寺。天竺有竹林精舍，是释迦牟尼讲经之处。据《大唐西域记》卷九载，有一大长者迦兰陀，时称豪贵，以大竹园布诸外道。见到释迦牟尼佛后，深起信心，乃将外道逐出，在竹园中建立精舍，请佛居住。这里可能用以泛指寺庙。因屠隆好道与佛，故言。

〔三〕子虚：虚无。司马相如《子虚赋》，尝假托子虚、乌有先生、亡是公三人互相问答，后遂称虚无之事为子虚、乌有。

〔四〕羊沟：一义为沟渠。《古今注·都邑》："长安御沟谓之'杨沟'，谓植高杨于其上也。一曰'羊沟'，谓羊喜，能触墙垣，故为沟以隔之，故曰'洋沟'。"一义为斗鸡之处。《庄子》逸篇："庄子谓惠子曰：'羊沟之鸡，三岁为株。'"司马彪注云："羊沟，斗鸡处。"蚹谷：即鲋谷，义为井底。《周易·井卦》："九二：井谷射鲋，瓮敝漏。"《象》曰："井谷射鲋，无与也。"羊沟、蚹谷均指狭小之地，与下文"游赤水之珠"相对。

〔五〕游赤水之珠：《庄子·天地》："黄帝游乎赤水之北，登乎昆仑之丘而南望。还归遗其玄珠。"屠隆亦号赤水，此处一语双关。

〔六〕吴人莫寒泉之子：莫寒泉当为莫叔明。莫叔明，字公远，一名更生，字延年，号寒泉子，南直隶长洲（今属江苏）人，晚明山人诗人，见清钱谦益《列朝诗集》丁集卷九小传等。莫寒泉之子当指莫颖。王世贞《明诗人莫公远墓志铭》："（莫公远）妇钱，继妇孙。孙举一子颖、一女满，皆婚嫁。"（《弇州山人四部续稿》卷一百十三）莫颖生平不详。

〔七〕王大司马：王世贞，见《答王澹生》注〔六〕。

点评

据钱谦益《列朝诗集》丁集卷九"莫山人叔明"条，莫叔明始终只是个山人，本为苏州府长洲县人，徙居杭州，"癖好为诗，苦思险诣，务出于人所不经道，高自标置，每谓人：'近日出语太易，人得无以岑嘉州目我乎？'群少年皆目笑之。数见讥困，贫亦益甚。

游燕、齐及楚，返葬于武林，自伐石为之表曰：‘明诗人莫公远之墓。’”莫叔明耽诗苦贫如此，其子生活情形大体可知。不知汤显祖何时与莫叔明相交往，由此可知汤显祖不忘故旧，不以贫贱易交。只是汤显祖本人财力有限，让莫颖去投屠隆。但屠隆家本不富，万历十二年（1584）被罢官后，也主要靠卖文及到各处打秋风为生，是否能照顾莫颖，就难说了。

谢陈玉垒相公〔一〕

阁下会昌启运〔二〕，大录凝祥〔三〕。虹玉早见于天〔四〕，而克岐克嶷〔五〕；星垒代明于地〔六〕，而有冯有翼〔七〕。殷礼配天〔八〕，平格有陈伊陟〔九〕；周常载日〔一〇〕，忠贞若曰君牙〔一一〕。帝乃睠于在西〔一二〕，伻三垣之上相〔一三〕；众所居而共北〔一四〕，况百里之微郎〔一五〕。拟附凤而卷阿之车马何多〔一六〕，欲登龙而积水之风云自少〔一七〕。至如某者，匡中朽垤〔一八〕，蠡外寒流〔一九〕。高掞天庭〔二〇〕，已识渊云之秀〔二一〕；低回世路〔二二〕，弥沾蜀日之华〔二三〕。山木歌其不知〔二四〕，澧兰思而未敢〔二五〕。三年待罪〔二六〕，尔庭身素食之惭〔二七〕；一念好贤〔二八〕，王室世衮衣之敬〔二九〕。在戋戋而莫展〔三〇〕，庶断断以如容〔三一〕。

注释

〔一〕陈玉垒：陈于陛，字元忠，别号玉垒，四川顺庆府南充县（今四川省南充市）人。隆庆二年（1568）进士，官至礼部尚书、文渊阁大学士，见清张廷玉《明史》卷二百十七本传等。相公：明代人以内阁大学士相当于前朝宰相，故称之为“相公”。是篇作于万历二十二年（1594），时陈于陛以礼部尚书兼东阁大学士入阁，汤显祖任浙江遂昌知县，年四十五。

〔二〕会昌启运：正逢昌盛时代，开启幸运之途。

〔三〕大录凝祥：《尚书·舜典》旧题孔安国传：“纳舜使大录万机之政，阴阳和，风雨时，各以其节，不有迷错愆伏。明舜之德合于天。”此以尧命舜大录万机之政，比陈于陛被任命为大学士。凝祥：凝聚吉祥。

〔四〕虹玉早见于天：干宝《搜神记》：“孔子修《春秋》、制《孝经》既成，斋戒，向北辰而拜，告备于天。天乃洪郁起白雾，摩地，赤虹自上而下，化为黄玉，长三尺，上有刻文。孔子跪受而读之，曰：‘宝文出，刘季握，卯金刀，在轸北。字禾子，天下服。’”

〔五〕克岐克嶷：形容聪慧有识。《诗经·大雅·生民》：“诞实匍匐，克岐克嶷。”

〔六〕星垒：《甘石星经》卷下：“羽林军星四十五星，

垒辟十二星……并在室南，主翊卫羽林天子之军人。”这里指天上有羽林军星、垒辟星，在地上显示为玉垒山。据《汉书·地理志》“绵虒县”下原注云：“玉垒山，湔水所出，东南至江阳入江。”刘琳《华阳国志校注》谓湔水为今白沙河，玉垒山即湔水发源地以北的九顶山。玉垒山逶迤而南，直趋灌县（今都江堰市）西北。此上两句“虹玉”“星垒”嵌入陈于陛别号。

〔七〕有冯（píng）有翼：形容君主左右有贤臣辅佐。《诗经·大雅·卷阿》：“有冯有翼，有孝有德，以引以翼。”

〔八〕殷礼配天：《尚书·君奭》旧题孔安国传：“殷礼配天，惟天大佑助其王命，使商家百姓丰实，皆知礼节。”《文选》李善注：“殷礼配天，多历年所。”

〔九〕平格：公正至善。《尚书·君奭》：“公曰：君奭！天寿平格，保乂有殷。”伊陟：商朝大臣，相传为伊尹之子。伊陟辅佐商王太戊，治国有绩。

〔一〇〕周常载日：周代的制度与日同久。常：纲常，制度。

〔一一〕若曰君牙：《尚书·君牙》：“王若曰：‘君牙！乃惟由先正旧典时式，民之治乱在兹。’”

〔一二〕睠：同“眷”。乃睠于在西：指万历皇帝用西南人陈于陛为大学士。《诗经·大雅·皇矣》：“上帝耆之，憎其式廓。乃眷西顾，此维与宅。”

〔一三〕俨：俨然，很有威严的样子。三垣：即太微垣、紫微垣、天市垣。中国古代天文学家将天体的恒星分为三垣、二十八宿及其他星座。上相：星名。《晋书·天文志上》：“东蕃四星，南第一星曰上相”。古人以之对应人间的宰辅。此指陈于陛担任大学士。

〔一四〕共：通“拱”。众所居而共北：意谓陈于陛为众人所尊奉。《论语·为政》：“为政以德，譬如北辰，居其所而众星共之。”

〔一五〕百里：古时一县之地约百里，因以百里为县之代称。《孟子·万章下》：“天子之制，地方千里，公侯皆方百里。”葛洪《抱朴子·百里》：“烦剧所钟，其唯百里。众役于是乎出，诛求之所从赴。”微郎：指小官，此指自己只是一个知县。

〔一六〕附凤：指巴结。扬雄《法言·渊骞》：“攀龙鳞，附凤翼，巽以扬之，勃勃乎其不可及也。”卷阿之车马：《诗经·大雅·卷阿》：“君子之车，既庶且多。君子之马，既闲且驰。”

〔一七〕登龙：《后汉纪·孝桓皇帝纪》：“（李）膺风格秀整，高自标持，欲以天下风教是非为己任。后进之士，有升其堂者，皆以为登龙门。”积水之风云：《庄子·逍遥游》：“鹏之徙于南冥也，水击三千里，抟扶摇而上者九万里，去以六月息者也。”

〔一八〕匡：螃蟹的背壳。朽：腐朽的木头。垤（dié）：小土堆。

〔一九〕蠡（lí）：螺蚌壳。寒流：地位低下者。

〔二〇〕掞（shàn）：舒展，铺张。此指陈于陛参加朝廷的会试和殿试，写下宏丽之文。柳宗元《哭连州凌员外司马》：“天庭掞高文，万字若波驰。”

〔二一〕已识渊云之秀：已知陈于陛是像扬雄、王褒一样的杰出人才。西汉扬雄字子云，王褒字子渊，都是蜀郡（今属四川）人，均以善辞赋著称。班固《西都赋》："秦汉之所极观，渊云之所颂叹。"

〔二二〕低回世路：指自己在仕途上徘徊不进。

〔二三〕弥：更。沾：浸染。蜀日之华：蜀地太阳之光华，谓自己受到陈于陛的关照。柳宗元《答韦中立论师道书》："仆往闻庸、蜀之南，恒雨少日，日出则犬吠，余以为过言。前六七年，仆来南，二年冬，幸大雪逾岭，被南越中数州。数州之犬，皆仓黄吠噬，狂走者累日，至无雪乃已，然后始信前所闻者。今韩愈既自以为蜀之日，而吾子又欲使吾为越之雪。"

〔二四〕山木歌其不知：刘向《说苑》引越人歌辞："山有木兮木有枝，心悦君兮君不知。"

〔二五〕澧兰思而未敢：屈原《九歌·湘夫人》："沅有芷兮澧有兰，思公子兮未敢言。"

〔二六〕三年待罪：指任遂昌知县已三年。待罪：官吏任职的谦称，意谓或将因不称职而获罪。

〔二七〕尔：你。庭：庭院。身：身负。素食：不干事，白吃饭，也是官吏任职的谦称。《诗经·魏风·伐檀》："不狩不猎，胡瞻尔庭有县特兮？彼君子兮，不素食兮。"

〔二八〕一念：一次动起心念。好贤：喜欢贤人。《礼记·缁衣》："子曰：'轻绝贫贱，而重绝富贵，则好贤不坚，而恶恶不著也。'"

〔二九〕衮衣：古代帝王及上公所穿绘有卷龙的礼服。此谓朝廷将世世代代让陈于陛家族有服衮衣的地位和荣耀。《诗经·豳风·九罭》："我觏之子，衮衣绣裳。"

〔三〇〕戋戋（jiān）：浅少。此句谦称自己浅少的心意难以完全表达。

〔三一〕庶：希望。断断：确实。如容：宽容，包容。《尚书·秦誓》："如有一介臣，断断猗无他技，其心休休焉，其如有容。"

点评

汤显祖应该是听说陈于陛可能推荐过自己调任温州府通判，因此写此信表示感谢。汤显祖与陈于陛似素无交往。此时陈于陛贵为大学士，汤显祖只是一个知县，地位悬殊。汤显祖写此信，不免有些唐突。但他为了自己能调出遂昌，而不惜为之，由此可见，汤显祖为了自己的仕途，尽了最大的努力。信中如"拟附凤而卷阿之车马何多，欲登龙而积水之风云自少"等句，写出地位在下者想拜见达官贵人不得门径的苦恼，颇为传神。

与帅公子从升从龙〔一〕

谒上官不得意，忽忽思归〔二〕，辄思惟审〔三〕。或舟车中念及半生游迹，论心恸世，未尝不一呼惟审也。惟审仙去，里中谁与晤言？浪迹迟归，殆亦以此〔四〕。惟审古诗文必传，何须世人夸录。当为去存之。《紫钗记》改本寄送惟审繐帐前〔五〕，曼声歌之〔六〕，知其幽赏耳〔七〕。

注释

〔一〕从升、从龙：帅机二子。汤显祖另有《送帅从龙北上》《帅从升先生园上作》《帅从升赴省试问开远儿何日往》（《汤显祖诗文集》卷十七、十八）等诗。是篇作于万历二十三年（1595），时汤显祖任浙江遂昌知县，年四十六。

〔二〕谒上官不得意，忽忽思归：万历二十三（1595）年初，汤显祖在北京上计，不仅未得嘉奖升迁，还受到中伤，赖吏部考功司主事南企仲等保全，才得以留任遂昌知县（《汤显祖诗文集》卷四十七《复牛春宇中丞》），回程顺道返乡省亲。

〔三〕惟审：帅机，见《寄帅惟审膳部》注〔一〕，后同。帅机于万历二十三年（1595）七月二十三日去世。

〔四〕浪迹迟归，殆亦以此：意谓帅机已去世，家乡无人可以交流。自己在外做官不得意，又还没有辞官归家，这也是重要原因。

〔五〕《紫钗记》：据徐朔方先生考证，汤显祖万历五年（1577）秋至万历七年秋之间，在家乡临川创作以唐代李益、霍小玉爱情故事为主题的传奇《紫箫记》，未完成。万历十五年京察前在南京太常寺博士任上修改为《紫钗记》。万历二十三年作《紫钗记题词》，此时或稍前可能又有所改动。臧懋循《墨憨斋定本传奇》本《紫钗记》，收录汤显祖“题词”，署“乙未（万历二十三年，1595）春清远道人题”。（见《汤显祖年谱》附录乙《玉茗堂传奇创作年代考》）由于《紫钗记》是据早期未完成作品《紫箫记》改编而成，故云“改本”。缌帐：用细而疏的麻布制成的灵帐。

〔六〕曼声：舒缓而长的声音。

〔七〕幽赏：幽静地欣赏。韦应物《游西山》：“时事方扰扰，幽赏独悠悠。”这里兼指帅机已去世，只能在幽冥中欣赏。汤显祖最初创作《紫箫记》时，帅机就有过评论。汤显祖《紫钗记题词》：“帅惟审云：‘此（《紫箫记》）案头之书，非台上之曲也。’”“（《紫钗记》）曲成，恨帅郎多病……人生荣困，生死何常，为欢苦不足，当奈何。”（《汤显祖诗文集》三十三）

点评

帅机可能是汤显祖一生感情最深厚的朋友。他也是临川人，比汤显祖大十三岁。汤显祖十四岁成为秀才，师徐良傅，讲古今文字声歌之学，为词赋，即与帅机相交切磋。此后两人一直联系不断。汤显祖的《玉茗堂文集》与帅机的《阳秋馆集》中，保留了大量两人亲密交往的记录。如汤显祖《赴帅生梦作》云：“丁亥（万历十五年，1587）十二月，予以太常上计过家。先一日，帅惟审梦予来，相喜慰曰：帅生微瘦乎，则止。予以冠带就饮，帅生别取山巾着予，甚适予首，叹曰：‘人言我两人同心，止各一头，然也。’

嗟乎，梦生于情，情生于适。郡中人适余者，帅生无如矣。乃即留酌，果取巾相易，不差分寸，旁客骇叹。”（《汤显祖诗文集》卷八）帅机万历二十三年（1595）去世前不久所作《喜汤义觐归》（朋友每称汤显祖为“汤义”）云：“春气交氤氲，绿阴日蒙密……邮传汤生归，欣焉获俦匹……情真貌无羡，在远心常一。”《乙未仲夏廿六日即景绪兼怀汤义》云：“汤生去后无知己，久废诗篇类俗人。”（《阳秋馆集》卷二十二、卷十九）帅机去世，汤显祖十分悲痛，只能以改本《紫钗记》长歌于故友灵前，一寄哀思。十余年后，帅机《阳秋馆诗赋选》付刻，汤显祖为作序，称帅机“先有集若干卷，龙蛇在岁被病息夏，会予归自岭海，谓曰：‘千秋谁知定吾文者，可谓知言，余集子其定之。’乃为正定若干卷。君复闭户精削，减前十二三，稿就而卒”（《汤显祖诗文集》卷三十二）。这样算是了却了自己的心愿。

答李舜若观察[一]

弟时念仁兄，如在祠署中夜语时也[二]。归养疏，初以孝为忠，今以忠为孝[三]，皆臣子佳事。此时家居，惟以葆神读书[四]，观朝家故典[五]，为第一义[六]。幸无悠悠度此时日。

斗大平昌[七]，一以清净理之。去其害马者而已[八]。士民惟恐弟一旦迁去，害马者又怪弟三年不迁。昔人性之所不通，归之命；命之所不通，归之性。性命通则出入以度而无碍。恨复未臻兹境耳〔九〕。

注释

〔一〕李舜若：李用中，字见虞，一字舜若，河南杞县人，万历十一年(1583)进士，任陕西洋县知县。官至山西兵备副使，见《(雍正)河南通志》卷五十七本传等。观察：官名，见《答吴四明》注〔一二〕。汤显祖另有《寄李舜若侍御》书信(《汤显祖诗文集》卷四十五)。是篇作于万历二十三年，时汤显祖任浙江遂昌知县，年四十六。

〔二〕祠署：指汤显祖万历十七年(1589)至十九年任南京礼部祠祭司主事。据《明神宗实录》，李用中万历十七年十月擢南京湖广道御史，十九年八月尚在任，与汤显祖俱在南京，有机会相晤。

〔三〕归养疏：李用中由南京湖广道御史调任山西兵备副使，以亲老上疏请求归养。初以孝为忠：最初人们上归养疏，都是号称以对(祖)父母的孝，实行孝道，作为对君王的忠。今以忠为孝：指李用中以对朝廷君王忠心任事，作为对(祖)父母最好的孝敬。

〔四〕葆：保持。

〔五〕朝家：朝廷。故典：旧的典章制度和文献。

〔六〕第一义：佛教用语，指最上至深的妙理，也称第一义谛、真谛、胜义谛，与世谛、俗谛或世俗谛对称。后用以泛指最为重要的道理。

〔七〕斗:酒斗。斗大:大如斗。用于小的物体,形容其大;用于大的物体,形容其小。这里形容遂昌县非常小。

〔八〕害马者:比喻有危害性的人。去其害马者:《庄子·徐无鬼》:“小童曰:‘夫为天下者,亦奚以异乎牧马者哉?亦去其害马者而已矣!’”

〔九〕臻:达到。兹:这。

点评

李用中也与汤显祖同年中进士,也是一个比较正直的官员,因替苏州知府石昆玉辨诬,得罪首辅申时行(见本书《寄石楚阳苏州》),仕途因此受挫。汤显祖得知他请归养后,写此信表示安慰,同时介绍了自己任遂昌知县的情况。这里表达了汤显祖的重要政治观念,即执政主要在于维护公平,制约那些害群之马就可以了。这个道理很简单,庄子早就说得很清楚了。但实行却很难。首先难在执政者不能有私心,有私心必然欺压良善、讨好权贵。其次难在百姓没有发言权,他们即使有意见,也发挥不了什么作用。话语权掌握在权贵手中,触犯了他们的利益,他们决不肯善罢甘休,恨不得尽早去之而后快。后来,汤显祖还是败在他们手里。

答邹大泽〔一〕

读大制，文汉而诗魏〔二〕，必传无疑。主计有赵梦白、顾叔时、足下三人〔三〕，那可复得。时事正尔可知。家严不许不官〔四〕，加以帅郎仙去〔五〕，归亦茕茕〔六〕，不如游寓〔七〕。官方时有语者，近为贵人怜引，为乞一判雁山〔八〕，不可即得。得时，足下有意赤霞、石门泉邪〔九〕？

注释

〔一〕邹大泽：邹观光，字孚如，湖广云梦（今属湖北）人，万历八年（1580）进士，官至南京太仆少卿，见清万斯同《明史》卷三百二十九本传等。邹观光曾讲学东林，学者称其为"大泽先生"。是篇当作于万历二十三年帅机去世后，时汤显祖任浙江遂昌知县，年四十六。

〔二〕文汉而诗魏：文章像汉代，诗歌像汉魏。

〔三〕主计：即大计，见《与刘士和司业》注〔二〕。此指万历二十一年（1593）大计。清张廷玉《明史·顾宪成传》："二十一年京察，吏部尚书孙鑨、考功郎中赵南星尽黜执政私人，宪成实左右之。"赵梦白：赵南星，字梦白，河北高邑人，万历二年进士，官至吏部尚书，见清张廷玉《明史》卷二百四十三本传等。顾叔时：顾宪成，见《与帅惟审》注〔五〕。

据《(道光)云梦县志略》卷九：邹观光万历八年中进士后，除中书舍人，十二年升吏部稽勋司主事，历调验封、文选二司主事，十四年升稽勋司员外郎，二十年以养母请归。后复任吏部四司郎中，转兵部职方司郎中。历升光禄、太仆二寺少卿。卒于官。万历二十一年大计时，邹观光应在吏部郎中任上。《(光绪)德安府志》卷十四称邹观光"初在铨部，厘剔宿弊，选政为之一新"。

〔四〕家严：父亲。汤显祖父汤尚贤，生于明嘉靖七年十二月（按，公历已入1529年），卒于万历四十三年（1615）。

〔五〕帅郎：帅机，见《寄帅惟审膳部》注〔一〕。帅郎仙去：见《与帅公子从升从龙》注〔三〕。

〔六〕茕茕：形容孤独无依。

〔七〕游寓：游历寄居，这里指在外做官。

〔八〕判：明代府一级设通判，无定员，正六品。雁山：即雁荡山，主体在今浙江温州市，此处代指温州府。下文赤霞、石门泉亦为温州自然景观。王汝训、丁此吕尝推荐汤显祖为温州推官，然亦未果。汤显祖《答徐检吾光禄》："温州土风僻秀，吏隐正佳。贵人为求，急不可得。"（《汤显祖诗文集》卷四十五）汤显祖另有《彭兴祖远过别去访刘广平》诗，自注云："广平守温郡时，闻予且以平昌令擢丞温，喜甚。为起书楼五间，不果。然感其意焉。"（《汤显祖诗文集》卷十四）

〔九〕石门泉：在今浙江青田县，汤显祖有《石门泉》诗："春虚寒雨石门泉，远似虹蜺近若烟。独洗苍苔注云壑，悬飞白鹤绕青田。”(《汤显祖诗文集》卷十二)。

点评

汤显祖眼高于顶，心高于天。但形势比人强。经历官场十余年坎坷之后，他不得不接受现实。在遂昌，他一直希望能调出去。开始是希望回到北京或南京担任较为重要的职位，后来听到有可能调任温州府，担任同知、通判、推官一类副职，也满心期待。消息不断传来，汤显祖每次提到的也不一样。“丞”应该是同知，“判”应该是通判。这一次传来的消息似乎比较可靠，所以他都对邹观光说起，已预约他来造访，自己准备接待。可是最后汤显祖这个微小的愿望也不能实现，等待他的是进一步的失意。

复项谏议征赋书〔一〕

仆以疏才闲局〔二〕，久不习为吏，而贵县士民雅淳〔三〕，可幸无事。因欲如盖公所以治齐〔四〕。后见贵倨家〔五〕，武横奸盗，往往而有，不治不止。既以治之矣，而前后见府主以上〔六〕，争言县某某家所负〔七〕。仆初不为意。夫无恩礼风化人民，使自输急公上，有不忍后之意〔八〕，而猥以法〔九〕，非令意也。

近察贵县民负者，非尽穷极无所还。多故大姓而落者，耻去其名，留所卖去田，或反益收人田自实〔一〇〕。又有力者好以名借人，因以为市〔一一〕。坊中大姓单民，又为听而隐食焉〔一二〕。至如大姓远僻者，无官无商，固不知有比〔一三〕。仆亦不召比也。

仆以罪薄量移〔一四〕，如世俗情，迁延观望〔一五〕，随民自止自逋〔一六〕，亦可呴沫〔一七〕，以愚媚百姓〔一八〕。顾使监司郡长独受急征之名〔一九〕，而令受德，非体也；豪弱等皆王田，而逋与抗，非法也〔二〇〕；顽且倨焉〔二一〕，而遂之〔二二〕，非教也；后必并征，贻难后人，非义也〔二三〕；并征益以蹙，非惠也〔二四〕。惧此五者，因稍稍四出征集。然所征负多者，有所入，则不必其人以来。即来，亦欢然喻而遣之〔二五〕。盖民不知义以至于此。至于以贫为解者，则不可得言。何也，有田则有租，卖则言买者，令得征于其人可也。父卖多，子不宜复听其里，言于官，退焉可也。今都不然，而前所云数弊者皆是，安得不稍有以捕治之。然终以民气雅淳，不忍笞〔二六〕，间以示众而已。

至于足下家税所负，岁至若干，亦以门下方为国侍从〔二七〕，未忍以租赋为言。知门下病起必有以处也，而乃可为子孙法。今并上门下数户，并贵宗若戚所影占籍附上〔二八〕。至朝家之事，仆荒隔已久，无所与闻。俟玉体平，当以卮酒过从〔二九〕，庶觉我以皇道，广我以世资耳〔三〇〕。

注释

〔一〕项谏议：项应祥，字维桢，一字符芝，浙江遂昌人，万历八年（1580）进士，官至右佥都御史巡抚应天，见明何三畏《云间志略》卷五本传等。谏议：明初置谏议大夫，不久罢除，谏议之责归六科给事中、十三道监察御史。时项应祥官吏科都给事中。是篇约作于万历二十五年，时项应祥以病请告在籍，汤显祖任浙江遂昌知县，年四十八。

〔二〕疏才：粗劣的才能。闲局：闲而无事的官署，这里指自己曾较长时期在南京太常寺、詹事府、礼部任职。

〔三〕雅淳：雅正醇厚。

〔四〕盖公：西汉初齐国人。以黄老清静无为之说言于齐国相曹参。《史记·曹相国世家》：孝惠元年（前149），以曹参为齐丞相。“参尽召长老诸先生，问所以安集百姓。而齐故诸儒以百数，言人人殊，参未知所定。闻胶西有盖公，善治黄、老言，使人厚币请之。既见盖公，盖公为言‘治道贵清静而民自定’，推此类具言之。参于是避正堂，舍盖公焉。其治要用黄、老术，故相齐九年，齐国安集，大称贤相。”

〔五〕贵倨家：尊贵人家。

〔六〕府主：州郡长官。

〔七〕所负：所欠该交给官府的赋税。

〔八〕夫无恩礼风化人民，使自输急公上，有不忍后之意：没有通过恩礼教化感动人民，让他们主动急于上交赋税给官府，都不愿意落后。

〔九〕而猥以法：就随便用法规来治理。

〔一〇〕多故大姓而落者，耻去其名，留所卖去田，或反益收人田自实：指拖欠赋税的，多是一些大姓人家，已经衰落了，但羞于删去在田籍上的姓名田数，把已卖出的田还留在自己名下，或者还将别人的田收在自己名下，显得田多，而又交不了赋税。

〔一一〕又有力者好以名借人，因以为市：另外一些有权力的人家，反正田多了也能抗税不交，就将自己的名号借给别人，让他们把田数放在自己名下，以避赋税，自己向他们收取一定利益。市：买卖。

〔一二〕坊中大姓单民，又为听而隐食焉：城中一些富裕但人丁稀少的人家，就接受"故大姓"和"有力者"的上述做法，把田数放在他们名下，自己可以隐蔽地享受避税的好处。

〔一三〕比：官府征收租赋等，定期催逼，称为"比"。下文"仆亦不召比也"亦此义。

〔一四〕以罪薄量移：指汤显祖由广东徐闻典史移官浙江遂昌知县。古代官员被贬后，如被认为原来罪过没有那么严重，或已经贬官一段时间，或遇恩赦，可以适当调任一个级别稍高或条件稍好地方的官职，称为“量移”。

〔一五〕如世俗情，迁延观望：按照世俗一般的做法，是敷衍度日，等待下一步的调动提拔。

〔一六〕逋：逃，与“止”相对。下文“逋与抗”义同。

〔一七〕呴（hǒu）沫：抚慰或救助。《庄子·大宗师》：“泉涸，鱼相与处于陆。相呴以湿，相濡以沫，不如相忘于江湖。”

〔一八〕愚媚：愚弄和讨好。

〔一九〕监司：指省一级的布政使司、按察使司等衙门的长官。郡长：指府一级的知府和其他长官。急征之名：急于征收赋税的名声。

〔二〇〕豪弱等皆王田，而逋与抗，非法也：豪强和弱小百姓的田，都同样是属于君王的田，让豪强们拖欠或抗拒交赋税，不符合法律。

〔二一〕顽：顽固，凶狠。倨：傲慢。

〔二二〕遂：顺从。

〔二三〕后必并征，贻难后人，非义也：以后必然还得一起征收，将困难遗留给后来的继任者，不符合道义。

〔二四〕并征益以蹙，非惠也：要一起征收时，压力更大，所以原来允许拖欠不是恩惠。

〔二五〕喻：说明。

〔二六〕笞：中国古代一种用竹板或荆条打人脊背或臀腿的刑罚。

〔二七〕为国侍从：指项应祥担任吏科都给事中一职。

〔二八〕贵宗：同姓。若：和。戚：母家的亲戚。影占籍：虚占户籍。

〔二九〕卮：中国古代一种酒器。过从：互相往来。

〔三〇〕庶：希望。世资：资以应世的条件。觉我以皇道，广我以世资：让我领悟大道，增长处世的才能。

点评

汤显祖任遂昌知县期间，遂昌籍官员项应祥以吏科都给事中因病家居。开始两人没有什么矛盾。万历二十二年（1594）春正月，汤显祖建县学明伦堂后尊经阁成，项应祥应邀作《尊经阁记》，对汤显祖推崇备至："甲午春王正月，邑侯创尊经阁成。广文先生杨君士伟、黄君继先、夏君蓟，率多士相与征余言为记，余以病弗娴笔砚辞。三君起曰……侯弱冠以博洽声驰宇内，其文炳矣；甫入仕，抗疏大廷，权贵辟易避三舍，其节昭矣；顷以迁官客吾邑，邑人且谓侯将传舍之，侯乃谆谆民瘼，而尤注意黉序，殚厥心焉，其政勤矣；余尝瞰鸣琴余暇就侯，唇吻则滔滔若大河长江，一泻千里，其论宏矣。是文章、节义、政事、言语，侯以身兼之……"〔《（光绪）遂昌县志》卷一〕

按照当时官场习俗，项应祥大约也不想得罪家乡现任知县，以免家族利益受到损害。但汤显祖并不因私废公，他发现项家及其亲戚名下虚占了很多别家的田产，依托项家权势不交赋税，遂要求补交。项应祥写信给汤显祖，予以辩解："不佞离家日久，所有门户一应事宜，俱失料理。从前岁万父母攒造以来，寒舍排年二名。所坐田额及应纳钱粮，俱付一族弟代管。即其人兢兢不敢自罹于法。

第不知比年钱粮完欠如何。况近奉严旨督责，不肖固尝从有司后，备知其苦，敢以家门贻公府之累也？至不佞至亲子侄，止三五人，束缚一馆，毫不与闻外事，明府素所鉴亮。傥有假名色以干恩泽者，望执事尽法处之，即不佞拜赐多矣。”(《醯鸡斋稿》卷六《柬汤明府》)项以前任知县万某攒造田籍赋额为依据，又说家事“俱付一族弟代管”，表示推脱。汤显祖遂复此信，严词催交。项应祥为现任吏科都给事中，在官员任免方面具有重要话语权，汤显祖不是不知道。但他不能容忍豪强地主虚占田籍，倚势不交赋税，将负担转嫁到普通小民身上，措辞婉转，但毫不退让。汤显祖一直未能如愿升迁，万历二十九年（1601）且被罢职闲住，项应祥应起了作用。明沈德符《万历野获编》卷十一“吏部堂属”条谓：“辛丑（万历二十九年）外计……初过堂时，李（维桢）之属吏遂昌知县汤显祖议斥，李至以去就争之，不能得，几于堕泪，不知身亦在吏议中矣。汤为前吏科都给事项东鳌应祥所切齿，项故遂昌乡绅，时正听补入京，故祸不可解。”

寄王新盘观察〔一〕

见闽除〔二〕，喜极。得将太夫人东征也〔三〕。长安书满纸尘情，今更以尘封之〔四〕。闽士夫多永誉之诲〔五〕，敢以返属〔六〕。俗吏忌与人争利，吾辈忌与人争义耳。

注释

〔一〕王新盘：王志，字新盘，江西抚州东乡人，嘉靖三十八年（1559）生，万历十四年（1586）进士（据《明代登科总录》）。初授工部主事，榷浙南关，万历二十一年六月由署郎中主事升四川按察使佥事分巡北道，二十五年三月转福建按察司佥事分巡兴泉兼管兵备事（据《明神宗实录》），升四川提学副使，因得罪吏部官员，调广东清军副使，后官至云南参政（见《（崇祯）抚州府志》卷十七本传等）。观察：官名，见《答吴四明》注〔一二〕。此信当作于万历二十五年三月后，时汤显祖任遂昌知县。

〔二〕闽除：指王志被任命为福建按察司佥事。除：任命。

〔三〕将：带着。太夫人：指王志之母。东征：由江西抚州去福建，为向东行。

〔四〕长安书：此指从北京寄过来的书信。满纸尘情：书信谈的都是一些俗务。以尘封之：将其搁置，任凭灰尘覆盖，不予理睬。

〔五〕闽士夫多永誉之诲：指自南宋朱熹等以来，福建的士大夫都注意讲道学，重礼义节操。永誉：永远的声誉。《诗经·周颂·振鹭》："庶几夙夜，以永终誉。"

〔六〕敢：敬辞。返属（zhǔ）：反过来给予对方。

点评

王志与汤显祖同为江西抚州人，只不过汤为临川县人，王为东乡县人；汤为万历十一年（1583）进士，王为万历十四年进士。古代士人特别讲究同乡、同年之谊，王志与汤显祖就算是有比较近的关系了，所以汤显祖为王志升迁感到高兴，还提到王志可以奉母赴任，以便供养，这是比较亲近的人才会关切的事情。同时，汤显祖也对王志提出了忠告：别人可能与人争利，这自然不可取；我们这种人是不会争利的，但可能太坚持原则，导致处境困难。寓规劝于赞美之中，口气婉转，方式巧妙。据《(崇祯)抚州府志》本传等，王志历官以清慎廉洁著称，最终也因此得罪吏部官员，官位不显。汤显祖看人总是那么准，对别人的劝告可能只是寥寥一两句话，却都洞中肯綮。

寄袁石浦太史〔一〕

蹇散之姿〔二〕，天幸以金玉之游〔三〕。牵拘黾勉〔四〕，忽自忘其非神仙侣也。亦恃王子声在座〔五〕。交知零露，倏离而去，念之怅然〔六〕！在都一吏部郎相诒以散局见处〔七〕，谓可燕南赵北之间，便回马首〔八〕。不谓墨丝金骨〔九〕，销缠四年。玉堂人颇记平昌令夜半雪中回啸否〔一〇〕？

注释

〔一〕袁石浦：袁宗道，字伯修，号石浦、玉蟠，湖广公安（今属湖北）人，万历十四年（1586）进士，官至右春坊右庶子，见清张廷玉《明史》卷二百八十八本传等。袁宗道与其弟袁宏道、袁中道并称“三袁”，为明代“公安派”代表作家。太史：职官名，明清时亦称翰林院官为太史。是篇作于万历二十五年（1597），时袁宏道任翰林院编修，汤显祖任浙江遂昌知县已四年，年四十八。

〔二〕蹇散：驽钝懒慢，谦辞。

〔三〕金玉之游：指万历二十三年（1595）初汤显祖上计北京时，得与贵为翰林院编修的袁宗道相聚。金玉：金马玉堂。金马门与玉堂署是汉代学士待诏之处，后因以称翰林院或翰林院官员。

〔四〕牵拘：拘束。黾勉：勉强。

〔五〕王子声：王一鸣，字子声，又字伯固，湖广黄冈（今属湖北）人，万历十四年（1586）进士，官至临漳令，见明过庭训《本朝分省人物考》卷七十八本传等。王一鸣与袁宗道算是同乡，又是同年进士，汤显祖与袁宗道相交，应由王一鸣介绍。汤显祖另有《黄冈西望寄王子声》诗（《汤显祖诗文集》卷十）、《答王子声》书信（《汤显祖诗文集》卷四十五）等。

〔六〕交知零露，倏离而去，念之怅然：零露：降落的露水，比喻容易消失的事物。倏：忽然。王子声于万历二十四年（1596）卒于临漳知县任，汤显祖是以慨叹。袁宗道回信云：“王子声音耗，足下亦闻之耶？此君神强骨劲，双眸清炯，有寿者相。

弟即闻，亦未忍信。倘传者非谬，则造物亦太不怜才矣，何论世人。”（《白苏斋类集》卷十五《汤义仍》）

〔七〕诒：赠，告知。散局：闲散部门的官职。

〔八〕燕南赵北：泛指黄河以北地区。便回马首：便可掉头。指以为上计结束后，在返途中就可得到新的任命，返回京城。

〔九〕墨丝：即“墨绶”，结在印钮上的黑色丝带，多用来代指县官。金骨：与上文“墨丝”对仗，《汉书·贾邹枚路传》：“众口铄金，积毁销骨。”

〔一〇〕玉堂人：翰林院中人，此指袁宗道。

点评

读汤显祖此信，令人感慨。汤显祖才华品格，肯定不在袁宗道之下，但袁宗道万历十四年（1586）中进士后，选翰林院庶吉士，十七年授翰林院编修，二十五年升右春坊右庶子，选为皇长子经筵讲官。若非万历二十八年病卒，很可能成为皇长子继位后的辅臣人选。汤显祖写此信时，似乎还不知道袁宗道选为皇长子经筵讲官的信息，不然他不会不提到。无论如何，袁宗道此时仕途一片光明，汤显祖与他之间有巨大落差。汤显祖何等高傲的人，竟然说自己与袁宗道等人相聚时，忘了自己与他们不是同样身份的人，表达出深深的自卑和不甘。汤显祖与袁宗道并无深交，偶然的交往也是靠王一鸣的介绍。他给袁宗道写这封信，应该是想请袁宗道在适当场合为自己说说话。他把自己在遂昌的处境说得很可悲，希望引起袁宗道的同情。汤显祖在遂昌实在熬不下去了，他低下头颅，在为自己的仕途做顽强的努力。袁宗道回信云："足下久淹墨绶，又奚怪也。以弟观足下，如《世说》所刊'文学''豪爽''言语'，盖总具之，所取亦已太过。宦路升沉，自不必论，不然是世间真有扬州鹤也。"（《白苏斋类集》卷十五《汤义仍》）袁宗道的意思是，汤显祖品格、才华都占全了，人生不可能完美，就不必在意官位了。他很可能已经知道朝廷中人对汤显祖的态度，实际上拒绝了汤显祖的求援，甚至已暗示他不要再抱什么希望了。

寄吴汝则郡丞〔一〕

兄之贰杭也，即真何日〔二〕？弟事益复可知〔三〕。斗大县，面壁数年〔四〕，求二三府不可得〔五〕，通公亦贵重物哉〔六〕。三生扞网〔七〕，似有人焉主之。满而待迁，又不能使人不保为愧〔八〕。大段浙中士民〔九〕，揭噪上不必任怨〔一〇〕，保留上不必任德〔一一〕，直刍狗之可也〔一二〕。搜山使者如何，地无一以宁，将恐裂〔一三〕。时有矿使至。

注释

〔一〕吴汝则：徐朔方《汤显祖年谱》认为是吴从周，婺源人。据《（康熙）杭州府志》卷十四，吴从周万历十九年（1591）后任杭州通判。又据同书卷二十，吴从周万历间曾任杭州知府。其前任谢国命万历十八年任，其后任陈振扬三十二年任。

然几种方志均载吴从周，字文卿，无言其字汝则者。如《（道光）徽州府志》卷十一之三："吴从周，字文卿，婺源莒溪人，万历中贡，历杭州通判，署钱塘篆。"则吴从周与此"吴汝则"仕历大致相合，而字号不合。另有吴㧑谦，字汝亨，江西临川人，与汤显祖同中隆庆四年（1570）乡试，五年中进士。《（崇祯）抚州府志》卷十七："吴㧑谦字汝亨，号文台，临川人，隆庆辛未进士，令遂安……叙升南工部主事，榷税芜关。时江陵相迎养其母，所至争馈。公一程之外，无加仪焉。升南比部郎，出守镇江。奏请严江防，建重城，饬保甲，皆允其议。以急于将父，不及候抚院归，遂落级运判两浙，仍升比部郎，守嘉兴（按《（万历）嘉兴府志》卷九载，吴㧑谦万历二十年任嘉兴知府）。其治行则与京口同，而又以他疏波及。戒行之日，士民遮留，非其罪也。改判绍兴，寻备兵温处。条军政十余事，皆见诸行，瓯海晏如。又以急于将母，不及候鹾院归，又落职运副两淮，仍升南北部郎，寻佥宪粤西，署兵、学二篆……公三为比部，两为郡守，两佐运政，两司兵备，悠然于东西南北之间，所至名以绩望著。"此谓吴㧑谦字汝亨。而明王圻《重修两浙鹾志存》卷十八："吴㧑谦，字汝则，江西临川县人，隆庆辛未进士，万历十五年左迁浙运判。下车适当饥疫之秋，能惠抚疲民，复还故业。"则吴㧑谦与"吴汝则"字号相合，而经历不尽合。不知两人中孰是。本篇或作于万历二十五年，时汤显祖任浙江遂昌知县，年四十八。

〔二〕贰杭：任杭州府同知或通判。即真：指官吏代理转为正式职务。

〔三〕弟事益复可知：意谓对方转任正式职务的事情都拖着，自己调升事之艰难就更可想而知了。

〔四〕面壁：佛教用语，指面对墙壁默坐静修。后也用于指面壁思过。汤显祖这里兼用二义，谓自己在遂昌安心尽职并静修。如从反对自己的人的角度来看，自己也已面壁思过数年。

〔五〕二三府：指一府的同知、通判，地位在知府之后，俗称二府、三府。

〔六〕通公：指通判职务。

〔七〕三生扞（hàn）网：谓自己几辈子触犯网罗，意思是命运不好。三生：佛家所说的三世转生，即前生、今生和来生。扞：触犯。网：人世间的各种网罗。

〔八〕满而待迁，又不能使人不保为愧：任期已满，却不能调任，只能等待，不能不感到惭愧。

〔九〕大段：总体上。

〔一〇〕揭噪上不必任怨：如果有人上揭帖，吵闹控告，不必接受他们的指责。

〔一一〕保留上不必任德：如果有人上书称赞，要求留任，也不要接受他们的肯定。

〔一二〕直：只要。刍狗之：把他们当作刍狗。意谓当地吏民的话都不可信，只能把他们看作被人利用的结果。古时用草扎成狗，用于祭祀，用完就丢弃，后以“刍狗”比喻无用之物。《老子》:“天地不仁，以万物为刍狗；圣人不仁，以百姓为刍狗。”

〔一三〕搜山使者如何，地无一以宁，将恐裂：汤显祖于该句下自注云:“时有矿使至。”清谷应泰《明史纪事本末·矿税之弊》:“(万历二十四年)十二月，遣太监张忠往山西，曹金往两浙，赵钦往陕西，各开矿。”清张廷玉《明史·陈增传》:“通都大邑皆有税监。两准则有盐监，广东则有珠监。或专遣，或兼摄，大珰小监，纵横绎骚，吸髓饮血，以供进奉。大率入公帑者不及什一，而天下萧然，生灵涂炭矣。”

点评

在此信中，汤显祖对自己的仕途感到灰心。自己的期望已经降到最低,可对立的人还是不肯松手。他对浙江的士民也感到失望，觉得自己治理遂昌的善意和努力没有得到认可。大约此时已有人在散布谣言攻击他。更让他感到担忧的是，因为“三大征”耗费太多，内府用度太大，财政拮据，明神宗从万历二十四年(1596)开始，派遣宦官分赴各地开矿、征税，所到之处，借开矿、征税为名，纠集地方无赖，横索民财。汤显祖预感到这可能引发极大灾难。他于次年辞官归家，一方面是因为他对自己的仕途已不抱希望，另一方面就是因为他觉得朝政越来越让人绝望，大的风暴即将来临。

答谢绎梅司寇〔一〕

门下金崎精英，玉融风雅〔二〕，郁贞士之情神〔三〕，显大儒之作用。近读风雷之奏〔四〕，弥开日月之章〔五〕。十渐不克终，遇唐宗而岂讳〔六〕；六可长太息，逢汉帝以何嫌〔七〕？今虽为瑱以言〔八〕，古有投珠于道〔九〕。膏脂疮痏〔一〇〕，时事多非；菽粟参苓〔一一〕，其言自在。

注释

〔一〕谢绎梅：谢杰，字汉甫，号绎梅，福建长乐人，万历二年（1574）进士，官至户部尚书，见清张廷玉《明史》卷二百二十七本传等。是篇当作于万历二十五年，时谢杰任南京刑部右侍郎，汤显祖任浙江遂昌知县，年四十八。

〔二〕金崎：《（正德）福州府志》卷三："金锁江一名金崎，昔有渔人垂钓，得金锁数尺。"玉融，指玉融山。《（乾隆）福州府志》卷二："玉融山，在（福清）县南。有石莹然如玉，故名。"

〔三〕郁：盛。贞士：志节坚定、操守方正之士。《韩非子·守道》："托天下于尧之法，则贞士不失分，奸人不徼幸。"

〔四〕风雷之奏：当指万历二十五（1597）年谢杰疏陈时政之失一事。清张廷玉《明史·谢杰传》："二十五年春，杰以帝荒于政事，疏陈十规。”

〔五〕日月之章：本指君王旗帜上的日月图案。《礼记·明堂位》：“鲁君孟春乘大路，载弧韣，旂十有二旒，日月之章，祀帝于郊，配以后稷，天子之礼也。”这里指谢杰的奏疏非常重要。

〔六〕十渐不克终，遇唐宗而岂讳：唐太宗贞观十三年（639），自冬至五月不雨，魏徵上疏唐太宗，陈说“不克终十渐”批评唐太宗渐渐放弃多种美政，不能坚持到底。见《新唐书·魏徵传》。

〔七〕六可长太息，逢汉帝以何嫌：汉代贾谊屡上疏陈政事，其《治安策》洋洋至六千言，以为天下事“可为痛哭者一，可为流涕者二，可为长太息者六”。见《汉书·贾谊传》。

〔八〕瑱（tiàn）：美玉，比喻谢杰的奏章是金玉良言。

〔九〕投珠于道：即“明珠暗投”之意。《史记·鲁仲连邹阳列传》：“臣闻明月之珠，夜光之璧，以暗投人于道路，人无不按剑相眄者。何则？无因而至前也。”

〔一〇〕膏脂：民脂民膏。疮痏（wěi）：伤痕。此指抽取民脂民膏，不惜百姓已经满身伤痕。

〔一一〕菽：豆。粟：小米。参苓：人参、茯苓。这些都是养生滋补的东西，比喻谢杰的奏疏对朝廷国家有益。

点评

万历中期以后，朝政日益败坏，汤显祖已越来越失望。他看到谢杰的奏疏，不禁深有同感。此信以贾谊《治安策》、魏徵《不克终十渐疏》，比喻谢杰之疏，表明汤显祖对时政的感受，也已到了“痛哭、流涕、长太息”的地步。虽然这是写给高官的信，比较注重文采，但其中充满郁怒之气。

与李宗诚〔一〕

山公早遂山中〔二〕，真是寥郭冥冥〔三〕，众让前识〔四〕。但山中自有山中作用〔五〕，若空度许时，处不如出矣。知兄道念重〔六〕，敢言之。弟一推南礼，再阻南刑〔七〕，养拙括苍〔八〕，殊快。执政不为不知己也。吏部郎比复少人〔九〕，吾乡刘直洲差强人意耳〔一〇〕。

注释

〔一〕李宗诚：李复阳，见《答陈公衡》注〔六〕。汤显祖另有《答李宗诚》《寄李宗诚》书信（《汤显祖诗文集》卷四十四、卷四十五）。是篇作于汤显祖任浙江遂昌知县时。

〔二〕山公早遂山中：晋代山涛及其子山简，都以性情风雅、品格超迈著称。早遂山中：早早实现了退隐山中的愿望。时李复阳或自吏部罢官归丰城。

〔三〕寥郭冥冥：高远的天空。郭：通“廓”。意谓李复阳像鸿鹄高飞，脱离了红尘世界。

〔四〕让：推让，不如。前识：先见之明。

〔五〕作用：发挥效用。

〔六〕道念：求道之念。

〔七〕一推南礼，再阻南刑：见《与帅惟审》注〔五〕〔六〕。

〔八〕养拙：因才能低下而闲居度日，谦辞。括苍：指遂昌。按括苍山在今浙江省东南部临海市境内，与处于浙江西部的遂昌有一定距离。但古代括苍山知名度较高，《唐六典》列为江南道名山之一，人们因用以指浙江钱塘江以南大部分地区。

〔九〕比：近来。

〔一〇〕刘直洲：刘文卿，字傒如，号直洲，江西广昌人，万历十七年（1589）进士，官至南京兵部员外郎，见《（雍正）江西通志》卷八十四本传等。

点评

李复阳是江西丰城人，与汤显祖同为万历十一年（1583）进士，关系应该比较友好。李曾任职吏部，此时请假归里，暂时摆脱了官场羁绊，汤显祖表示羡慕，同时希望他能好好利用居家的时间，做有益的事情，比如读书、著书之类。又向他介绍好友刘文卿适合担任吏部职务，大概是希望李复阳通过可能的途径向朝廷推荐。汤显祖几次想调出遂昌都不成功，这里说自己在遂昌“殊快”，又调侃说压制自己的执政是自己的“知己”，是他只能这么说。其实汤显祖此时对是否退出官场正处于最焦虑的时期。据《明神宗实录》，万历三十二年九月，李复阳由南京兵部主事升尚宝司少卿，三十五年七月升通政司左参议，则后来李复阳回朝任职了。

与周叔夜〔一〕

州县官与人空书短味，亦无得漫尔寄声也〔二〕。道体似盛而羸〔三〕，山海秋深，气候数易，早晚慎雾露，昼复避日。人生忙处须闲。弟作县何如，直是闲意多耳。

注释

〔一〕周叔夜：当指周晏，镇江人。《（乾隆）镇江府志》卷三十七："周晏字叔夜，僻处湖东，覃思易学，游于金沙，从王肯堂深谭名理，多所契会，尤为宣城汤宾尹所推服。所著《易征》，世传之。"汤显祖另有《止周叔夜岭行，并示丹坛诸友》诗（《汤显祖诗文集》卷十七）。"丹坛"当指丹徒、金坛，俱在镇江一带。是篇作于汤显祖任浙江遂昌知县时。

〔二〕漫尔：随意的样子。寄声：托人传话。

〔三〕道体：此为玉体、贵体之义。羸：瘦弱。

点评

周晏似乎没有功名，是一个研究《周易》的学者，与王肯堂、汤宾尹等交往，而这两人与汤显祖也交往不浅。汤显祖觉得，自己好歹算个实职的州县官，给布衣朋友写信，说些空话，不能送点钱财，实在不好意思。但自己又心有余而力不足，只能对朋友表示良好祝愿，希望他保重身体。

奉祭酒戴愚斋先生〔一〕

二十年不见吾师〔二〕，清晬之表〔三〕，想似何极〔四〕。大学瞻依〔五〕，风期未远〔六〕。美哉秋水，眷我伊人〔七〕。藐此平昌〔八〕，不敢望真气东来〔九〕，倘公子不忘故交，睠焉移玉〔一〇〕，亦空谷足音也〔一一〕。

注释

〔一〕戴愚斋：戴洵，字汝诚，号愚斋，浙江奉化人，嘉靖四十四年（1565）进士，选翰林院庶吉士，授编修，历国子监司业、左春坊左中允，万历七年（1579）以右春坊右谕德掌南京翰林院事，万历八年二月升任南京国子监祭酒。九年四月御史郭惟贤、科臣吴之美各有疏纠之，调外任，以原官致仕。万历二十五年卒。见明雷礼《国朝列卿纪》卷二十二等。戴洵去世,汤显祖有《哭戴愚斋老师……》诗（《汤显祖诗文集》卷十七）。是篇作于汤显祖任浙江遂昌知县时。

〔二〕吾师：万历八年（1580）汤显祖游学南京国子监，时戴洵为南京国子监祭酒，故称“吾师”。

〔三〕清晬（zuì）：清澈，纯净。表：仪表。

〔四〕想似：想象。何极：到何种程度。

〔五〕大学：即太学。瞻依：瞻仰依恃。这里指万历初曾在南京国子监受教于戴洵。

〔六〕风期：风度品格。未远：不遥远，指还没有遗忘。

〔七〕美哉秋水，眷我伊人：指在秋天，想念对方。《诗经·秦风·蒹葭》："蒹葭苍苍，白露为霜。所谓伊人，在水一方。"

〔八〕藐：小。平昌：指遂昌。参见《上马映台先生》注〔五〕。

〔九〕真气东来：得道者来到东方，这里以老子比戴洵。《史记·老子韩非列传》："于是老子乃著书上下篇，言道德之意五千余言而去，莫知其所终。"司马贞《索隐》引刘向《列仙传》："老子西游，关令尹喜望见有紫气浮关，而老子果乘青牛而过也。"

〔一〇〕睠：同"眷"。移玉：挪动脚步。古人敬称对方的脚趾为"玉趾"，故敬称移步为"移玉"。

〔一一〕空谷足音：在空旷的山谷里听到的人的脚步声，比喻在寂寞孤独中听到熟悉亲切的声音。《庄子·徐无鬼》："夫逃虚空者……闻人足音，跫然而喜矣。"

点评

汤显祖虽然只做了一任遂昌知县，但对过去的师长、朋友等，有很多人情债要还，这既是当时的习俗，也是汤显祖的心愿，因为他是一个重视感恩的人。但遂昌偏小贫瘠，自己又不想贪污受贿，收入有限，对很多师长和朋友都心有余而力不足，他实际上承受着很大的心理压力。戴洵生于嘉靖十三年（1534），万历九年（1581）

致仕家居，到万历二十一年汤显祖就任遂昌知县时，已闲居十余年，年至六十。如果再不表示谢意，可能就晚了。所以，汤显祖写此信，说不敢劳动戴洵，请其子来遂昌做客。

答沈华东[一]

不根之谭[二]，出弟门人之口，诚然。因新知而卖故知，借旧师以贽新师[三]，已遍南部洲矣[四]。岂吾乡为甚。弟宦浅，来者常不能厌其意[五]。但今人厌其意，亦不能厌其口也。即如陈思冈日市斗米[六]，而谓其侵腴田[七]；邹尔瞻绝口公事[八]，而谓其好与人事，他可知矣。

注释

〔一〕沈华东：沈烝，字华东，浙江桐乡人，万历十一年（1583）进士，官至操江都御史，见明过庭训《本朝分省人物考》卷四十五本传等。沈烝与汤显祖为同年进士。是篇当作于汤显祖任遂昌知县时。

〔二〕不根：没有根据，荒谬。谭：同“谈”。

〔三〕贽：拜见。中国古代初次拜见尊长所送的礼物，称作“贽”。

〔四〕南部洲：即南赡部洲，佛教传说中的“四大部洲”

之一。《西游记》中，大唐帝国就位于南赡部洲。

〔五〕厌：满足。

〔六〕陈思冈：陈嘉训，字彝仲，号思冈，江西鄱阳人，万历十七年（1589）进士，官至南京吏科给事中，见《（雍正）江西通志》卷九十本传等。汤显祖《与陈思冈给谏》："门下清苦，古人之所难，世寄之所恃也。"（《汤显祖诗文集》卷四十八）市：买。

〔七〕腴：肥沃。

〔八〕邹尔瞻：邹元标，字尔瞻，号南皋，江西吉水人，万历五年（1577）进士，官至左都御史，见清张廷玉《明史》卷二百四十三本传等。邹元标为明末东林党领袖人物，与顾宪成、赵南星并称"三君"。汤显祖另有《赠邹南皋留都六首》诗（《汤显祖诗文集》卷六）等。

点评

汤显祖律己甚严，家中也颇有资产，应该不会贪污。但他个性刚直严冷，难免得罪人。而且某些人要求太多，汤显祖可能无法满足，所以就有人造谣了，且这次造谣的人是汤显祖在家乡的学生。具体造谣者是谁，谣言的具体内容是什么，这封信里没有明说，大约不出贪污受贿、受人请托之类。距离最近的人是最危险的人，世事往往如此。汤显祖指出，人们往往"因新知而卖故知，借旧师以贽新师"；"今人厌其意，亦不能厌其口"，确实是看透世情人心之语。

寄梅禹金〔一〕

半百之余，怀抱常恶〔二〕。每念少壮交情，常在吾兄。午日之晓，梦见兄容渥丹于昔〔三〕。弟殊喜，笑曰，吾辈惟持此好脸，与世人打捱〔四〕。揖我而入曲巷〔五〕，后有池，前有堂。予问高瀛台安否〔六〕，旁一客云，“宣州有同籍，而问高君，何也？”予笑而不答。醒殊怅怅。户外报风衢书来〔七〕，何其异也。因书梦以寄。

注释

〔一〕梅禹金：梅鼎祚，字禹金，安徽宣城人，见明过庭训《本朝分省人物考》卷三十八本传等。梅鼎祚为明代著名戏曲作家，有传奇《玉合记》、杂剧《昆仑奴》等作品。汤显祖另有《送梅禹金应制入都》《病酒答梅禹金》（《汤显祖诗文集》卷九、卷二十一）等诗文。是篇当作于万历二十七年（1599）之后不久，时汤显祖退居故里，年五十余。

〔二〕怀抱常恶：《世说新语·言语》：“谢太傅语王右军曰：‘中年伤于哀乐，与亲友别，辄作数日恶。’王曰：‘年在桑榆，自然至此，正赖丝竹陶写。恒恐儿辈觉，损欣乐之趣。’”

〔三〕渥丹：润泽光艳的朱砂，形容面色红润。《诗经·秦风·终南》：“颜如渥丹，其君也哉！”

〔四〕打捱：忍受，忍耐。

〔五〕揖：中国古代的拱手礼。曲巷：偏僻的小巷。

〔六〕高瀛台：或为高文登，字伯升，瀛台为其另一字或号，浙江嘉兴人，隆庆元年（1567）举人，官至胶州知州，见《（康熙）嘉兴府志》卷十七本传等。

〔七〕凤衢：黄一腾，字仲升，号凤衢，一号问瞿，安徽宁国人，万历二十六年（1598）进士，官至山东布政司参议，见《（顺治）宁国县志》卷三本传等。汤显祖另有《答黄凤衢》书信（《汤显祖诗文集》卷四十六）等。时黄一腾任南昌知县。

点评

梅鼎祚比汤显祖大一岁，早一年去世。他是安徽宣城人，但距汤显祖的家乡江西临川并不远。他们同为罗汝芳的弟子。万历四年（1576），汤显祖因宣城知县姜奇方之邀游宣城，与龙宗武、梅鼎祚、沈懋学等相交，结下了终生的友谊。万历五年、八年汤显祖赴北京春试下第归家，均路过宣城，与梅鼎祚等同游。万历十四年、十六年，梅鼎祚两度造访在南京任职的汤显祖。万历四十二年，六十五岁的汤显祖还拟重访宣城，重温年轻时的美好记忆，至南昌为风波所阻而折回，次年梅鼎祚去世，再次年汤显祖也就去世了。梅鼎祚在政治、学术、诗文、戏曲等方面，都是汤显祖的知音，两人相交莫逆。这封信总体上记了一个梦，只有关系特别密切的人，才会形诸梦寐。梦中之语好似老朋友之间的谈笑，非常轻松自然。其中说，自己问起高瀛台，而不问在宣城的江西人，旁人感到奇怪，自己笑而不答。这表达了汤显祖的交友观。时人一般认为，是同乡关系就该如何。其实，关系亲疏，主要取决于心灵是否相通。如不是一路人，同乡又有什么意义呢？汤显祖在家乡的学生，不是还造他的谣吗？

寄达观〔一〕

情有者理必无，理有者情必无。真是一刀两断语。使我奉教以来，神气顿王〔二〕。谛视久之〔三〕，并理亦无。世界身器〔四〕，且奈之何。以达观而有痴人之疑，疟鬼之困〔五〕，况在区区〔六〕。大细都无别趣〔七〕，时念达师不止。梦中一见师，突兀笠杖而来。忽忽某子至，知在云阳〔八〕。东西南北，何必师在云阳也？迩来情事，达师应怜我。白太傅、苏长公终是为情使耳〔九〕。

注释

〔一〕达观：紫柏真可，见《答管东溟》注〔一四〕。是篇当作于万历二十六年（1598）之后、万历三十一年十二月达观被害之前。

〔二〕王：通“旺”。

〔三〕谛（dì）视：仔细察看。

〔四〕世界：犹言大千世界。身器：身体，佛教以身为受诸法之器。

〔五〕疟鬼：中国古代迷信认为，疟疾为鬼作祟，故称“疟鬼”。

〔六〕区区：即指自己，谦辞。

〔七〕大细：犹言大事小事。别趣：特殊的意趣。

〔八〕云阳：当指今江苏省丹阳市。丹阳建置始于战国时期，初为云阳邑。秦始皇元年（前221）改云阳邑置云阳县，不久更名曲阿县。新莽始建国元年（9）改曲阿县为凤美县。东汉初复名曲阿县。吴嘉禾三年（234）改曲阿县为云阳县。晋太康二年（281）复名曲阿县。唐天宝元年（742）改曲阿县为丹阳县。

〔九〕白太傅、苏长公：即白居易、苏轼。为情使：为情感所支使、驱使。

点评

万历二十六年（1598）初，汤显祖向吏部告归，三月回到临川家中。十二月达观来访。次年正月，在南昌与达观告别，二月十五日晚上，梦达观来书，《梦觉篇》诗序曰：“戊戌（万历二十六年）岁除，达公过我江楼，吊石门禅，登从姑，哭明德夫子往返。己亥（万历二十七年）上元，别吴本如明府去栖炉峰，别予章门（南昌）。予归，春中望夕，寝于内后，夜梦床头一女奴，明媚甚。戏取画梅裙着之，忽报达公书从九江来，开视则剞成小册也。大意本原色触之事，不甚记。记其末有‘大觉’二字。又亲书‘海若士’三字。起而敬志之。公旧呼予‘寸虚’，此度呼予‘广虚’也。”（《汤显祖诗文集》卷十四）达观《紫柏老人集》卷二十三《与汤义仍》之一云："近野人望寸虚以四大观身，则六尺可遗。以前尘缘影观心，则寸虚可遗。六尺与寸虚既皆遗之，则太虚即寸虚之身与心也。至此以明为相，以勇为将，破其釜而焚其舟，示将相于必死，拼命与五阴魔血战一场，忽然报捷，此野人深有望于寸虚者也。"汤显祖此信很可能即为回复达观此信而作。

达观禅师一直劝汤显祖出家。汤显祖辞官回家后，达观再次敦促。为促使汤显祖断绝尘缘，达观说出了"情有者理必无，理有者情必无"的话，意思是情、理对立，情中无理，理中无情。有情就不能明理，明理就必须舍情。这当然是达观作为佛教徒的观点，与汤显祖历来贵生、重情的主张并不一致。但汤显祖辞官后，出世思想日深，觉得达观的说法很有道理。甚至在达观所言基础上更进一步，认为"并理亦无"。这里暗用了禅宗六祖慧能的"菩提本无树，明镜亦非台。本来无一物，何处染尘埃"的偈语。

然而，虽然道理说得彻底，做到却不容易。汤显祖接着说"世界身器，且奈之何"，就是说世界间的一切，包括自己的身体，难以抛舍，无可奈何。连达观本人也为身体之病所苦，何况自己。接着又为"迩来情事"辩解，说白居易、苏东坡也不能免。这可能是指汤显祖此前撰写了赞美爱情的戏曲《牡丹亭》。万历二十六年（1598）秋，《牡丹亭》完成，题词署"万历戊戌秋清远道人题"。这里反映了汤显祖明理与重情、出世与贵生思想之间的矛盾。

答吕姜山〔一〕

寄吴中曲论良是〔二〕。“唱曲当知，作曲不尽当知也”，此语大可轩渠〔三〕。凡文以意趣神色为主。四者到时，或有丽词俊音可用，尔时能一一顾九宫四声否〔四〕？如必按字摸声，即有窒滞迸拽之苦，恐不能成句矣。弟虽郡住，一岁不再谒有司〔五〕。异地同心，惟与儿辈时作磻溪之想〔六〕。

注释

〔一〕吕姜山：吕胤昌，字玉绳，号麟趾、姜山，浙江余姚人，万历十一年（1583）进士，官至河南参议，见《（嘉庆）宁国府志》卷二等。吕胤昌与汤显祖为同年进士。吕胤昌之子吕天成，为明代剧作家、戏曲理论家，著有《曲品》。是篇当作于万历二十七年，时汤显祖于家乡闲居，年五十。

〔二〕吴中曲论：指沈璟《唱曲当知》等著作。沈璟字伯英，南直隶（今属江苏）人，是明代著名的戏曲理论家和作家。沈璟与汤显祖在传奇创作方面有一定差异。大体言之，沈璟更重视“曲律”，汤显祖更重视作品的思想感情和曲辞。学界将此现象称作“沈汤之争”。汤显祖《答孙俟居》一文亦论及沈璟著作，可参阅。

〔三〕轩渠：欢悦貌。《后汉书·方术传下》："儿识父母，轩渠笑悦，欲往就之。"

〔四〕九宫四声：泛指音律。九宫：曲调名，即黄钟宫、仙吕宫、正宫、中吕宫、南吕宫、双调、大石调、越调、商调。四声：古汉语声调，即平声、上声、去声、入声。

〔五〕郡住：居住在府城。临川县与抚州府同城。不再：不会两次。谒：晋见。有司：官府。

〔六〕磻溪：据《(民国)安徽通志稿》，吕胤昌万历十一年（1583）中进士后任宁国府推官，行取吏部主事。汤显祖有《朝天宫夜别吕玉绳司法宁国》(《汤显祖诗文集》卷六)，即当作于吕胤昌自京赴任宁国时。徽州境内有磻溪〔见《(道光)徽州府志》卷二之四等〕，与宁国府相距不远。或汤显祖万历十二年携家赴任南京时，曾与吕胤昌共游磻溪。

点评

这是汤显祖表达自己的文学观念特别是戏曲观念的一篇重要文献。吕胤昌父子都爱好戏曲，属于晚明浙东戏曲家群，这个群体的戏曲观念，依违于以沈璟为代表的吴中戏曲家群与汤显祖等皖赣戏曲家群之间。吕胤昌对汤显祖很敬佩，梅鼎祚万历十九年（1591）至北京参加顺天乡试，曾与在吏部司封司任职的吕胤昌相会，其《与汤义仍》云："吕司封（胤昌）念吾兄不解口。"(《鹿裘石室集》尺牍卷七）吕胤昌寄来沈璟等关于戏曲声律的论著，自然是对之比较认可，希望汤显祖参考。汤显祖则指出，文学创作要以思想感情、趣味、结构、文采等为主，如果遇到灵感，有神来之笔，就不必过于受声律的束缚。有些声律问题，可由唱曲者处理,写作剧本的人可暂不考虑。汤显祖表达的是文学家的戏曲观。戏曲主要是用于演唱的，声律自然重要。但无论如何，思想感情等是最重要的因素。如果重视声律到了只顾声律、不顾其他的程度，那就是舍本逐末了。对整个文学创作来说，汤显祖的观点更属不刊之论。

答山阴王遂东〔一〕

自分衰弃已久〔二〕，无缘名字复通显者。不谓采幽抉微〔三〕,极意提奖。重以太夫人徽音之示〔四〕,佳状琳琅，披文相质〔五〕，易以应命〔六〕，附名碑阴不朽〔七〕，良幸。又谕因贫折腰〔八〕，待稍治生〔九〕，当归读书。此诚言也。某少壮时即妄意此道，苦无师传。至博士为郎南都〔一〇〕，读书稍畅，又以流去岭海〔一一〕。幸得小县〔一二〕，乃更不习为吏，去留无所当。弃宦一年〔一三〕，便有速贫之叹〔一四〕。斗水经营〔一五〕，室人交谪〔一六〕。意志不展，所记书亦尽忘。忽偶有承应文字〔一七〕，或不得已，竭蹷成之〔一八〕，气色亦复何如。欲恣读书〔一九〕，治生诚急。门下可谓通人。但读书人治生，终不可得饶。世路良难，吏道殊迫。相为勉之。

注释

〔一〕王遂东：王思任，字季重，号遂东，浙江山阴人，万历二十三年（1595）进士，官至九江佥事。鲁王监国时，任礼部侍郎兼翰林学士。见明张岱《石匮书》卷二百十七本传等。王思任为晚明著名文学家，曾为汤显祖《牡丹亭》作序（《批点玉茗堂牡丹亭词叙》，《谑庵文饭小品》卷五）；汤显祖亦曾为王思任作《王季重小题文字序》（《汤显祖诗文集》卷三十二）。是篇当作于万历二十七年，时汤显祖于家乡闲居，年五十。

〔二〕自分：自以为。

〔三〕采：搜求。抉：挑选。

〔四〕徽音：德音，美誉。这里指记叙王思任母亲生平事迹的行状。《诗经·大雅·思齐》："大姒嗣徽音，则百斯男。"郑玄笺："徽，美也。"

〔五〕披文相质：披览文采，观察内容。

〔六〕应命：从命，遵命。

〔七〕碑阴：指碑文。碑背面题人名，正面刻碑文。附名碑阴不朽：谦称自己也凭借碑文随着墓主一起名传后世了。

〔八〕谕：告诫。因贫折腰：此用陶渊明故事。萧统《陶渊明传》："岁终，会郡遣督邮至。县吏请曰：'应束带见之。'渊明叹曰：'我岂能为五斗米折腰向乡里小儿！'即日解绶去职。"

〔九〕治生：经营家业，谋生计。

〔一〇〕博士为郎南都：指任南京太常寺博士、詹事府主簿、礼部祠祭司主事。

〔一一〕岭海：五岭南海之间，指贬徐闻典史。

〔一二〕小县：指遂昌县。

〔一三〕弃宦一年：万历二十六年（1598），汤显祖向吏部告长假还乡。

〔一四〕速贫：因失去官职马上陷入贫困。《礼记·檀弓上》："有子问于曾子曰：'问丧于夫子乎？'曰：'闻之矣：丧欲速贫，死欲速朽。'"其中"丧"指失去官职。

〔一五〕斗水：少量之水，喻指少量的资助。《庄子·外物》："君岂有斗升之水而活我哉？"

〔一六〕室人：妻子。交谪：互相埋怨。

〔一七〕承应：接受委托。

〔一八〕竭蹷：尽力。

〔一九〕恣：无拘无束。

点评

王思任是晚明比较知名的文学家，其小品文尤其风靡一时，汤显祖对他比较欣赏，来往较密切。王思任请汤显祖为自己的母亲写墓志铭，肯定要送上润笔。这既是对汤显祖文坛地位声誉的一种认可，也是一种馈赠。王思任的来信谈到谋生的问题，说文人要读书，首先还得谋生，赚了钱才能更自在地读书写作。王思任在钱财问题上比较务实通达，他的话没错。汤显祖感谢他的好意，但说读书人做生意，想发财也不容易，这也是实情。连孔子都说过："富而可求也，虽执鞭之士吾亦为之。如不可求，从吾所好。"(《论语·述而》)王思任和汤显祖都不故作清高，讳谈钱财，这是晚明士大夫值得注意的特点。至于汤显祖说自己失去官职一年就陷入贫穷，可能稍有夸张。收入减少是肯定的，但他家是临川大户，生计应该是不成问题的。

寄董思白〔一〕

门下竟尔高蹈耶〔二〕？莼鲈适口，采吴江于季鹰〔三〕；花鸟关心，写辋川于摩诘〔四〕。进退维谷〔五〕，屈伸有时〔六〕。倘门下重兴四岳之云〔七〕，在不佞庶借三江之水〔八〕。芳讯时通〔九〕，惟益深隆养，以重苍生〔一〇〕。

注释

〔一〕董思白：董其昌，字玄宰，号思白，松江华亭人，万历十七年（1589）进士，官至南京礼部尚书，见清张廷玉《明史》卷二百八十八本传等。董其昌是明代后期著名画家、书法家。是篇当作于万历二十七年，时汤显祖于家乡闲居，年五十。

〔二〕高蹈：此处指隐居。万历二十七年（1599）春，董其昌离京还乡养病。（据任道斌《董其昌系年》，文物出版社，

1988年，第59页）

〔三〕莼鲈适口，采吴江于季鹰：指弃官归乡隐居。《晋书·张翰传》："翰（张翰字季鹰）因见秋风起，乃思吴中菰菜、莼羹、鲈鱼脍。"辛弃疾《水龙吟·登建康赏心亭》："休说鲈鱼堪脍，尽西风，季鹰归未？"

〔四〕花鸟关心，写辋川于摩诘：亦指隐居。唐代诗人王维字摩诘，晚年于蓝田县辋川隐居。

〔五〕进退维谷：前进与后退均无所适从。《诗经·大雅·桑柔》："人亦有言，进退维谷。"

〔六〕屈伸有时：《周易·系辞下》："尺蠖之屈，以求信也。"信，同"伸"。

〔七〕重兴四岳之云：指董其昌重新回朝，担当重任。《国语》韦昭注："谓名山大川能兴云致雨以利天下也。"

〔八〕不佞：没有才能，对自己的谦称。庶借三江之水：与"重四岳之云"相对，指董其昌如能复出任职，自己可以得到他的恩泽。

〔九〕芳讯：信息、信件的雅称。

〔一〇〕以重苍生：即为苍生重，为了天下人多保重。《世说新语·排调》："诸人每相与言：'安石不肯出，将如苍生何！'"

点评

董其昌是吴中人、艺术家，以张翰、王维相比，赞美董其昌的辞官归里，就很贴切。同时也祝愿董其昌重新回朝，担当大任。

虽然古代人对辞官归里的人都表示敬佩，但一般还是要祝愿他重新做官，做更大的官，这是人之常情。

答汪登原中丞〔一〕

门下文经武纬，为世津梁〔二〕，而况不佞，辱教兹深〔三〕，流想犹切。忽拜德音，慰藉优穆〔四〕。至木瓜之细无忘，琼琚之报有倍〔五〕。下逮若斯〔六〕，上报如何。第不佞食旧德而已余，饮微量而知足〔七〕。领其原数，敢成门下之清；璧所倍偿，少助师中之费〔八〕。鲸波既息〔九〕，风省惟期〔一〇〕。恒受福于王明〔一一〕，尚加惠于世业〔一二〕。私怀曷任翘伫〔一三〕。

注释

〔一〕汪登原：汪应蛟，字潜夫，登原或为其号，江西婺源人，万历二年（1574）进士，官至南京户部尚书，见清张廷玉《明史》卷二百四十一本传等。此信当作于万历二十七年。时汤显祖在临川家居，年五十。

〔二〕津梁：桥梁，比喻能起桥梁作用的人。

〔三〕兹：同“滋”，多。

〔四〕优穆：优容，温和。《诗经·大雅·烝民》：“吉甫作诵，穆如清风。”

〔五〕木瓜、琼琚：指互相馈赠之物。《诗经·卫风·木瓜》："投我以木瓜，报之以琼琚。"

〔六〕若斯：如此。

〔七〕饮微量已知足：《庄子·逍遥游》："鹪鹩巢于深林，不过一枝；偃鼠饮河，不过满腹。"

〔八〕璧：还。《史记·廉颇蔺相如列传》："城入赵而璧留秦；城不入，臣请完璧归赵。"师中之费：军队中的花费。

〔九〕鲸波：大鲸掀起的惊涛骇浪。这里指海上因倭寇入侵引发的战事。

〔一〇〕凤省：魏晋时掌管机密和决策的中书省中有凤凰池，因称中书省为凤凰省。《晋书》卷三十九《荀勖传》："以勖守尚书令。勖久在中书，专管机事。及失之，甚罔罔怅恨。或有贺之者，勖曰：夺我凤凰池，诸君贺我邪？"这里指朝廷内重要职位。期：期待。

〔一一〕王明：天子圣明。《周易·井卦》："王明，并受其福。"

〔一二〕加惠：增益。世业：世代相传的事业。《孔丛子》卷中："赵王问子顺曰：'寡人闻孔氏之世，自正考父以来，儒林相继。仲尼重之以大圣，自兹以降，世业不替，天下诸侯咸资礼焉。'"

〔一三〕曷：怎么。翘伫：仰望等待。

点评

万历二十年（1592），日本侵入朝鲜，朝鲜求救，明朝发兵援朝鲜，先大胜，后大败，双方议和。万历二十五年，和议破裂，明朝再用兵，汪应蛟时任山西按察使，治兵易州，乃移天津。据《明神宗实录》：万历二十六年六月，升汪应蛟都察院右佥都御史经理朝鲜军务。寻更天津巡抚万世德经略朝鲜，汪应蛟为天津巡抚以监军。及万历二十六年七月，丰臣秀吉死，日本撤兵。万历二十七年，汪应蛟任保定巡抚。

汪应蛟万历二年（1574）中进士后，任南京兵部主事，历升至南京礼部郎中，曾与汤显祖同事。大约汪应蛟曾向汤显祖借债，或汤显祖曾对他有所馈赠。此时汪应蛟已任巡抚，汤显祖辞官里居，所以汪应蛟加倍奉还。汤显祖接受了原来的数额，以成全汪应蛟清廉之名，其余的则退回，充分体现了他为人处世的原则。

据《明史》卷二百四十一《汪应蛟传》，汪在天津巡抚、保定巡抚任上，上疏极言请尽罢矿税，开发盐碱地。“应蛟为人，亮直有守，视国如家。谨出纳，杜虚耗，国计赖之……学主诚敬，其出处辞受一轨于义。里居，谢绝尘事，常衣缊枲。”看来也是一个较有操守、取与不苟的人。

答吕玉绳〔一〕

承问，弟去春稍有意嘉、隆事〔二〕，诚有之。忽一奇僧唾弟曰〔三〕：严、徐、高、张〔四〕，陈死人也，以笔缀之，如以帚聚尘，不如因任人间，自有作者。弟感其言，不复厝意〔五〕。赵宋事芜不可理〔六〕。近芟之，纪传而止，志无可如何也〔七〕。

注释

〔一〕吕玉绳：吕胤昌，见《答吕姜山》注〔一〕。是篇当作于万历二十八年（1600），时汤显祖于家乡闲居，年五十一。

〔二〕有意嘉、隆事：有意撰写嘉靖、隆庆年间的历史。

〔三〕奇僧：即紫柏真可，见《答管东溟》注〔一四〕。

〔四〕严、徐、高、张：严嵩、徐阶、高拱、张居正，明代嘉靖、隆庆、万历朝首辅大臣。

〔五〕厝意：关心。

〔六〕芜：杂。按元代所编《宋史》，成书仓促，讹误较多。

〔七〕芟：割草，引申为除去之义。纪传而止，志无可如何也：汤显祖曾致力于重修《宋史》。

点评

汤显祖在后世主要以创作了戏曲“临川四梦”为人们所知。他和英国的莎士比亚都在1616年去世。自日本学者青木正儿1930年提到这一事实后，人们一直乐于谈论这一话题，将东西方两位著名戏剧家做比较。作为戏剧家，汤显祖的成就是否能与莎士比亚媲美，恐怕不仅外国人，就连中国人也内心有所疑虑。一个显而易见的事实是，莎士比亚一生共著有37部（一说是38或39部）

戏剧，现存的还有32部。汤显祖则只留下了“临川四梦”4部剧本，数量十分悬殊。对这一问题可以作出多种解释和评判。姑且不说他们两人所处的社会历史环境，并不因为两人生活的时代相近就完全一样，汤显祖与莎士比亚的身份和人生道路也很不一样。莎士比亚时代的英国，新兴市民阶层已经具有相当规模。从事戏剧事业，为他们提供文化服务，已经成为一种正常的职业。所以莎士比亚能专心于此，并因为从事戏剧事业的成就而得到贵族头衔。戏剧几乎是他终生的职业，他的才华智慧几乎全部凝聚在戏剧上。而汤显祖所处的明朝，还是一个沿袭古老传统的帝国。知识分子以读书、考科举、做官为最理想的人生轨道。汤显祖的人生目标，不是成为一个戏剧家。他的人生理想，是实现“立德、立功、立言”三不朽，在政治、经济、道德、学术、文学等方面都取得重大成就。他心目中的人生楷模，实际上就是他的临川同乡前辈王安石。他首先是希望自己能登上政治舞台，进入决策中枢，在政治上大有作为，泽被苍生，光宗耀祖。他一生的大部分精力，都花在从事政治和关心政治上。其次，仅在文化学术事业方面，汤显祖也希望在传统的经学、史学、佛学、道教、文学等方面都有所建树。他对宋明理学和心学、佛学、道教造诣精深，三十岁即在南京清凉寺登坛说法。他花了大量时间创作了两千多篇传统诗、词、文、赋，这是当时文人士大夫的正当业绩。他还开启了独立重编《宋史》的巨大工程。总之，汤显祖只是在人生中大约两三年这么一小段时间内，产生了从事戏剧创作的冲动，戏剧只是他的人生事业的很小一部分。我们评价汤显祖与莎士比亚的异同，不能不考虑到这一点。

汤显祖重编《宋史》已经做了大量工作。清人全祖望《鲒埼亭集》外编卷四十三《答临川先生问汤氏宋史帖子》:“明季重修《宋史》者三家,临川汤礼部若士、祥符王侍郎损仲、昆山顾枢部宁人也。临川《宋史》,手自丹黄涂乙,尚未脱稿。长兴潘侍郎昭度抚赣得之,延诸名人足成其书,东乡艾千子、晋江曾弗人、新建徐巨源皆预焉。网罗宋代野史至十余簏,功既不就,其后携归吴兴……其书自《本纪》《志》《表》,皆有更定。而《列传》体例之最善者,如合‘道学’于‘儒林’,归嘉定误国诸臣于‘奸佞’,列濮、秀、荣三嗣王独为一卷,以别群宗,皆属百世不易之论。至五闰禅代遗臣之碌碌者多芟,建炎以后名臣多补,庶几宋史之善本焉……某少读《宋史》,叹其自建炎南迁,荒谬满纸,欲得临川书,以为蓝本,或更为拾遗补阙于其间,荏苒风尘,此志未遂。”

汤显祖此信还透露,他曾想编明朝嘉靖、隆庆以来的当代史,盖因为他对这一段历史非常了解,也有很多见解。达观禅师喝止了他,认为严嵩等人都已是“陈死人”,不值得再关注。盖达观禅师希望汤显祖像他一样,积极关注现实重大问题,以救当世。汤显祖放弃这一计划,应该还有另外的考虑。因为他继续重修《宋史》,而宋代人物更属“陈死人”。当时有意编撰嘉靖、隆庆间历史的不止汤显祖,如王世贞就写成了《嘉靖以来首辅传》。

与刘晋卿[一]

吾侄孝友足法，时时念之。辱远存贻，极感世谊[二]。大作细读之，自是异日利器[三]。忆昔尊公在都[四]，生曾携长儿所刻时义请其涂教[五]。尊公数日后见还曰："令郎文字，大势不必涂抹，拂其锐志。但令看朱注[六]，读时墨[七]，自然改观。"至今追思尊公爱吾儿，不以姑息。今吾侄半千里外以文字求正，若更漫尔圈点，重负尊公于九原矣[八]。但愿如尊公教，弃去游习[九]，取朱注、时墨玩之，定有入手。总之，此道虽小，未易言也。

注释

〔一〕刘晋卿：刘同升，字晋卿，江西吉水人，汤显祖好友刘应秋之子。崇祯十年（1637）状元，年五十一，"官翰林院修撰。以谏杨嗣昌夺情，谪福建按察司知事，移疾归。京师陷。福王立，召起故官，不赴。南明弘光元年（1645）五月，南都不守，江西郡县多失。同升携家将入福建，止雩都，与杨廷麟谋兴复。唐王加同升祭酒。同升乃入赣州，偕廷麟筹兵食。取吉安、临江，加詹事兼兵部左侍郎。同升已羸疾，日与士大夫讲忠孝大节，闻者咸奋，以廷麟请，巡抚南赣，十二月卒于赣州”。（见清张廷玉《明史》卷二百十六本传等）是篇作于万历二十八年刘应秋去世之后。

〔二〕存：问候。贻：馈赠。世谊：累世相交的情谊。参见《与刘士和司业》“点评”。

〔三〕利器：杰出的才能。

〔四〕尊公：即刘应秋，见《与刘士和司业》注〔一〕。都：指南京。据过庭训《本朝分省人物考》，刘应秋万历十一年（1583）中进士第三人，授翰林院编修，十五年养病，十七年复除原官，当年升南京国子监司业，二十年升右春坊右中允管司业事，二十一年回坊充日讲官。二十二年升司经局洗马，二十三年升右谕德掌右春坊庶子，二十五年升国子监祭酒，二十七年致仕，二十八年卒。是万历十七年至十九年间汤显祖与刘应秋同在南京任职。

〔五〕长儿：汤士蘧，见《与司吏部》注〔二三〕。涂教：涂抹，教诲。

〔六〕朱注：即宋儒朱熹《四书章句集注》。元仁宗延祐元年（1314），颁诏以朱熹《集注》为钦定注本，此后朱熹《四书章句集注》遂成为科举取士的标准读本。

〔七〕时墨：当时流行的墨义。墨义即八股文，考试时以墨笔书写，是为墨义，又称墨卷。考试毕统一以朱笔誊写，用于阅卷，以防作弊，称为朱卷。

〔八〕九原：此处为九泉之义。刘应秋于万历二十八年

（1600）去世。汤显祖《明故朝列大夫国子监祭酒刘公墓表》：“归二年，为庚子春……至冬十月七日，起，衣冠端坐而逝”。（《汤显祖诗文集》卷四十一）

〔九〕游习：由熏染养成的习性。

点评

刘同升不仅为汤显祖故人刘应秋之子，而且曾与汤显祖之女詹秀订婚。虽因詹秀七岁殇，不成婚，但情谊仍在。从汤显祖这封信里，能感受到他对刘同升的怜爱之情。刘同升请汤显祖批点自己所作八股文，汤显祖以十多年前刘应秋对自己的儿子汤士蘧的八股文的看法回复他，指出年轻人为文，就是要保持一股锐气，至于文法，也要靠自己去摸索体会。如旁人过多指指点点，反而会让其无所适从，失去自我。汤显祖不是推脱，这确实是指导年轻人作文的不二法门，是不指导的指导。汤显祖这样一位具有批判精神的思想家，在谈到当时年轻学者如何写八股文时，建议也是“看朱注，读时墨”，这是没有办法的事情，反映了新旧交错时代个人与社会、理想与现实之间的矛盾。

又

发故箧索尊公手教〔一〕，长短近三十余纸。时为伤心。至其中论时事人物，每多至言，可定是非之极，以发国史所未备。不可不传。且经不佞裁定，幸次第抄入刻内，并尊公手笔见还〔二〕。我两人光景如在目前，不知后人能似此否？

注释

〔一〕箧：箱子。手教：书信。

〔二〕手笔见还：将刘应秋的手笔书信归还给刘同升。

点评

今存刘应秋《刘大司成集》卷十四，收录刘应秋《与汤若士》十七封，应该就是经汤显祖整理的“近三十余纸”，内容非常丰富。除涉及两人的交往外，还谈到许多朝政时事。

寄李本宁〔一〕

门下江汉炳灵〔二〕，为世儒宗〔三〕。某水木之余〔四〕，风云之末〔五〕，愿一见无从也。辛丑之计，门下独于铨部堂中，渊洄山立，亹亹于不肖，若恐其一日去国〔六〕。此所谓得一人知己为已足也。伊人一水〔七〕，那得一苇航之〔八〕。感念恩私，怅焉何极。

注释

〔一〕李本宁：李维桢，字本宁，号翼轩，又号大泌山人，湖广京山（今属湖北）人，隆庆二年（1568）进士，官至南京礼部尚书，见清张廷玉《明史》卷二百八十八本传等。是篇当作于万历二十九年（1601）大计之后，时李维桢任浙江按察使，汤显祖隐居故里。

〔二〕江汉：长江和汉水。炳灵：焕发灵气。左思《蜀都赋》："近则江汉炳灵，世载其英。"

〔三〕儒宗：儒者的宗师，汉以后泛指读书人宗仰的学者。

〔四〕水木之余：水的末流，木的末尾，指自己地位低下。

〔五〕风云之末：在人才中处于末尾。《周易·乾卦》："云从龙，风从虎，圣人作而万物睹。"

〔六〕辛丑之计……若恐其一日去国：万历二十九年（1601）辛丑大计外吏。汤显祖万历二十六年向吏部告长假还乡，离任已经三年，照理不在辛丑大计考察之列，却被吏部官员列入考察，并以"浮躁"为由，令汤显祖罢职闲住。时李维桢任浙江按察使，大为汤显祖不平。汤显祖《与冯文所大参》："辛丑之计，仆三年杳然岩壑，不当入计中。时本宁李公大为不平，言于吏部堂，梶其笔，而李公亦复不免。"（《汤显祖诗文集》卷四十七）明沈德符《万历野获编》卷十一"吏部堂属"："辛丑外计……初过堂时，李之属吏遂昌知县汤显祖议斥，李至以去就争之，不能得，几于堕泪。不知身亦在吏议中矣。"铨部：吏部。洄：回旋。亹亹（wěi）：勤勉不倦貌。

去国：离开朝廷。

〔七〕伊人一水：《诗经·秦风·蒹葭》："所谓伊人，在水一方。"

〔八〕一苇航之：一根芦苇就可以渡到河对岸。《诗经·卫风·河广》："谁谓河广？一苇杭之。"

点评

李维桢也是晚明著名文学家，复古派领袖王世贞曾将他列名于"末五子"，其文学观念与汤显祖并不相同。但他为人热情豪爽，曾在吏部为汤显祖仗义执言，还不知道自己也在被弹劾的名单中了。据《明神宗实录》，李维桢万历十九年（1591）前后任江西右参政，汤显祖贬官徐闻典史途中曾作有《郁孤台留别黄郡公钟梅，时李本宁参知引病并怀》诗（《汤显祖诗文集》卷十一）。万历二十七年闰四月李本宁任浙江按察使，万历三十三年十月又以参政起为河西兵备副使，则其间他确实也被贬官了。李维桢在浙江任职时，汤显祖已告假归家。从汤显祖这封信来看，他们似乎从未见过面。那么，李维桢的举动就更难得了。汤显祖有感于他的情谊，写这封信表示感谢。

答赵梦白〔一〕

天下皆知明公为龙，可兴云雨〔二〕，终不敢扰而用之，疑非人间物，终不可近耳。顾彼亦无云雨天下之心，诚有之，即似龙如弟辈，必且祈卜而致之〔三〕，封固而迎之，拜跪而候之，庶几以类得雨而后送归其处〔四〕，况如门下真龙者哉！闻公隐于酒，酣畅高歌〔五〕，甚善。承问索弟时义于仲文兄处〔六〕。不知弟衰，时时病苦，不复留意此道。近日三尺童子能之，第其抉掠绞扰〔七〕，其细已甚，亦如数年中奏疏谇呓之流耳〔八〕。公子高才俊气，能为文章，须为其大者。弟近号茧翁，干而不出〔九〕，无由更睹清光〔一〇〕。悠悠天水，徒廑思存〔一一〕。

注释

〔一〕赵梦白：赵南星，见《答邹大泽》注〔三〕。赵南星贻书江西参政姜士昌，为其子索要汤显祖时文。汤显祖回此书信，以谢绝其请。姜士昌万历二十六年（1598）任江西参政，三十五年降广西兴安典史。赵南星来信，及汤显祖回信，当在此期间内。

〔二〕天下皆知明公为龙，可兴云雨：《史记·孔子世家》司马贞《索隐》："龙能兴云致雨，调和阴阳之气。"

〔三〕卜：用火灼龟甲，根据灼开的裂纹推测行事吉凶。

〔四〕类：像。

〔五〕闻公隐于酒，酣畅高歌：万历二十一年（1593）三月，考功郎中赵南星以京察事忤执政王锡爵，削籍为民。直到天启元年（1621），才复出任太常寺少卿。

〔六〕时义：即八股文。明清八股文名称繁多，除时义外，还有时文、时艺、经义、制义、制艺等等。仲文：姜士昌，字仲文，江苏丹阳人，万历八年（1580）进士，官至江西参政，见清张廷玉《明史》卷二百三十本传等。索弟时义：赵南星《与汤海若》："仁丈聪明绝世，言语至妙。今所著作，复得几百种，可悉示我。闻郎君之才，不亚乃翁。年来贤父子所为《四书》《书经》文，统乞寄下。小儿学《书经》，愿得而读之也。"（《赵忠毅公诗文集》卷二十三）

〔七〕抉掠绞扰：形容当时的八股文故意抉取异说，章法缠绕不清。

〔八〕谇（suì）：骂詈。指当时臣僚所上奏疏互相攻击。呓：梦呓，胡言乱语。

〔九〕近号茧翁，干而不出：汤显祖晚号"茧翁"，其《茧翁口号》诗自注云："周青来云：'我辈投老，如住茧中。'喜其语隽，取以自号。"诗云："不随器界不成窠，不断因缘不弄蛾。大向此中干到死，世人休拟似苏何。"（《汤显祖诗文集》卷十六）道世《法苑珠林》卷四十一云：西晋慧达"昼在高塔，为众说法。夜入茧中，以自沉隐。旦从茧出，初不宁舍。故俗名为苏何圣。苏何者，稽胡名茧也。以从茧宿，故以名焉。"

〔一〇〕清光：清美的风采。

〔一一〕悠悠天水：天高水远。徒：只能。厪：同"仅"。思存：思念，存于心中。

点评

汤显祖自号“茧翁”，表明他的人生态度进一步变化，已对世事完全绝望，这应发生于他万历二十六年（1598）辞官归里后，更有可能发生于万历二十九年初大计罢职闲住后。这封信还透漏了一个信息，就是汤显祖此时对制艺也失去了兴趣。汤显祖以《书经》中科举，是当时的制艺名家。他虽然中进士较晚，但制艺之名早已传遍天下。清代赵吉士《寄园寄所寄》卷七列汤显祖为明代举业八大家之一，余七家为王鏊、唐顺之、瞿景淳、薛应旂、归有光、胡友信、杨起元。汤显祖子士蘧、大耆、开远也以善于制艺闻名。虽然汤显祖此时对制艺的兴趣减退，对当时制艺风尚非常不满，但为了儿子的前途，他实际上还是不得不留心于此。他对赵南星一直是很敬佩的，之所以拒绝赵南星的要求，可能也是担心自己的写法不符合当时的流行风尚，影响赵南星儿子的科举前途。

答马心易〔一〕

南皋书来〔二〕，慰弟云：“茫茫海宇，遂不能容一若士。倘若士此中又不能容一海宇，即便为所弄矣。”此语虽非其至，差足豁人〔三〕。亦足转奉兄破蹙为笑。

注释

〔一〕马心易：马应图，字心易，浙江平湖人，万历五年（1577）进士，官至刑部员外郎，见明过庭训《本朝分省人物考》卷四十五本传等。汤显祖另有《寄马心易比部》《与马心易》（《汤显祖诗文集》卷四十五、卷四十八）等。是篇当作于万历二十九年汤显祖被免职之后。

〔二〕南皋：邹元标，见《答沈华东》注〔八〕。

〔三〕豁：开通，排遣。

点评

这封信记录了邹元标的一句话："茫茫海宇，遂不能容一若士。倘若士此中又不能容一海宇，即便为所弄矣。"这真是惊天动地的一句名言。大地虽大，却往往容不下品格正直、思想超前的杰出人物。杰出人物只有寻求更高的境界，包容、超越这个世俗的世界，成就自我，才是最好的选择。如果还对现实的种种不公耿耿于怀，那就是被现实、被各种小人所操控、所玩弄了。不经历大挫折、不具备大胸怀者，决然说不出如此透彻的话。邹元标是江西吉水人，万历五年（1577）进士，观政刑部时，即上疏谏阻张居正夺情，被杖，流放贵州都匀卫。万历十一年召授吏科给事中，因弹劾申时行姻亲徐学谟，贬南京刑部照磨，调任兵部主事，征召改任吏部，升员外郎，又改南京，请病归。从万历十八年至万历四十八年，邹元标整整三十年居家讲学，成为东林党的领袖人物。汤显祖万历二十九年被罢职闲住，他写此信表示慰问，这句话，应该是对汤显祖最好的安慰和激励，也对天下所有遭遇不公的人有启示意义。

答马心易[一]

三惠良书，阙然不报[二]。此时男子多化为妇人，侧行俛立[三]，好语巧笑，乃得立于时。不然，则如海母目虾[四]，随人浮沉，都无眉目，方称盛德。想自古如斯，非今独抚膺矣[五]。

偶记兄欲我长歌拨闷，扇头奉为抚掌之资[六]。眼中人如陆太宰何可更见[七]。右武居会城[八]，终不甚适。一丘一壑，乃可着吾辈耳[九]。

注释

〔一〕马心易：见上篇注〔一〕。是篇当作于万历三十七年（1609）丁此吕去世之前。

〔二〕阙然：间断、延搁的样子。

〔三〕俛：同“俯”，低头。

〔四〕海母：即水母。水母没有耳目，不知避人，常有虾与之随行，以虾为目。虾见人则惊，水母也随之作出反应。故下文云“随人浮沉，都无眉目”。郭璞《郭弘农集》卷一《江赋》：“璅蛣腹蟹，水母目虾。”

〔五〕抚膺：抚摩或捶拍胸口，表示惋惜、哀叹、悲愤等情感。李白《蜀道难》：“扪参历井仰胁息，以手抚膺坐长叹。”

〔六〕扇头：指题诗文于扇上。抚掌：拍手，此指笑谈。

〔七〕陆太宰：陆光祖，见《与刘士和司业》注〔三〕。

〔八〕右武：丁此吕，见《答吴四明》注〔五〕。会城：省城。

〔九〕一丘一壑：原指隐者所居之山水，后多用以指寄情自然。《汉书·叙传上》：“渔钓于一壑，则万物不奸其志；栖迟于一丘，则天下不易其乐。”《世说新语·品藻》：“端委庙堂，使百官准则，臣不如亮；一丘一壑，自谓过之。”着：安放。

点评

汤显祖辛辣讽刺当时士大夫的面目，要么男子化为妇人，献媚讨好；要么随人浮沉，没有主见。这样的人才混得下去，甚至被称为“盛德”。汤显祖也明白，其实自古就是如此，不独现实为然。自己与现实格格不入，不是现实变坏了，只是自己要坚持自己的信念、主张和人格，问题出在自己身上。自己改变不了现实，现实也改变不了自己，只好现实是现实，自己仍是自己。或与朋友交流，或寄情于山水，是排遣自适的方式。

与马心易〔一〕

时议纷纭〔二〕，各省大吏，持禄养重而去〔三〕，长吏因以羊虎不可治〔四〕。上干天和〔五〕，所在旱潦异常〔六〕。就中独是善人穷饿。嘉兴马先生，其最饿者也。年来何以乐此？星家雷生过谒〔七〕，吾兄与之坐而问焉，亦知弟同此饿也。

注释

〔一〕马心易：见《答马心易》注〔一〕。

〔二〕时议纷纭：指自张居正万历五年（1577）夺情以来，朝廷纷争不断。至万历中期以后，因援朝鲜、平哱拜、大计、京察、谏矿税、争立储等，朝臣歧见纷纭，互相攻讦，势如水火。

〔三〕各省大吏，持禄养重而去：万历中期以后，朝政日益废弛，神宗居于深宫，不见臣僚，对奏疏往往置之不理，朝廷大臣和各省大员往往辞职而去。持禄养重：指保留官位，辞职归家，培养名望。

〔四〕长吏：地方州县长官和吏员。以羊虎不可治：指长官软弱，属下凶悍，难以控制。《史记·张仪列传》："且夫为从者，无以异于驱群羊而攻猛虎，虎之与羊不格明矣。今王不与猛虎而与群羊，臣窃以为大王之计过也。"

〔五〕干：干犯。天和：天地之和气，谓自然和顺之理。

〔六〕潦：同"涝"。

〔七〕星家：星相家。

点评

此信开头寥寥数语，描绘出一幅万历中后期天灾人祸、朝政动荡不安的图景，汤显祖为此忧心。接着刻画马应图穷饿自守的情形。汤显祖写此信，具体目的是推荐星象师雷某到马应图处揽生意，然而就势一转，说雷某可以作证，自己也饿着。这是对贫困的自嘲，也是对马应图的安慰：我们都一样，或能让他破颜一笑。

据有关资料，马应图清廉自守，行事有类海瑞，在当时的士大夫中也属异数。如《(天启)平湖县志》卷十五载，马应图万历五年（1577）中进士后，任行人，"奉使归，箧中图书数卷耳。司选者廉其清，欲擢台省，遣人示意，恚曰：'吾何人斯，肯作呈身台省哉。'遂迁刑部主事，平反秉公。升礼部郎中，疏劾科道齐世臣等庇奸，妨李植、沈思孝等贤路，并及首辅，神庙震怒，谪典史（按：大同典史）。升邑令（按：封丘知县），爱民如子。再升刑部主事。念直道难容，病免归。赤贫，假贷不得，布袍草屦，燃纸代薪。郡邑干旄过之，裙幛肩舆一报谢。间有饷遗，不过瓜菜，亦无敢溢受马主事物者。有同年开府，讽以居间，应图讯知数百金，惊怖而归。全民有冤抑，侃侃白之当事。其人以果饵谢，辄受。僮仆二三，鹑衣百结，为佣糊口，岁时一叩首阶庭而已。应图事继母孝。聘妻痫疾，人劝别娶，不听，相庄以老，没不更娶。驭子孙奇严，贵显人有过，亦面斥不少假。迨殁，几不能殓。尝自署一联：乾坤三亩宅，湖海一畸人。真不愧其言"。

与门人贺知忍〔一〕

四五年师弟子依依之情，时恍然在目。第风尘路断，出山常难。心铭旧德，枉用相存〔二〕。每一兴言〔三〕，颓焉短气。使来千里，转见高情。询知履康，同人所慰。至如不佞，既不能留鸡肋于山城〔四〕，又不敢累猪肝于安邑〔五〕。乏绝坎坷〔六〕，都无足道。时有啸歌自遣耳〔七〕。便令使者往视养冲兄〔八〕，积怀万不及一。

注释

〔一〕贺知忍：贺学仁，字知忍，江苏丹阳人，以乡贡谒选，授文华殿中书舍人，见《（光绪）重修丹阳县志》卷十九本传等。汤显祖另有《寄贺知忍清斋》诗、《寄门人贺知忍》书信（《汤显祖诗文集》卷二十、卷四十一）等。是篇当作于万历二十九年（1601）汤显祖被免职之后。

〔二〕心铭旧德，枉用相存：曹操《短歌行》："越陌度阡，枉用相存。契阔谈讌，心念旧恩。"存：问候。

〔三〕兴言：心有所感而发之于言。

〔四〕鸡肋：食之无味、弃之可惜，喻指意义不大又不忍舍弃的事物。《三国志·魏书·武帝纪》"备因险拒守"句下裴松之注引司马彪《九州春秋》："时王欲还，出令曰：'鸡肋。’官属不知所谓。主簿杨修便自严装，人惊问修：‘何以知之？’修曰：‘夫鸡肋，弃之如可惜，食之无所得，以比汉中，知王欲还也。’”这里指自己不能继续担任浙江遂昌知县一职。

〔五〕累猪肝于安邑：牵累主人。《后汉书·周黄徐姜申屠列传》：“（闵仲叔）客居安邑，老病家贫，不能得肉，日买猪肝一片，屠者或不肯与，安邑令闻，敕吏常给焉。仲叔怪而问之，知，乃叹曰：‘闵仲叔岂以口腹累安邑邪？’遂去，客沛。以寿终。”这里指自己不愿意外出托庇于朋友，给他们添麻烦。

〔六〕乏绝：食用缺乏、断绝。《礼记·月令》：“天子布德行惠，命有司发仓廪，赐贫穷，振乏绝。”孔颖达疏：“暂无曰乏，不续曰绝。”

〔七〕啸歌：长啸歌吟。《诗经·小雅·白华》：“啸歌伤怀，念彼硕人。”

〔八〕养冲兄：姜士昌，见《答赵梦白》注〔六〕。养冲或为其号。

点评

贺学仁不知何时从学于汤显祖四五年，或在汤显祖任职南京时。面对学生，汤显祖敞开心扉，叙说了自己的人生困境：既不能厚颜继续担任遂昌知县，也不能俯首游走于昔日的朋友、现在的公卿之门。这是自己的选择，就要承担这种结果。当时有许多士大夫，在官场上饱受羞辱，不免萌生去意。只是因为种种原因，如面子、利益、家族地位等等，不得不咬牙坚持。有些人脱离官场后，四处打秋风。以汤显祖高傲自尊的心性，他做不到这一点。他只好退守自己的世界，“啸歌自遣”。

与门人许伯厚〔一〕

不佞弃一官而速贫〔二〕，宜矣。以足下强仕之年〔三〕，方可驰扬京洛〔四〕，而亦时有幽忧之疾〔五〕，其有后时之感耶〔六〕？荣进素定〔七〕，理宜顺之。无怨之难，圣人所叹〔八〕。只以马心易仕至为郎，而饭常不足〔九〕，世道又复何言！

注释

〔一〕许伯厚：许应培，字伯厚，浙江嘉兴人，布衣，擅古文词，见《（光绪）嘉兴府志》卷五十一本传等。传云：“（许应培）擅古文词，游临川汤显祖之门。汤重之，遣其子来禾就学。”汤显祖另有《闻许伯厚入都》诗（《汤显祖诗文集》卷二十一）等。是篇当作于万历二十九年汤显祖被免职之后。

〔二〕速贫：见《答山阴王遂东》注〔一四〕。

〔三〕强仕之年：四十岁。《礼记·曲礼》：“人生十年曰幼，学；二十曰弱，冠；三十曰壮，有室；四十曰强，而仕；五十曰艾，服官政；六十曰耆，指使；七十曰老，而传；八十、九十曰耄。七年曰悼，悼与耄，虽有罪，不加刑焉。

百年曰期，颐。”

〔四〕京洛：泛指国都。曹植《名都篇》：“名都多妖女，京洛出少年……驰骋未能半，双兔过我前”。

〔五〕幽忧之疾：过度忧劳。《庄子·让王》：“我适有幽忧之病，方且治之，未暇治天下也。”

〔六〕后时：失时。贾谊《惜誓》：“黄鹄后时而寄处兮，鸱枭群而制之。”王逸注：“言贤者失时，后辈亦为谗佞所排逐。”

〔七〕荣进：荣升高位。素定：预先确定，犹言命中注定。

〔八〕无怨之难，圣人所叹：《论语·颜渊》：“己所不欲，勿施于人。在邦无怨，在家无怨。”《论语·宪问》：“子曰：贫而无怨难，富而无骄易。”

〔九〕马心易仕至为郎，而饭常不足：见《与马心易》“点评”。

点评

此信首先对许应培怀才不遇表示同情，既而以理喻之，说人生命运先天所定，只能“顺之”。再引孔子“贫而无怨难”之语，对许应培表示理解。这就比较有权威性、说服力。圣人都说难，你不容易做到，有一定怨气，是很自然的事。最后以马应图受穷的例子来安慰许应培。如果说孔子说的话太遥远，那么马应图受穷是眼前的事实。马应图中过进士，做过郎官，尚且如此，言下之意，许应培也就不必过于愤愤不平了。一柬之内，寥寥数语，多层转折，用意周到。

与许伯厚[一]

孟德、王大将军皆少壮时即雄飞得意[二]，尚有伏枥之悲[三]，敲壶之感[四]。况于苦心伏首数十冬春而未得借一者[五]，悲感更是何如。勉之。今秋吾向雁行中一望燕台捷书也[六]。

注释

〔一〕许伯厚：许应培，见《与门人许伯厚》注〔一〕。

〔二〕孟德：魏武帝曹操，字孟德。王大将军：指东晋大将军王敦，为王导从兄。雄飞：比喻奋发有为。《东观汉记》："大丈夫生当雄飞，安能雌伏。"

〔三〕伏枥之悲：壮志未酬之意。曹操《步出夏门行·龟虽寿》："老骥伏枥，志在千里。烈士暮年，壮心不已。"

〔四〕敲壶之感：《世说新语·豪爽》："王处仲每酒后，辄咏：'老骥伏枥，志在千里。烈士暮年，壮心不已。'以如意打唾壶，壶口尽缺。"

〔五〕伏首：低头，此指准备科考。借一：与敌人作最后的决战，此指科举中第。《左传·成公二年》："请收合余烬，背城借一。"杜预注："欲于城下，复借一战。"许应培一生未能中第。《（光绪）嘉兴府志》："（许应培）历试南北二雍，两中副车，赍志殁。”

〔六〕雁行：指秋天北方飞向南方的成行的大雁。燕台：指北京。许应培应是前往北京参加顺天乡试。捷书：指许应培被录取的捷报。古代有大雁传书的说法，《汉书·李广苏建传》：苏武出使匈奴被扣留，“数年，匈奴与汉和亲。汉求武等，匈奴诡言武死。后，汉使复至匈奴，常惠请其守者与俱，得夜见汉使，具自陈道。教使者谓单于，言天子射上林中，得雁，足有系帛书，言武等在某泽中”。

点评

汤显祖让自己的儿子赴嘉兴向许应培请教，说明他对许应培的才华是高度认可的。但许应培偏偏屡试不中。科举考试对当时人的肉体和精神折磨，是现代人难以体会的。作为过来人，汤显祖对许应培的痛苦完全能理解。他只能以曹操、王敦等雄飞得意之人，也有人生悲慨，来安慰许应培，同时真诚祝福他这次能考中。

答邹尔瞻〔一〕

门下书云，当令冲父大有见闻〔二〕。又云，不宜令听新声〔三〕。大见闻全在新声，不令听新声，恐终吴下阿蒙耳〔四〕。

弟近已绝意词赋〔五〕。道者万物之奥，吾保之而已〔六〕。而益食贫〔七〕。时或间作小文，所谓白云自怡悦耳〔八〕。门户过大，时官难对，无如之何也。

注释

〔一〕邹尔瞻：邹元标，见《答沈华东》注〔八〕。是篇当作于万历二十九年（1601）汤显祖被免职之后。

〔二〕当令：当使。冲父：黄希周，字冲甫，江西吉水人，副贡，著有《管岑集》，见《（光绪）吉水县志》卷三十七本传等。黄希周为汤显祖门人。汤显祖另有《送黄冲辅西归并示李孺德》（《汤显祖诗文集》卷十七）等诗文。门下书云……大有见闻：据《（光绪）吉水县志》记载，“邹元标以书与显祖云：‘黄生心潜气恬，大可入道。’显祖答云：‘黄生道眼甚彻，原不烦知解讲论得也。’”

〔三〕大见闻全在新声：“新声”或指《牡丹亭》。清贺贻孙《激书》卷二：“（黄君辅）乃游汤义仍先生之门……（汤显祖）乃授以《牡丹记》”，君辅发奋练笔，“挥毫数纸，以呈先生。先生喜曰：‘汝文成矣，锋刃具矣，烟云生矣，波涛动矣，香泽渥矣，畴昔臭恶化芳鲜矣。’趣归就试，遂捷秋场，称吉州名士”。黄君辅当即黄希周。

〔四〕吴下阿蒙：三国吴名将吕蒙，年轻时曾因军务繁忙而不肯读书，后世遂以“吴下阿蒙”指称缺少才学之人。《三国志·吴书·吕蒙传》裴松之注引虞溥《江表传》：“（鲁）肃拊蒙背曰：‘吾谓大弟但有武略耳，至于今者，学识英博，非复吴下阿蒙。’”

〔五〕绝意：断绝某种意念。

〔六〕道者万物之奥，吾保之而已：《老子》：“道者万物之奥，善人之宝，不善人之所保。”

〔七〕食贫：过贫困的生活。《诗经·卫风·氓》：“自我徂尔，三岁食贫。”

〔八〕白云自怡悦：陶弘景《诏问山中何所有赋诗以答》：“山中何所有，岭上多白云。只可自怡悦，不堪持赠君。”

点评

邹元标正直敢言，但某些方面比较保守。他是阳明心学的门徒，属于相对比较保守的“江右学派”。他认定黄希周是个学道的人才，希望他廉静自守，不要听“新声”，以免扰乱心智。汤显祖的看法恰恰与之相反，认为不听“新声”，就会成为封闭愚昧之人。只有听“新声”，才能增长见闻，开拓视野，打开思路。这里的所谓“新声”，有可能指新颖的戏曲唱腔。他们对黄希周如何学习进步的建议不同，是因为他们对“道”的理解不同。邹元标所理解的“道”，还是当时正统的伦理纲常。汤显祖所追求的“道”，是符合现实生活真实的原则。只有全面接触了解现实生活，才能增长见识，体悟到这种“道”。至于自己，汤显祖称已“绝意词赋”，这是实情。汤显祖自万历二十九年（1601）完成“临川四梦”后，即基本不再写作重要作品。对一个已绝望于现实又看透了人生的智者来说，再写风花雪月、激情慷慨、雕章琢句的作品，已经没有什么意义。

复甘义麓〔一〕

弟之爱宜伶学二梦〔二〕，道学也。性无善无恶，情有之。因情成梦，因梦成戏。戏有极善极恶，总于伶无与。伶因钱学梦耳。弟以为似道。怜之以付仁兄慧心者。

注释

〔一〕甘义麓：甘雨，字子开，号应溥，又号义麓，江西永新人，万历五年（1577）进士，官至湖广参政，见《（同治）永新县志》卷十六本传等。汤显祖另有《寄甘子开》诗（《汤显祖诗文集》卷十八）等。是篇当作于万历二十九年《邯郸记》完成之后。

〔二〕宜伶：江西宜黄腔艺人。

点评

由于对现实感到绝望，对诗词文赋的前途命运已看得很清楚，汤显祖晚年兴趣转移到戏曲上。汤显祖并没有完全摆脱尊诗词文赋为高雅、视戏曲小说为低俗的传统文学观念的影响，对戏曲小说的历史地位也还抱有疑虑，但他越来越认定戏曲是有价值的。不仅从事“四梦”的创作，而且与戏曲艺人交往，为此他还顶住了一些观念比较保守的士大夫给他的压力。这封信就是为戏曲艺人、戏曲辩护，也是为自己与戏曲艺人交往辩护。认为世事有善恶，人情有善恶，戏曲只是真实反映了这种善恶而已，这就是“道”。戏曲艺人只是为了生计表演这种善恶而已，本身并非恶，并非不能交往。而且这种老老实实为了生计演戏，揭示世事人情之善恶，实际上已“似道”，远比那些自我标榜、言行不一的士大夫更接近“道”。这表明，无论是对文体的尊卑，还是对人的身份地位的高下，晚明进步士大夫的观念都在发生重要变化。

与刘君东〔一〕

来教，旁人何知我辈交情也。屠长卿曾以数千言投弟，弟以八行报之，渠颇为怪〔二〕。弟云，古人书上云长相思，下云加餐饭〔三〕，足矣。此世人所不解也。公子何得不留膝下耶〔四〕？古人秉烛夜游〔五〕，是真实语。弟偶随儿子至此，归去看演《黄粱梦》耳〔六〕。

注释

〔一〕刘君东：刘浙，字君东，江西泰和人，布衣，以理学著称，学者称为“约堂先生”，见明过庭训《本朝分省人物考》卷六十八本传等。汤显祖另有《生日诗戏刘君东》《刘君东下第归西昌》等诗（《汤显祖诗文集》卷十七、卷六）。是篇当作于万历二十九年（1601）《邯郸记》完成之后。

〔二〕屠长卿曾以数千言投弟……渠颇为怪：即屠隆《与

汤义仍奉常》来信与汤显祖《答屠纬真》回信，见《答屠纬真》“点评”。

〔三〕上云长相思，下云加餐饭：汉乐府诗《饮马长城窟行》：“长跪读素书，书中竟何如？上言加餐饭，下言长相忆。”

〔四〕公子：指刘浙之子。子女幼时常依于父母膝下，故云“留膝下”。

〔五〕秉烛夜游：拿着蜡烛在夜里游玩，谓及时行乐。《文选·古诗十九首·生年不满百》：“昼短苦夜长，何不秉烛游。”李白《春夜宴从弟桃花园序》：“古人秉烛夜游，良有以也。”

〔六〕《黄粱梦》：即《邯郸记》。“黄粱梦”典出沈既济《枕中记》，开元十九年（731），少年卢生于邯郸邸舍遇道者吕翁，吕翁以囊中枕授卢生，时主人方蒸黄粱为馔，卢生枕而梦见数十年荣华富贵，一觉醒来，黄粱尚未熟。汤显祖以“黄粱梦”为题材，于万历二十九年（1601）作《邯郸记》传奇，为“临川四梦”之一。汤显祖《答张梦泽》：“问黄粱其未熟，写卢生于正眠。盖唯贫病交连，故亦啸歌难续。”（《汤显祖诗文集》卷四十七）

点评

这封信谈交友之道。真正的朋友，彼此心意相通，不仅用不着客套，连多说其他事情也是多余的。想起时问候一下，表示关切，就够了，一切都在不言中。

汤显祖当初以“八行”报屠隆“数千言”，倒不是因为两人相交到了这种不必多说的程度，而是彼此之间文学观念、处世方式都有区别，没有多话好说。末尾说回家看《黄粱梦》，语义双关。既交待行踪，也是说人生不过黄粱梦耳，一切都不值得太当真。

答门人吴芳台舶使〔一〕

昔人称身处脂膏，不能自润〔二〕。若未处脂膏，何言润也。吾弟此其时矣。海刚峰在南〔三〕，尽裁官吏费，共至二千余，不佞见而知之。魏见泉在边〔四〕，岁节互市费积至七万余以为修堡之资〔五〕，不佞闻而知之。二公卒称名臣。吾弟市虽小，不妨以大人自为也。宦东粤者〔六〕，清浊皆易见。吾弟勉之。

注释

〔一〕吴芳台：生平不详。舶使：职官名，市舶司提举的简称。明代设市舶提举司，提举一人，从五品；副提举二人，从六品；其属吏目一人，从九品。掌海外诸番朝贡市易之事。嘉靖元年（1522），革福建、浙江二市舶司，唯存广东市舶司。万历二十九年（1601）五月，魏允贞以养父辞任右副都御史巡抚山西，是篇当作于此后。

〔二〕身处脂膏，不能自润：《后汉书·孔奋传》："每居县者，不盈数月，辄致丰积。奋在职四年，财产无所增……时天下未定，士多不修节操。而奋力行清洁，为众人所笑，或以为身处脂膏，不能以自润，徒益苦辛耳。”脂膏：油脂，这里指丰厚钱财。

〔三〕海刚峰：海瑞，见《寄刘芝阳开府》注〔九〕。

〔四〕魏见泉：魏允贞，字懋忠，号见泉，河南南乐人，万历五年（1577）进士，万历二十一年至二十九年任右佥都御史（后升右副都御史）巡抚山西，清张廷玉《明史》卷二百三十二本传："允贞素刚果，清操绝俗。以所部地瘠民贫，力裁幕府岁贡及州县冗费，以其银数万缮亭障，建烽堠，置器市马易粟。又奏免平阳岁额站银八万……岢岚互市，省抚赏银六万。”

〔五〕岁节：每年节约。互市：不同民族或国家之间的贸易活动，称“互市”。

〔六〕东粤：广东。

点评

汤显祖的门生吴芳台要做广东市舶司的长官了，可能是提举，也有可能是副提举。这个官级别不高，但掌海外诸番朝贡市易之事，油水很多。汤显祖万历十九年（1591）贬徐闻典史时，路过广州、香山、澳门，对相关情形更有所了解，《牡丹亭》第二十一出《谒遇》即描绘了澳门珠宝市场钦差收购宝物的盛况。汤显祖对吴芳台提出忠告：你过去没有贪污自肥的机会，说不贪污也不算数。现在担任了一个肥缺，考验你的时候到了。希望你以海瑞、魏允贞等廉洁之士为榜样。市舶司这个职位，大家都盯着，你廉洁大家马上都知道，你不廉洁大家马上也会知道。这就不仅是劝告，而且是警告了。汤显祖对门人直言相告，唯以廉洁相勉，其高风亮节得到充分展现。

答黄贞父〔一〕

叶生来云〔二〕，丈讶弟迩来书词淡浅〔三〕，觉有自外意。世有忍外吾贞父者乎？从头二十一史〔四〕，从何处说起。此时即有深言，兄亦不能为弟听判，又不知弟当深言否也。弟之知游，卧起论心，经有年岁者四五人，今皆开府而去〔五〕。独郭希老能于吏部堂上昌言留遂昌令〔六〕，魏见泉、石楚阳逢人作不平语〔七〕，李翼轩生未一面〔八〕，而为弟高谈〔九〕。人生何必深也〔一〇〕。

注释

〔一〕黄贞父：黄汝亨，字贞父，浙江仁和人，万历二十六年（1598）进士，官至江西布政司参议，见《（雍正）江西通志》卷五十八本传等。汤显祖另有《东馆别黄贞父》诗、《与黄贞父》书信（《汤显祖诗文集》卷十五、卷四十六）等。是篇作于万历三十年，时汤显祖隐居故里，年五十三。黄汝亨回信，见其《寓林集》卷二十五《复汤若士》。

〔二〕叶生：叶梧，字于阳，浙江遂昌人，以汤显祖之介，受学于黄汝亨、岳元声，见《（光绪）遂昌县志》卷八本传等。汤显祖另有《清远楼送平昌叶梧弟干太学上都》（《汤显祖诗文集》卷十五）。

〔三〕讶：奇怪。迩来：近来。书词淡浅：书信语气冷淡敷衍。黄汝亨回信云："生岂以先生书词为浓淡浅深哉……得《牡丹亭记》，披之，情魂俱绝。三昧游戏，遂尔千秋乎！"（《寓林集》卷二十五《复汤若士》）

〔四〕二十一史：明万历年间国子监刊行的正史，包括《史记》《汉书》《后汉书》《三国志》《晋书》《宋书》《南齐书》《梁书》《陈书》《魏书》《北齐书》《周书》《隋书》《南史》《北史》《新唐书》《新五代史》《宋史》《辽史》《金史》《元史》。

〔五〕"弟之知游……今皆开府而去"：开府：见《与刘士和司业》注〔六〕。今皆开府而去：指宣大总督梅国桢、漕运总督李三才、山西巡抚魏允贞、总督川湖贵州军务李化龙等人。

〔六〕郭希老：郭正域，字美命，号明龙，湖广江夏人，万历十一年（1583）进士，官至礼部侍郎，见清张廷玉《明史》卷二百二十六本传等。

〔七〕魏见泉：魏允贞，见《答门人吴芳台舶使》注〔四〕。石楚阳：石昆玉，见《寄石楚阳苏州》注〔一〕。

〔八〕李翼轩：李维桢，见《寄李本宁》注〔一〕。

〔九〕为弟高谈：此指万历二十九年（1601）辛丑大计事。

见《寄李本宁》注〔六〕。

〔一〇〕人生何必深也：黄汝亨回信云："人生何必接膝。但'盈盈''脉脉'之叹，古人亦不能免。"(《寓林集》卷二十五《复汤若士》)

点评

遂昌学子叶梧，因汤显祖之介绍，从师于黄汝亨，他从黄汝亨处来，转述黄汝亨的话，说汤显祖近来好像书信言辞比较冷淡，汤显祖回此信予以解释。黄汝亨为浙江仁和（今杭州市）人，是汤显祖交往时间较长的友人之一。万历二十年（1592）汤显祖从徐闻典史量移遂昌知县时，两人就见过面。黄汝亨对汤显祖十分敬佩，曾请汤显祖为其父作"行状"，为自己的文集作序（见黄汝亨《寓林集》卷二十四、卷二十五《与汤若士》)。万历二十三年初，汤显祖上计北京返回遂昌时，曾在杭州与黄汝亨等相聚。万历二十六年黄汝亨中进士后，任江西进贤知县六年。进贤与遂昌毗邻，两人有更多的交往。万历二十八年春、三十一年春，汤显祖曾两度前往进贤相访。尽管如此，汤显祖对与黄汝亨的交往，也持君子之交淡如水的态度。汤显祖指出，朋友之交不在时间长，也不在交往密切，而在是否知心。

答黄贞父〔一〕

破晓循池〔二〕，梅花早放，冻雀喧然〔三〕，不谓有美人之贻〔四〕。世丧道久，微道力谁当忧之。忧身不治，正是世外人事，久当不复忧此身也。

注释

〔一〕黄贞父：黄汝亨，见上篇注〔一〕。

〔二〕破晓：天刚亮。循：沿着走。

〔三〕冻雀：寒天受冻的鸟雀。喧然：热闹，喧哗。

〔四〕美人之贻：指来信。《诗经·邶风·静女》："自牧归荑，洵美且异。匪女之为美，美人之贻。"

点评

此信当作于万历三十三年（1605）黄汝亨由进贤知县升任礼部主事之前。即景生情，说自己清晨绕行池塘边，花鸟宜人，此时正逢黄汝亨有信来，愉悦心情溢于言表。称世道丧乱，要靠黄汝亨这样有道义、有力量的人来担忧维持。自己这样的世外之人，只要忧自己的身体和生活就行了。过不久，就连自己也用不着忧了。有一丝淡淡的忧伤，又含有看透人生的达观和幽默。

与宜伶罗章二〔一〕

章二等安否，近来生理何如〔二〕？《牡丹亭记》，要依我原本，其吕家改的，切不可从〔三〕。虽是增减一二字以便俗唱，却与我原做的意趣大不同了。往人家搬演，俱宜守分，莫因人家爱我的戏，便过求他酒食钱物。如今世事总难认真，而况戏乎！若认真，并酒食钱物也不可久。我平生只为认真，所以做官做家，都不起耳。《庙记》可觅好手镌之〔四〕。

注释

〔一〕宜伶：宜黄腔艺人。罗章二：生平不详。是篇当作于万历三十年（1602）之后不久，时汤显祖隐居故里。

〔二〕生理：生意，此应指剧团经营状况。

〔三〕“《牡丹亭记》……切不可从”：吕胤昌曾改动汤显祖的《牡丹亭》。有学者认为，“吕氏改本”实为沈璟的《牡丹亭》改本《同梦记》，由吕氏寄给汤显祖。参见《答吕姜山》《答凌初成》《答孙俟居》。

〔四〕《庙记》：即汤显祖《宜黄县戏神清源师庙记》，见《汤显祖诗文集》卷三十四。该文探讨了戏剧的起源、作用等诸多重要问题。

点评

这是写给宜黄腔艺人（可能是戏班班主）罗章二的信，谈了两件事。一是吕胤昌的《牡丹亭》改本决不可从，必须依自己的原本。虽然吕氏改本有些地方只改一两个字，也与自己原作意趣大不相同。汤显祖对自己作品的爱护之心极其坚决，不容商量，这里也透漏出他对吕胤昌改动自己作品的强烈不满。吕胤昌改动《牡丹亭》，一方面是欣赏其才情之美，另一方面又觉得它有些地方不合昆曲曲律，不便于演员歌唱。其实汤显祖的戏曲本就不是为昆曲而创作，首先是为宜黄腔等南戏声腔而创作的。他当然不反对用昆曲演唱《牡丹亭》，也不排斥为了演唱做一些适当的调整，但他重视的是作品的“意趣神色”，即思想内容和趣味文采。如果为了声律而使这些遭受损害，他是坚决不能接受的。第二件事是嘱咐罗章二，戏班外出演戏，一定要守本分，不能向别人索求更多“酒食钱物”。汤显祖当时名满天下，不排除有人因看汤显祖的面子，给戏班更多的招待。旧时戏班艺人多没有什么文化修养，难免因此而不知分寸，所以汤显祖的嘱咐是完全必要的。这封信是写给艺人的，所以基本上是用口语，语气诚挚恳切。汤显祖愿意与艺人交往，而且将这封信收录在自己的文集里，这表明一种价值观的悄然转变。汤显祖并非有文即留。像给黄汝亨的父亲写的行状，给黄汝亨的文集写的序，还有一些给黄汝亨的信件，都没有保留下来。

与沈华东宪伯〔一〕

世大治乱常起于杀人，杀人常起于杀万物。读老伯《树德堂稿》，始知吾兄谳鞫多所全活〔二〕，有从来矣。承谕代作〔三〕，弟从来不能于无情之人作有情语也。

注释

〔一〕沈华东：沈烝，见《答沈华东》注〔一〕。宪伯：对按察司长官的雅称。据《明神宗实录》，万历三十年（1602）三月，升山东济南府知府沈烝为（山东按察使司）副使。据过庭训《本朝分省人物考》卷四十五，沈烝由山东按察副使改江西督粮参政，升按察使，寻改福建右布政使。此信应作于万历三十年后不久，时汤显祖隐居故里。

〔二〕谳（yàn）鞫：审讯。

〔三〕谕：告知、吩咐。代作：为别人代写文章。

点评

汤显祖此信再次表达了他的“贵生”思想，认为乱杀人是导致大乱的导火索，而要做到不杀人，首先要从不杀万物开始。汤显祖赞扬沈烝父亲的文集《树德堂稿》就包含着这种思想，对沈烝产生了深刻影响，使他治理地方时慎杀爱民。至于沈烝提出，请汤显祖代某名人作文章，汤显祖则表示拒绝，说自己“从来不能于无情之人作有情语也”，就是说，自己不能对没有感情的人说出有感情的话，自己的写作都必须出自真情实感。这既显示了汤显祖的尊严和品格，也表达了他的文学观念。

答真宁赵仲一〔一〕

初闻兄已愤懑为神，能杀谗者，虽疑之而亦壮之〔二〕。后稍知有某公之啧言〔三〕。公岂为债者哉〔四〕。丧欲速贫，贫亦士之常。前弟附贻哲书中〔五〕，劝兄无悔，但当加餐〔六〕，一意经世出世之事。何得如来书不平满楮〔七〕！兄与弟俱有二尊人〔八〕，官根断续何论，但勿断命根尔。

注释

〔一〕赵仲一：赵邦清，字仲一，陕西正宁（今属甘肃）人，万历二十二年（1594）进士，官至吏部主事，见《（乾隆）甘肃通志》卷三十七本传等。赵邦清为汤显祖好友，汤显祖有《滕赵仲一生祠记序》《滕侯赵仲一实政录序》（《汤显祖诗文集》卷二十九、卷三十）等二十余篇诗文、书信，都是为赵邦清而作。是篇当作于万历三十年后，时汤显祖隐居故里。

〔二〕愤懑：气愤。万历三十年（1602），赵邦清因遭弹劾，革职为民。

〔三〕啧言：责备的议论。

〔四〕公岂为债者哉：赵邦清为官廉洁，家境清贫。汤显祖《与李九我宗伯》："赵仲一为铨部归来，几为索债人所毙。"（《汤显祖诗文集》卷四十六）

〔五〕贻哲：刘复初，字贻哲，陕西高陵人，万历十一年（1583）进士，官至太常寺卿，见《（光绪）长治县志》卷七本传等。刘复初与汤显祖为同年进士。汤显祖另有《送刘贻哲出饷宣府》诗、《答刘贻哲》书信（《汤显祖诗文集》卷二十、卷四十八）等。

〔六〕加餐：谓多进饮食，保重身体。劝慰之词。《文选·古诗十九首·行行重行行》："弃捐勿复道，努力加餐饭。"

〔七〕楮：纸的代称。楮树皮是造桑皮纸和宣纸的原料。

〔八〕二尊人：即父母。

点评

汤显祖与赵邦清既非同乡，也非同年、同僚，但两人交往颇为密切。据《滕侯赵仲一实政录序》（《汤显祖诗文集》卷三十），两人交往当起于万历二十二年（1594）冬，汤显祖以遂昌知县上计，路过滕县，见到任知县不到一年的赵邦清，遂同行上京。万历二十五年冬，再次上计，路过滕县，未见到赵邦清，但以他的政绩禀告阁臣张位。万历二十六年，赵邦清得升为吏部文选司主事。万历二十八年，达观上人赴京，汤显祖介绍他去见赵邦清。据《明神宗实录》，万历三十年四月，刑科给事中张凤翔、贵州道御史沈正隆弹劾已升吏部稽勋司郎中的赵邦清"险暴贪淫，三灭伦，六无耻，且挟娶选中储婚淑女杨氏为妾，无人臣礼”等。六月，赵邦清革职为民。上述指控是否属实，已难以查核。沈德符《万历野获编》卷十一“人臣渔色无等”条，即以为真伪相伴，其娶杨氏为真。但赵邦清遭到弹劾，肯定与他在滕县知县和吏部主事任上得罪权贵有关。汤显祖与赵邦清一相见即成莫逆，肯定有共同之处。此信劝慰已罢官的赵邦清，“官根断续何论，但勿断命根”，可谓醍醐灌顶之言。

答郭明龙〔一〕

兄为诸生时，有以自立同异〔二〕，为大臣而当更听人耳语耶？世病兄轻发大端〔三〕，要亦独行其是。无所逃于天地之间，命也。上有疾雷，下有崩湍〔四〕，即不此去，留能几余。中孚未能感人〔五〕，幸自出险〔六〕，为需有庆〔七〕。门下昔过黄粱祠有诗〔八〕，枕中人会当破枕而去〔九〕。犹忆亥冬〔一〇〕，仙署笑言〔一一〕，属有期契〔一二〕。向后再计入都〔一三〕，人地遂窅〔一四〕。投弃幽虚，时作故人梦想。而公才公望〔一五〕，亦复以明夷出门庭矣〔一六〕。江楚风遥，湘骚可接〔一七〕。清流王相如〔一八〕，负俊气游江湖间，欲尽见明公钜人以广其意，惟兄进而教之。

注释

〔一〕郭明龙：郭正域，见《答黄贞父》注〔六〕。是篇作于万历三十一年（1603）郭正域罢官家居之后，时汤显祖隐居故里。

〔二〕诸生：秀才。郭正域生于嘉靖三十三年（1554），隆庆五年（1571）成为廪膳生员，万历十年（1582）乡试中举。万历十一年中进士，与汤显祖为同年。自立同异：与人不同。《（康熙）湖广武昌府志》卷七：“（郭正域）诸生时即负才名，敦气节，刚毅不可挠。抚军延为子师，庭检其书箧，信宿称病出。郡守征其古文辞，遣吏促之急，辄辞不应，曰：岂待士礼耶？”

〔三〕轻发大端：万历三十一年（1603），楚王府宗人朱华趆（dī）揭露楚王朱华奎为假冒，朱华奎疏辨。郭正域为江夏人，与次辅沈鲤等倾向赞成朱华趆，而首辅沈一贯等倾向于朱华奎。神宗命不问，亦不罪郭正域，命回籍听勘。

〔四〕上有疾雷，下有崩湍：指上有明神宗盛怒，下有臣僚的攻击。崩湍：激流。

〔五〕中孚：卦名。《周易·中孚卦》：“中孚，豚鱼吉，利涉大川，利贞。”孔颖达疏：“信发于中，谓之中孚。”上下相信谓之孚。此谓郭正域的意见不能得到神宗及其他大臣相信。

〔六〕幸自出险：郭正域因楚王案被令回籍听勘，行至杨村（在今天津武清区），而涉及皇长子、郑贵妃等的“妖书”案发。沈一贯等欲以此事倾陷沈鲤、郭正域，派兵包围郭正域家所乘船，“尽捕媪婢及佣书者男女十五人，与（皦）生光杂治，终无所得……拷生光妻妾及十岁儿，以针刺指爪，必欲引正域，皆不应。生光仰视（钱）梦皋、（康）丕扬，大骂曰：‘死则死耳，奈何教我迎相公（沈一贯）指，妄引郭侍郎乎……又声言正域且逮，迫使自裁。正域曰：‘大臣有罪，当伏尸都市，安能自屏野外？’既而幸无事。”（《明史》卷二百二十六《郭正域传》）

〔七〕需：卦名。《周易·需卦》：“需。有孚，光亨，贞吉。利涉大川。”《象》曰：“需，须也。”

〔八〕黄粱祠：今河北邯郸有黄粱祠。“门下昔过黄粱祠有诗”，指郭正域《黄粱祠》一诗：“未了君亲事，难抛天地身。只愁仙亦幻，却信梦为真。今日祠前客，当年枕上人。黄粱炊未熟，策马任风尘。”（《合并黄离草》卷十）

〔九〕枕中人会当破枕而去：意谓郭正域也是枕中（梦中）人，现在应该清醒过来了。

〔一〇〕亥冬：指万历十五年（1587）冬。时汤显祖任南京太常博士，秋季京察赴京。

〔一一〕仙署：翰林院。唐武德四年（621），唐太宗李世民时为秦王，建文学馆，收聘贤才，以杜如晦、房玄龄等十八人为学士，当时称“十八学士登瀛洲”。宋代史馆、昭文馆、集贤院、秘阁、龙图阁、天章阁，明、清两代翰林院等，分掌图书经籍和编修国史等事务，相当于唐代文学馆，故称“仙署”。郭正域万历十一年（1583）中进士后，选翰林院庶吉士，十四年任翰林院编修，二十二年被选为皇长子朱常洛的老师，升为右庶子、右中允、翰林左谕德兼翰林院侍读等，实际上一直没有离开翰林院，直至万历二十六年升任南京国子监祭酒。

〔一二〕期契：相互之间有期许、约定。

〔一三〕再计入都：万历二十二年（1594）冬、二十五年冬，汤显祖两度上计京师。

〔一四〕窅（yǎo）：远。人地遂窅：当指郭正域自万历二十二年（1594）选为皇长子朱常洛的老师，任职五年，故与外人交流不便。

〔一五〕公才公望：相当于三公辅相的才识和名望。《梁书·王暕传》："暕年数岁，风神警拔，有成人之度。时文宪作宰，宾客盈门，见暕相谓曰：'公才公望，复在此矣。'"

〔一六〕明夷：卦名。《周易·明夷卦》："明夷，利艰贞。"指郭正域遭遇陷害，离开京城。

〔一七〕江楚风遥，湘骚可接：时郭正域已回江夏家中。这一带是当初屈原写《离骚》《湘君》《湘夫人》等作品的地方，此谓郭正域可接续屈原的传统。

〔一八〕王相如：王若，字相如，福建清流人，布衣，有《二雅三集》等著作，见清黄虞稷《千顷堂书目》卷二十六小传等。汤显祖另有《寄问清流王相如》诗、《与王相如》书信（《汤显祖诗文集》卷十九、卷四十八）等。

点评

《明史》本传称郭正域"博通载籍，勇于任事，有经济大略，自守介然，故人望归之”。他本来是很多人心目中的辅臣人选，因卷入楚王案、妖书案两大事件，险遭不测，罢官不起，这是当时朝野上下众所瞩目的大事。汤显祖敬佩这位同年，在他罢官后写此信予以安慰。汤显祖对当时的政局看得很清楚，神宗昏聩，众臣无耻，郭正域即使留下来也不会持久，也做不了什么，希望他不要再抱幻想，应该为能逃脱大祸而庆幸。这是一种理性的分析和善意的劝告。

与李九我宗伯〔一〕

从京师来者，言丈蔬食敝衣〔二〕。或以丈为贫，或以丈为伪。夫世人何足与言真伪也。马心易作县，食尝不饱〔三〕；赵仲一为铨部归来，几为索债人所毙〔四〕。贫而仕，仕遂不贫耶！古人云："匈奴未灭，何以家为。"〔五〕此时亦非吾辈作家时也〔六〕。惟丈有以自砺〔七〕。

注释

〔一〕李九我：李廷机，字尔张，号九我，福建晋江人，万历十一年（1583）进士，官至礼部尚书兼东阁大学士，见清张廷玉《明史》卷二百十七等。李廷机与汤显祖为同年进士。宗伯：周代六卿之一，掌宗庙祭祀等事。后世称礼部尚书为宗伯。是篇当作于万历三十一年至万历三十六年间，时李廷机先后任礼部左侍郎、礼部尚书兼东阁大学士，汤显祖隐居故里。

〔二〕蔬食：粗食。《论语·乡党》："虽蔬食、菜羹、瓜祭，必齐如也。"

〔三〕马心易：马应图，见《答马心易》注〔一〕。作县：作知县。马应图曾任封丘知县。食尝不饱：见《与马心易》"点评"。

〔四〕赵仲一：赵邦清，见《答真宁赵仲一》注〔一〕。铨部：主管选拔官吏的部门。赵邦清曾任吏部主事、郎中。

〔五〕匈奴未灭，何以家为：《史记·卫将军骠骑列传》："天子为置第，令骠骑（霍去病）视之，对曰：'匈奴未灭，无以家为也。'"

〔六〕作家：治家、置产。

〔七〕砺：磨炼。

点评

李廷机也是汤显祖同年进士。在楚王案中，他倾向于楚王，但主张轻处郭正域。万历三十五年（1607）夏，以礼部尚书兼东阁大学士入参机务，三辞始视事，科道攻之不已，累疏乞休，至一百二十余次，杜门不出，言者疑其伪。万历四十年乃得归。名义上在内阁六年，实际理事仅九月。《明史》卷二百十七本传称他"遇事有执，尤廉洁，帝知之。然性刻深，亦颇偏愎，不谙大体"。看起来李廷机确实比较廉洁，但当时就有人怀疑他伪饰。汤显祖此信所言，都有针对性。

与于中父〔一〕

郎吏之推，尚尔不下〔二〕。此中进退竟是如何？弟惟喜朝家有威凤之臣〔三〕，郡邑无饿虎之吏。吟咏升平，每年添一卷诗足矣。

注释

〔一〕于中父：于玉立，字中甫，江苏金坛人，万历十一年（1583）进士，官至刑部郎中，见清张廷玉《明史》卷二百三十六本传等。于玉立与汤显祖为同年进士，汤显祖另有《于中父饷蓟边便归金坛》诗（《汤显祖诗文集》卷二十）等。是篇或作于万历三十一年后，时汤显祖家居。

〔二〕郎吏之推，尚尔不下：此当为问于玉立复职之事如何。据《明史》卷二百三十六《于玉立传》，于玉立万历十一年（1583）中进士后，除刑部主事，进员外郎。万历二十年七月疏陈朝政阙失。"寻进郎中，谢病归。久之，起故官"。万历三十一年，以"妖书"事罢官归。居家久之，数被推荐。三十七年稍起光禄丞，辞不赴。又三年，以光禄少卿召，终不出。

〔三〕威凤：吉祥之鸟。此处喻指有威仪的臣子，与下文"饿虎"对仗。

点评

于玉立是东林党的重要成员之一，正直敢言。据《(乾隆)江南通志》卷一百四十三，他万历二十年（1592）七月上疏陈时政阙失，指斥神宗宠幸郑贵妃，“帝怒，几不测。会皇子生，免归”。万历三十一年还是因为事关立皇储的“妖书”案被罢官。后来多次被推荐，但神宗执意否决。此时汤显祖已退居乡里，他表示自己已没有什么奢望，只愿朝廷中有像于玉立这样的优秀人才在位，下面的州县没有穷凶极恶的贪官污吏，天下太平，自己每年能多写一卷诗，也就别无所求了。

答高景逸〔一〕

门下为大道主盟〔二〕，虽千里之驾，已及途穷〔三〕，而秉烛之光，犹晞日莫〔四〕。脩其德音〔五〕，良深感幸。承问一日千古，其事何在〔六〕。无欲主静，谈学所宗〔七〕。千古乾坤，销之者欲〔八〕。有能一日，仁寿在斯〔九〕。第概观斯人，有欲于世者未必能动，无欲于世者未必能静。就中消息，讵可详言〔一〇〕。至于世局纷呶〔一一〕，正坐人生有欲〔一二〕。世弃已久，世寄为谁〔一三〕？或笑或歌，总未敢为翰音之报耳〔一四〕。

注释

〔一〕高景逸：高攀龙，字云从，一字存之，号景逸，南直隶无锡（今属江苏）人，万历十七年（1589）进士，官至左都御史，见清张廷玉《明史》卷二百四十三本传等。高攀龙为明末东林党领袖人物，与顾宪成并称"高、顾"。是篇或作于万历三十二年之后不久，时汤显祖隐居故里。

〔二〕门下为大道主盟：万历三十二年（1604），高攀龙与顾宪成等人捐资重建东林书院，聚众讲学。

〔三〕千里之驾：驾车行千里。《荀子·修身》："夫骥一日而千里，驽马十驾则亦及之矣。"途穷：走到路的尽头。《晋书》卷四十九《阮籍传》："时率意独驾，不由径路，车迹所穷，辄恸哭而反。"这里指自己已经没有前途。

〔四〕秉烛之光：吴淑《事类赋》卷一注引《说苑》："师旷对晋平公曰：少而学者，如日出之光；壮而学者，如日中之光；老而学者，如秉烛之光。"晞：通"昕"，亮。莫：通"暮"。

〔五〕翛（xiāo）：轻松的样子。德音：善言。《诗经·邶风·谷风》："德音莫违，及尔同死。"这里指高攀龙的书信飘然而至。

〔六〕一日千古，其事何在：一日就能彻底改变，可以千古不朽的事情是什么。即人生最重要的问题是什么。这是理学家们热衷讨论的话题。

〔七〕无欲主静，谈学所宗：克制和消除欲望，让心灵安静，这是谈论理学的人共同宗奉的主张。

〔八〕千古乾坤，销之者欲：千古以来，世界都是被欲望所摧毁。

〔九〕有能一日，仁寿在斯：真能有一日克制和去掉欲望，则仁德和长寿都在其中了。《论语·颜渊》："颜渊问仁，子曰：'克己复礼为仁。一日克己复礼，天下归仁焉'。"

〔一〇〕就中消息：其中的情形和道理。讵：岂。

〔一一〕纷呶（náo）：纷乱喧哗。

〔一二〕坐：因为。

〔一三〕世弃：弃世。世寄：寄于世，即生存在世间。

〔一四〕翰：鸟羽，借指毛笔。翰音：指书信。

点评

汤显祖的政治立场与东林党人相近，他与东林党人士关系也比较好。东林党人多为汤显祖的遭遇抱不平。东林党人遭到打击时，汤显祖一般都站在东林党人一边。但他的学术观点与东林党人并不一样，他也并不掩饰这种差别。东林党人面对晚明士大夫和民众放纵个人欲望的现象，力图恢复程朱理学的传统，主张以理制情。在晚明特定历史环境下，出现这种主张有一定的必然性和合理性。但从思想发展的角度看，是一种退步。汤显祖是阳明心学的门徒，他坚持人的欲望的合理性。在这封信里，他先肯定高攀龙等"无欲主静"主张有一定道理，这是虚让一步。接着说"欲"实际上是"无"不了的。甚至说"千古乾坤"，都是被欲望销毁的，反过来也就是说，欲望的力量太强大，根本消除不了。接着又说"有欲于世者未必能动，无欲于世者未必能静"，就是说有欲也不一定就坏，号称无欲者未必就真能“静”。总之,汤显祖在此信中表达的观点,还是“贵生”,肯定人的欲望的必然性和合理性,与他在《贵生书院说》《牡丹亭》等作品中表达的思想是一致的。

答余瑶圃〔一〕

不佞自为童子求蒙而叨执宪之知〔二〕,暨作祠郎进旅而托司空之重〔三〕。仁深引汲〔四〕,义切归依。顾以窜迹于炎方,遂乃销声于寒谷〔五〕。音徽俨尔,庆赴阙如〔六〕。每咏《大车》〔七〕,动羔裘豹袂之想〔八〕;欲陈采藻,写桃投李报之思〔九〕。力请未能,公论具在〔一〇〕。加以通家之喜〔一一〕,得观华国之成〔一二〕。妙宰殊高于一丘〔一三〕,集贤将征于四谏〔一四〕。拜太丘于都下,久知元方之有季方〔一五〕;重苍生于会稽,快睹万石之齐安石〔一六〕。方怀宿好,更重新知〔一七〕。海上相望明月,只用思存〔一八〕;山中惟有白云,无堪持献〔一九〕。

注释

〔一〕余瑶圃:余懋孳,字舜仲,号瑶圃,江西婺源人,为余懋学(见《答余中宇先生》注〔一〕)堂弟。万历三十二年(1604)进士,官至礼科给事中,见清万斯同《明史》卷三百三十九本传等。余懋孳《荑言》卷四有《答汤若士先生启》书信。汤显祖另有《寄余瑶圃》书信（《汤显祖诗文集》卷四十七）。是篇当作于万历三十二年余懋孳中进士任山阴知县后。

〔二〕不佞：没有才能，对自己的谦称。为童子求蒙：指为童生和秀才时，为学刚刚发蒙。汤显祖嘉靖四十二年（1563）十四岁中秀才，隆庆四年（1570）中举人。叨：承受。执宪：执法，此指余懋学，他隆庆二年中进士，授抚州推官。明代各府设推官，主管刑法事务。

〔三〕暨：及至。祠郎：万历十七年（1589），汤显祖升任南京礼部祠祭司主事，故称"祠郎"。进旅：本指军队行进。萧纲《金錞赋》："制六师之进旅，惊三军之武志。"此处指仕途。司空：职官名，周代六卿之一，掌管水土营建，这里指明代的工部。余懋学累迁南京户部右侍郎，总理漕储，摄部篆，复摄工部。自劾致仕。万历二十二年，以拾遗论罢。卒，赠工部尚书。司空之重：这里借唐代李绅（曾官司空）重视刘禹锡的故事，说自己曾得到余懋学看重。

〔四〕仁深：仁义深厚。引汲：本指从井中打水，引申为引荐扶持人才。

〔五〕炎方：南方炎热地区。万历十九年（1591），汤显祖被贬官广东徐闻典史。寒谷：阴冷的山谷。这里与"炎方"相对，指自己因被贬降落到最底层且偏远的地方，与人们断了音讯。

〔六〕音徽：美好的声音和容颜。俨尔：俨然如在目前。庆赴：对喜事的祝贺，和对不好事情的慰问。阙如：缺少，没有。

〔七〕《大车》：《诗经·王风·大车》："大车槛槛，毳衣如菼。岂不尔思？畏子不敢。大车啍啍，毳衣如璊。岂不尔思？畏子不奔。穀则异室，死则同穴。谓予不信，有如皦日。"这里借用其中表示思念之语，以表达对余懋学的思念。

〔八〕羔裘豹袪之想：《诗经·郑风·羔裘》："羔裘如濡，洵直且侯。彼其之子，舍命不渝。羔裘豹饰，孔武有力。彼其之子，邦之司直。羔裘晏兮，三英粲兮。彼其之子，邦之彦兮。"这里借用其语表达对余懋学正直敢言的敬佩。

〔九〕桃投李报之思：《诗经·大雅·抑》："投我以桃，报之以李。"

〔一〇〕力请未能，公论具在：指万历二十二年（1594）余懋学罢官时，汤显祖没有能出面为他辩护，但公论对余懋学是肯定的。

〔一一〕通家：古人称彼此祖上就有交往的人家为通家。汤显祖受知于余懋学，属师生关系，则汤显祖与余懋孳之间算通家。喜：指余懋孳中进士、任知县等。

〔一二〕华国：指文章。古人以为好的文章可以让国家更有光辉，故曰"文章华国"，因以"华国"称文章。有成：指余懋孳文章写得好，科举取得成功。

〔一三〕妙宰殊高于一丘：指余懋孳万历三十二年（1604）中进士后任山阴知县。按孔丘曾任中都宰，孔子的学生宓子贱曾任单父宰，李白《赠闾丘宿松》赞美过宿松县令闾丘。

〔一四〕集贤将征于四谏：唐宋建集贤殿（院），设学士。宋代余靖，曲江人，天圣初登进士第，以试书判拔萃，擢集贤校理，历迁右正言。与欧阳修、王素、蔡襄为四谏官，时论重之。见《宋史》卷三百二十《余靖传》。此指余懋孳有希望由山阴知县擢给事中或御史。按明代一般从表现优秀的知县和推官中选拔给事中和御史。

〔一五〕拜太丘于都下，久知元方之有季方：太丘：陈寔，字仲弓，东汉颍川许（今河南许昌）人，做过太丘县长，因称“陈太丘”。都下：指东汉都城洛阳。元方、季方：指陈寔的两个儿子陈纪（字元方）、陈谌（字季方），俱有才德，与父亲合称“三君”。《世说新语·德行》：“陈元方子长文有英才，与季方子孝先各论其父功德，争不能决，咨于太丘。太丘曰：‘元方难为兄，季方难为弟。’”这里指余懋学、余懋孳兄弟都很优秀。

〔一六〕重苍生于会稽，快睹万石之齐安石：重苍生：见《寄董思白》注〔一〇〕。万石、安石：指东晋谢安（字安石）、谢万（字万石）兄弟，都曾居于会稽（今浙江绍兴），俱为名士，并称“二谢”。

〔一七〕宿好：老交情，这里指余懋学。新知：指余懋孳。

〔一八〕海上相望明月，只用思存：张九龄《望月怀远》：“海上生明月，天涯共此时。”存：问候。

〔一九〕山中惟有白云，无堪持献：陶弘景《诏问山中何所有赋诗以答》:“山中何所有，岭上多白云。只可自怡悦，不堪持赠君。”

点评

汤显祖对余懋学始终怀有感激之情。得知其弟余懋孳中了进士，任山阴知县，有希望升为给事中或御史，写信祝贺。他只要愿意稍加藻饰，成语典故就络绎而来，而且每句都是那样精当，由此信可见一斑。读汤显祖的诗、赋，以至他的戏曲作品如《牡丹亭》等，其援用典故达到出神入化程度，让人不得不惊叹他超强的记忆力和联想能力。古代很多士人都精熟典籍，但汤显祖在其中仍属出类拔萃。

寄李孺德〔一〕

闻孺德成进士，殊快。以孺德恂恂孝友〔二〕，他日当不负此科名也。吾辈初入仕路，眼宜大，骨宜劲，心宜平。勿乘一时意兴，便轻落足，后费洗祓也〔三〕。顾仆一生拙宦，而教人宦乎。然亦以拙教也。

注释

〔一〕李孺德:李邦华，字孟闇，一字懋明，江西吉水人，万历三十二年(1604)进士，官至左都御史，见清张廷玉《明史》卷二百六十五本传等。李邦华为汤显祖门人，汤显祖《送李孺德（其二）》诗云："十年师弟子，千古吉州人。"（《汤显祖诗文集》卷十六）汤显祖另有《与门人李孺德》（《汤显祖诗文集》卷四十七）等诗文。是篇作于万历三十二年，时汤显祖隐居故里，年五十五。

〔二〕恂恂：温顺、恭谨。《论语·乡党》："孔子于乡党，恂恂如也，似不能言者。"据《明史》李邦华本传，李邦华"受业同里邹元标，与父廷谏同举万历三十一年（1603）乡试。父子自相镞砺，布衣徒步赴公车。"

〔三〕洗祓（fú）：通过沐浴斋戒以除灾求福的祭祀活动。

点评

汤显祖对新中进士的李邦华嘱以肺腑之言：刚入仕眼光要高，骨头要硬，但心要平，不能逞一时痛快，造成重大挫折。汤显祖本人眼光不可谓不高，骨头不可谓不硬。但就是一时压抑不住，上了《论辅臣科臣疏》，造成终生仕途失意。汤显祖没有为此后悔，但觉得对后进来说，这也是一个教训。他说自己做官不成功，似乎没资格教导人做官的道理。但他从失败中得到的教训，实际上更有价值。李邦华后来立朝正直，被视为东林党人。崇祯十七年（1644）三月，李自成军攻入京师，李邦华走宿文信国（天祥）祠，"三揖信国曰：'邦华死国难，请从先生于九京矣。'为诗曰：'堂堂丈夫兮圣贤为徒，忠孝大节兮誓死靡渝，临危授命兮吾无愧吾。'遂投缳而绝"。

答钱简栖〔一〕

姑苏大雅士，旧独莫寒泉〔二〕，今独钱简栖。气岸横绝曹伍〔三〕，有当予心〔四〕。游道非委软难，恺亮难也〔五〕。得楚游诸语，霏亹历落〔六〕。兹与苍厓兄相对断桥江阁间〔七〕，如见足下。时属兄常倅处〔八〕，能相物色否？

注释

〔一〕钱简栖：钱希言，字简栖，南直隶常熟（今属江苏）人，为钱谦益从高祖叔父，见清钱谦益《列朝诗集》丁集卷十五“钱山人希言”等。是篇作于万历三十二年（1604），时汤显祖隐居故里，年五十五。

〔二〕莫寒泉：莫叔明。汤显祖曾向屠隆推荐莫叔明之子，见《柬长卿》注〔六〕。

〔三〕气岸：意气，气概。曹伍：同伴，伙伴。

〔四〕有当予心：清钱谦益《列朝诗集》丁集卷十五“钱山人希言”：“薄游浙东、荆南、豫章，屠长卿、汤若士诸公皆称之。”

〔五〕游道：指当时山人游走于世的门道。委软：委婉、柔软。恺亮：爽快、明亮。清钱谦益《列朝诗集》丁集卷十五“钱山人希言”:“稍不当意，矢口嫚骂，甚或形之笔牍，多所诋諆，人争苦而避之。以是游道益困，卒以穷死。”

〔六〕楚游:据清钱谦益《列朝诗集》丁集卷十五“钱山人希言”，钱希言游江西前，曾游浙东、荆南。霏亹（wěi）:像云气一样连绵不绝。历落:清爽分明。

〔七〕苍厓兄:张际阳，字伯升，别号苍厓，南直隶太仓（今属江苏）人。汤显祖另有《与张伯升》(《汤显祖诗文集》卷四十四）等诗文。

〔八〕常倅（cuì）:应指常州府通判。明清人称通判为倅。汤显祖有《与常州倅陈翼恩》(《汤显祖诗文集》卷四十八)，不知是否即此人。

点评

万历三十二年（1604）六月，山人钱希言至南昌，为原任辅臣张位上寿，八月往访临川知县袁世振，居于汤显祖家中三个月，实际上是寄食于诸人。汤显祖对钱希言比较赏识，款待优渥。钱希言《松枢十九山·讨桂篇》卷十五记此会云:“始，余过华子岗头，与汤小仪义仍蝉连，谈及风调，义仍曰:诗不必多作，作必本乎情，而情所易生，亡过‘登山临水送将归’矣……忆甲辰秋，客红泉馆中，凡阅六蓂荚，日作舞裙歌扇因缘。肉成霞，酒成雨，独恨无稚齿婑媠如翠娥者相偎作伴。”公然要求年幼美女作伴，可见钱希言确实是一个落拓不羁之士。汤显祖晚年，可能是对官场名流失望，所以喜结交这样的人，觉得他们至少真实、有才，而且其潦倒失意之情，也容易产生共鸣。

与钱简栖[一]

不佞弟于雅道已久[二]，行世亦深。有如门下学绩才绪[三]，即已横绝一时，凌轹千古[四]，弟所为爱而敬之者欤。徒恨速贫，杯中酒数空耳。前所求选拙藁以传者[五]，欲令顽艳俱欣[六]，爱嫉咸惬，如此恐不敢便谓有三十首也。上巳入章门一月[七]，张相国、丁右武念兄甚[八]，各云有佳客，草草别去。去后怀思何及。想兄更不欲西来，弟亦未便东往。把握何时？过江亭，每忆雪鸿之迹[九]，使人魂黯矣[一〇]。所寄新刻，婉尔唐音，风神自清。敬服敬服。《剑策》[一一]，良书也，何以不成梓乎[一二]？贞父内征过家[一三]，兄须一诣西子湖头，便取“四梦”善本[一四]，歌以丽人，如醉玉茗堂中也[一五]。

注释

〔一〕钱简栖：见《答钱简栖》注〔一〕。是篇作于万历三十三年（1605），时汤显祖隐居故里，年五十六。

〔二〕雅道：指创作、欣赏诗、书、画等风雅之事。

〔三〕学绩：学识功力。才绪：才思。

〔四〕凌轹（lì）：超越。

〔五〕藁：同“稿”。

〔六〕顽艳：顽钝的人和聪慧的人。

〔七〕上巳：中国古代传统节日。汉以前以农历三月上旬巳日为“上巳”，魏晋以后以三月三日为“上巳”。人们在上巳节祭祀祖先、流觞曲水、宴饮踏青等等。章门：南昌。

〔八〕张相国：张位，字明成，号洪阳，江西新建（今南昌市新建区）人。隆庆二年（1568）进士，改庶吉士，授翰林院编修。万历十九年（1591）以首辅申时行荐，特简入阁办事，授吏部左侍郎兼东阁大学士。万历二十五年进少保、吏部尚书、武英殿大学士。万历二十六年遭弹劾，停职闲居。不久被指为妖书《忧危竑议》主谋，革职为民。隐居南昌市南湖中的湖心亭，取名杏花村（今杏花楼），筑闲云馆，藏书万卷，与汤显祖、刘应秋等人常在此以文会友。丁右武：丁此吕，见《答吴四明》注〔五〕。万历三十二年，钱希言游江西，与张位、丁此吕、帅从升、帅从龙等相聚。

〔九〕雪鸿之迹：往事遗留的痕迹。苏轼《和子由渑池怀旧》：“人生到处知何似，应似飞鸿踏雪泥。泥上偶然留指爪，鸿飞那复计东西。”

〔一〇〕魂黯：心神沮丧。江淹《别赋》：“黯然销魂者，唯别而已矣。”

〔一一〕《剑策》：万历二十九年（1601）前后，钱希言著成《剑策》二十七卷。钱谦益《列朝诗集》丁集卷十五“钱山人希言”：“又征古今剑事，撰《剑策》。”

〔一二〕梓：刊刻。

〔一三〕贞父：黄汝亨，见《答黄贞父》注〔一〕。内征：调往朝廷上任职。黄汝亨万历二十六年（1598）任进贤知县，三十三年调任礼部主事。过家：黄汝亨为浙江仁和（今杭州市）人。汤显祖《东馆别黄贞父》序：“乙巳（万历三十三年，1605）夏小暑，贞父赴征仪曹，过建武辞谒。”（《汤显祖诗文集》卷十五）

〔一四〕四梦：即“临川四梦”，包括《紫钗记》《牡丹亭》《南柯记》《邯郸记》。

〔一五〕玉茗堂：汤显祖祖居在抚州城郊，抚河东岸，文昌桥头。在城内沙井唐公庙另有家墅。万历二十年（1592）曾加筑房舍。万历二十三年，汤显祖在《紫钗记》题词中始称“标题玉茗新词”。抚州府署西原有玉茗亭，亭前种玉茗花，大如山茶而色白，黄心绿蕊，人以比之扬州琼花，宋代黄庭坚、曾巩等均有诗咏之。（见《（光绪）抚州府志》卷十）汤显祖以此命名，但其时尚未有堂。万历二十六年告假归里后，买相邻前太仆卿高应芳家废地扩建，始有玉茗堂、清远楼等。

点评

汤显祖对钱希言确实比较欣赏，原因之一是两人的文学观念比较接近，都主张文学要写真感情，要有感染力，使“顽艳俱欣，爱嫉咸惬”。汤显祖希望钱希言、黄汝亨这些性情相投的朋友，能欣赏他的“四梦”，“四梦”在他的心目中，地位是越来越重要了。

答董嘉生〔一〕

不佞极不喜为人作诗、古文序，因足下卷卷成之〔二〕，昔惭长卿〔三〕，今愧本宁〔四〕。过学卿〔五〕，可出此一过当悲歌也〔六〕。

注释

〔一〕董嘉生：生平不详。是篇作于万历三十三年（1605）之后，时汤显祖隐居故里。

〔二〕卷卷：恳切诚挚貌。

〔三〕长卿：屠隆，见《答屠纬真》注〔一〕。屠隆于万历三十三年（1605）去世。

〔四〕本宁：李维桢，见《寄李本宁》注〔一〕。

〔五〕学卿：费元禄，字无学，一字学卿，江西铅山人，万历年间诸生，见清钱谦益《列朝诗集》丁集卷十“费秀才元禄”。

〔六〕可出此一过当悲歌也：费元禄《甲秀园集》卷四十《董嘉生》书信云：“忽枉足下手札，并致新诗，且读且叹，破仆孤闷多矣。纬真、若士两先生序自可重足下，仆无能为役。”可见，其后董嘉生确以汤显祖之序呈费元禄。

点评

汤显祖评论诗文的眼光很高，对明代诗文总体评价很低，他又不愿意违心说假话，所以极不喜为当代人作诗、古文序。其《与沈华东宪伯》曰："弟从来不能于无情之人作有情语也。"《答李乃始》曰:"实未尝数受朽人之请为朽文也。"汤显祖《玉茗堂集》"序"一体中，除家谱序、族谱序、寿序、赠行序外，为作诗文集序的有汤宾尹、刘应秋、赵邦清、邹元标、邹迪光、冯时可、李超无、丘兆麟、谢兆申、孙羽侯、王思任、帅机、罗汝芳、王廷陈、金光弼等,基本上都是师友至交。屠隆万历十一年（1583）致书订交。十五年写来长信，汤显祖"以八行报之"。二十三年秋到访遂昌，万历三十四年南京文粜堂刊本《玉茗堂集选》之屠隆序或即作于该年。三十三年屠隆去世，汤显祖作《长卿苦情寄之疡，筋骨段坏，号痛不可忍，教令阖舍念观世音，稍定，戏寄十绝》。李维桢曾为汤显祖仗义执言,汤显祖很感激。他们两人与汤显祖交往颇密，著作繁富，名气够大，很可能都向汤显祖提出过为其诗文集作序的要求，但汤显祖均未作。钱谦益《列朝诗集》丁集卷十六"邹提学迪光"云："二公（冯元成、邹迪光）晚交于余，而义仍亦有微词相闻，并及云杜（李维桢）。"是汤显祖对李维桢的文学创作确实表示过不满。写此信时，屠隆已逝，李维桢尚在，所以说"昔惭长卿，今愧本宁"。为董嘉生写的序，汤显祖说"可出此一过当悲歌"，但《玉茗堂集》也未予收录。

答袁中郎铨部〔一〕

巨源、浚冲〔二〕，并是竹林中人〔三〕。山公一婴世业，甄叙才品〔四〕，故多启事〔五〕。王公门调户选而已〔六〕。总之，因循时变，成其局段〔七〕。中郎今日固可兼致。况乘通运，必无滞材。弟于吏部交游，前后得二赵君。然梦白不能出弟于久在平昌之时〔八〕，仲一不能白弟于未复平昌之后〔九〕。世间惟意义之交，多成虚幻。弟乃得萧然山中十余年，二公亦以才大难用〔一〇〕，不至作绝交书也〔一一〕。时忆长安夜雪〔一二〕。玉蟠、子声，遂为故人〔一三〕。思白拓落〔一四〕，久无闻问。时把中郎锦帆〔一五〕，案头明月珠子，的皪江靡〔一六〕。此时小修鸿征雁行〔一七〕，回忆三珠树〔一八〕，曷尽忉忉〔一九〕。

注释

〔一〕袁中郎：袁宏道，字中郎，湖广公安（今属湖北）人，万历二十年（1592）进士，官至吏部郎中，见《明史》卷二百八十八本传等。是篇当作于万历三十五年袁宏道调任吏部主事之后，万历三十八年袁宏道去世之前，时汤显祖隐居故里。

〔二〕巨源、浚冲：指晋山涛（字巨源）、王戎（字浚冲），均为“竹林七贤”中人。下文山公、王公亦指山涛、王戎。

〔三〕竹林中人：即所谓“竹林七贤”。三国魏正始年间（240—249），嵇康、阮籍、山涛、向秀、刘伶、王戎及阮咸七人，常在竹林之下喝酒纵歌，肆意酣畅，世谓“七贤”。“竹林”或以佛教竹林精舍而得名，参见《柬长卿》注〔二〕。

〔四〕婴：接触，缠绕。世业：世俗的公务。山涛魏末累迁至尚书吏部郎，西晋建立后历任吏部尚书等职。才品：才能、品等。魏黄初元年（220），曹丕接受尚书令陈群的建议，实行九品中正制。各州郡分别推选大中正一人，另选小中正，负责将所属地区的人才评为九等：上上、上中、上下、中上、中中、中下、下上、下中、下下，供选拔官员时参考。这一制度两晋南北朝时期一直延续。

〔五〕启事：晋武帝时，山涛任吏部尚书，凡甄拔人物，各有品题，称为“山公启事”。

〔六〕门调户选：晋惠帝时，王戎任尚书左仆射，兼管吏部，设立甲午制，让所选者先任职一段时间，称职则正式任命，不称职即撤换。实际上当时任官主要看门第，“上品无寒门，下品无庶族”。此言王戎掌管官员任命，也不过按门户而已。

〔七〕局段：计谋，手段。

〔八〕梦白：赵南星，见《答邹大泽》注〔三〕。

〔九〕仲一：赵邦清，见《答真宁赵仲一》注〔一〕。

〔一〇〕二公亦以才大难用：赵南星任吏部考功郎中，万历二十一年（1593）三月以京察事忤执政王锡爵，削籍为民，直到天启元年（1621），才复出任太常寺少卿。赵邦清万历三十年因遭弹劾，革职为民。

〔一一〕绝交书：山涛曾推荐其好友、"竹林七贤"中的嵇康来洛阳做官，嵇康作《与山巨源绝交书》回绝其意。

〔一二〕长安夜雪：《寄袁石浦太史》一文中亦有对此次相聚情景的怀念，可参阅。

〔一三〕玉蟠：袁宗道，见《寄袁石浦太史》注〔一〕。子声：王一鸣，见《寄袁石浦太史》注〔五〕。袁宗道万历二十八年（1600）卒。王一鸣万历二十四年卒。

〔一四〕思白：董其昌，见《寄董思白》注〔一〕。落拓：指仕途不得志。万历二十七年（1599）春，董其昌离京还乡养病，直到泰昌元年（1620），神宗驾崩，光宗即位，才启用董其昌为太常少卿，掌国子司业。

〔一五〕锦帆：袁宏道一诗文集名《锦帆集》。

〔一六〕的皪：鲜明，明亮。江靡：江边。司马相如《上林赋》："明月珠子，的皪江靡。"

〔一七〕小修：袁中道，字小修，湖广公安（今属湖北）人，万历四十四年（1616）进士，官至南京吏部郎中，见《明史》卷二百八十八本传等。鸿征：指此时袁中道尚在求取功名的路途上。雁行：祝愿袁中道随着两位兄长科举高中。

〔一八〕三珠树：宋人对唐初王勔、王勮、王勃兄弟三人的赞美。此处即指袁宗道、袁宏道、袁中道兄弟三人。

〔一九〕忉忉：思念的样子。《诗经·齐风·甫田》："无思远人，劳心忉忉。"

点评

袁宏道万历三十四年（1606）赴京补礼部仪制司主事，三十五年十二月调任吏部主事，三十六年升员外郎，万历三十七年升吏部验封司郎中，三十八年告归，九月卒。袁宏道调任吏部后来信，汤显祖回信，就谈了吏部选官之事。此信透露了一个事实，汤显祖原来交了两个在吏部任职的朋友，都没有给他帮上忙主持公道。汤显祖在遂昌超期任职，赵南星未能帮助他调离；汤显祖万历二十六年告归后，不曾返遂昌任职，不应该参加万历二十九年的大计，赵邦清未能替他辩白。汤显祖在很多场合都说朋友们如何帮他，实际上深感失望，以至发出"世间惟意义之交，多成虚幻"的感叹。甚至说只是因为他们两人后来也被削职为民，彼此之间才没有"绝交"。人间所谓朋友情谊，不过如此。

与陆景邺〔一〕

仆少读西山《正宗》〔二〕，因好为古文、诗，未知其法。弱冠〔三〕，始读《文选》〔四〕。辄以六朝情寄声色为好，亦无从受其法也。规模步趋，久而思路若有通焉。

年已三十四十矣。前以数不第〔五〕,展转顿挫,气力已减,乃求为南署郎〔六〕,得稍读二氏之书,从方外游〔七〕。因取六大家文更读之〔八〕,宋文则汉文也。气骨代降,而精气满劲。行其法而通其机,一也。则益好而规模步趋之,思路益若有通焉。亦已五十矣。学道无成,而学为文。学文无成,而学诗赋。学诗赋无成,而学小词〔九〕。学小词无成,且转而学道。犹未能忘情于所习也。思顾彦升托契之咏〔一〇〕,子美同游之思〔一一〕,谓四方之大,必有旷然此路,精其法而深其机者。庶几及老而得窥其制作,发鄙质所未逮,则亦足以满志而无恨矣。既自俛循〔一二〕,孟子论友乡国之士,裁得以乡国士相友,或未敢与论天下之士,论诗书行事也〔一三〕。仆即有所通,其乡而已耳。偶一愦愦,欲出于其乡,承下风于四方之殊才。而疵贱已久〔一四〕,羸蹶日增〔一五〕。行路之难〔一六〕,今世为甚。安得四出而望见其人,其人又安肯坐而为某来者?

日者忽拜良书,大雅之辱〔一七〕,烂焉千言。大抵引重弥至〔一八〕。猝而受之〔一九〕,面泚发赤〔二〇〕。已复惊喜自疑,岂天下士亦可以一乡之士友耶?游未能出其乡,而天下士乃肯为我先而至,古诚有之,何以得此于今也!

把玩数四，乃始知陆君盖有意乎古人，非今人之为文而已者。《诗》不云乎：“乐彼有檀，其下维榖。他山之石，可以攻玉。”〔二一〕夫檀之可乐，得榖其下，以丛翠焉，榖之愿也。玉在受攻，得他山而错焉，亦玉之所不辞也。仆其榖与石乎？乐能于仆，而治不能于门下，何也。

书所谕为文之善与病，盖已精其法而深其机者。谈文字之病，非于有余，而于不足。地有所不足，在其东南；天有所不足，在其西北〔二二〕。天地有然，而况人乎！病而阴，不足于阳；病而阳，不足于阴。亦其势然也。古文赋，秦西汉而下，率以不足病，无有余者。诗，唐四杰、子美而外〔二三〕，亦无有余。从其不足而足焉，斯已几矣。宗元之论为文〔二四〕，子瞻之《说稼》〔二五〕，裁以求其足而止〔二六〕。至于文之质，生而已成。虎豹之皮，虹霞之色，不借质于犬羊霾曀必矣〔二七〕。陆君体能文之质，了然于后人之所不足，必旷然于前人之所有余。其为美檀之可乐，而攻玉之有成也已谂〔二八〕。倘得时窥制作，以发衰羸之思，幸矣。他日更有请也。

注释

〔一〕陆景邺：陆梦龙，字君启，号景邺，浙江会稽人，万历三十八年（1610）进士，官至广东按察使，见清张廷玉《明史》卷二百四十一本传等。是篇作于万历三十六年，时汤显祖隐居故里，年五十九。

〔二〕西山：指宋代理学家真德秀，世称“西山先生”。《正宗》：指真德秀所编文学总集《文章正宗》，该书凡二十卷、续集二十卷，分“辞令”“议论”“叙事”“诗歌”四类，收《左传》《国语》以下至北宋作品，强调义理，为明清两代举子必读书之一。

〔三〕弱冠：中国古代以男子二十岁为成人，初加冠。因体犹未壮，故称弱冠。

〔四〕《文选》：南朝梁萧统所编诗文总集，凡三十卷，分三十七小类，收先秦至梁代作品。

〔五〕数不第：汤显祖隆庆四年（1570）乡试中举后，于隆庆五年、万历二年（1574）、万历五年、万历八年四次参加会试，均落第。

〔六〕求为南署郎：指万历十二年（1584）至十九年任南京太常寺博士、南京詹事府主簿、南京礼部祠祭司主事。

〔七〕二氏：佛、道。方外：世外，世俗之外，亦指佛、道。

〔八〕六大家：指唐宋八大家。明初朱右选《六先生文集》，并三苏为一家，实际是“八先生文集”。此处或指其中宋代六家，即欧阳修、曾巩、王安石、苏洵、苏轼、苏辙。

〔九〕小词：本指词，这里兼指词曲，主要指戏曲。宋胡仔《苕溪渔隐丛话》前集卷四十二：“《王直方诗话》云：‘东坡尝以所作小词示无咎、文潜，曰：何如少游？二人皆对云：

少游诗似小词，先生小词似诗。'”

〔一〇〕思顾：思念。彦升：指南朝梁文学家任昉，字彦升。托契：彼此信赖投合。托契之咏：任昉《赠王僧孺诗》：“惟子见知，惟余知子。观行视言，要终犹始。敬之重之，如兰如芷。形应影随，曩行今止。百行之首，立人斯著。子之有之，谁毁谁誉。修名既立，老至何遽。谁其执鞭，吾为子御。”见《梁书·王僧孺传》。

〔一一〕子美：唐代诗人杜甫，字子美。同游之思：杜甫《江上值水如海势聊短述》：“为人性僻耽佳句，语不惊人死不休。老去诗篇浑漫兴，春来花鸟莫深愁。新添水槛供垂钓，故着浮槎替入舟。焉得思如陶谢手，令渠述作与同游。”

〔一二〕俛：同“俯”。循：寻绎，思索。

〔一三〕孟子论友乡国之士……论诗书行事也：《孟子·万章下》：“孟子谓万章曰：‘一乡之善士斯友一乡之善士，一国之善士斯友一国之善士，天下之善士斯友天下之善士。以友天下之善士为未足，又尚论古之人。颂其诗，读其书，不知其人，可乎？是以知人论世也。是尚友也。'”

〔一四〕疵（cī）贱：有毛病，卑贱。

〔一五〕羸（léi）蹶：瘦弱、跌倒。

〔一六〕行路之难：古乐府杂曲歌辞名有《行路难》。

〔一七〕辱：承蒙，此为谦辞。

〔一八〕引重：推重。弥至：备至。

〔一九〕猝：突然。

〔二〇〕泚（cǐ）：出汗。

〔二一〕乐彼有檀，其下维榖。他山之石，可以攻玉：《诗经·小雅·鹤鸣》："乐彼之园，爰有树檀，其下维榖。他山之石，可以攻玉。"

〔二二〕地有所不足，在其东南；天有所不足，在其西北：《列子·汤问》："昔者，女娲氏练五色石以补其阙。其后，共工氏与颛顼争为帝，怒而触不周之山。折天柱，绝地维。故天倾西北，日月星辰就焉；地不满东南，故百川水潦归焉。"

〔二三〕唐四杰：即初唐诗人王勃、杨炯、卢照邻、骆宾王，合称"初唐四杰"。子美：杜甫，字子美。

〔二四〕宗元：唐代文学家柳宗元。柳宗元积极提倡古文写作，与韩愈并称"韩柳"。主张"文以明道"，论为文之作有《答吴武陵论〈非国语〉书》《与友人论为文书》《答韦中立论师道书》等。

〔二五〕子瞻：指宋代文学家苏轼，字子瞻。说稼：苏轼有《稼说》一篇，该文以种庄稼事作比，阐发治学修业的道理。

〔二六〕裁：才。

〔二七〕虎豹之皮，虹霞之色，不借质于犬羊霾曀必矣：虎豹之皮自有文饰，不必借犬羊之皮的文饰。彩虹霞光自有其色彩，不必借雾霾暗云的色彩。霾曀：蔽天的灰尘或云翳。

〔二八〕谂（shěn）：同"审"，知道。

点评

汤显祖的文学观念与复古派相反，与公安派、竟陵派相近，但有所不同。万历中后期，后七子复古派声势犹盛，公安派、竟陵派相继兴起，处于其间的汤显祖实际上相对边缘化。已进入垂暮之年的他，不禁觉得寂寞。这时有一些后辈来向他请教，对他表示推崇敬仰，他感到很大安慰。这封信比较完整地回顾了自己从事文学创作的经历，是考察其文学思想和创作风格变化的重要资料。他自言是学道、学文、学诗赋均不成之后，才学“小词”即戏曲，这表明他从事戏曲创作，是经过长期探索后做出的一种选择，反映了他对各种雅俗文体前途的思考。当然，他说自己最后又转而学道了，这也是事实。他晚年确实主要在考虑人性与命运、生与死之类的问题。汤显祖对诗文的评价眼光极高，认为古文赋自秦汉以下，诗自杜甫以下，都病于“不足”。所谓“不足”，应是指见解不够高深、感情不够深长。

答费学卿〔一〕

春雪淋漓，拥炉微笑。而良书适来，亹亹千言，推奖过至〔二〕。忆仆幼从徐子弼先生游〔三〕，而辱忘年于惟审〔四〕，因能研弄模写，长便习之。弱冠过敬亭〔五〕，梅禹金见赏〔六〕，谓文赋可通于时，律多累气。因学为律，粗以纪游历，寄赠言怀，无与北地诸君接逐之意〔七〕。北地诸君，亦何足接逐也。寄示二词，绵丽可爱。制义典雅圆昶〔八〕，小有异同，知不为讶也。公子翩翩〔九〕，十舍而遥〔一〇〕，无缘一携手，如何？

注释

〔一〕费学卿：费元禄，见《答董嘉生》注〔五〕。汤显祖另有《寄问费学卿》诗（《汤显祖诗文集》卷十八）等。

〔二〕亹亹（wěi）千言，推奖过至：费元禄《甲秀园集》卷三十七《汤若士先生》："纬真而后，兼总诗文，树千古词林赤帜者，则先生真其人已。某非敢有谄于先生，《雍藻》《玉茗》诸集具在，后生可畏，来者难诬，使言之不衷，是某之欺天下后世也。"

〔三〕徐子弼：徐良傅，字子弼，江西东乡人，嘉靖十七年（1538）进士，官至吏科给事中，见《（雍正）江西通志》卷八十二本传等。汤显祖曾从其学习古文辞。汤显祖《学余园初集序》："（吾）年十五师徐子弼，二十友帅惟审，讲古今文字声歌之学。"（《汤显祖诗文集》卷三十一）

〔四〕惟审：帅机，见《寄帅惟审膳部》注〔一〕。

〔五〕敬亭：敬亭山，在今安徽省宣城市宣州区，相传为南朝齐谢朓赋诗之所。李白《独坐敬亭山》："相看两不厌，只有敬亭山。"万历四年（1576），汤显祖与沈懋学、梅鼎祚等人结识于宣城，时年二十七。参见《答管东溟》注〔六〕。

〔六〕梅禹金：梅鼎祚，见《寄梅禹金》注〔一〕。

〔七〕北地：李梦阳，见《答王澹生》注〔四〕。李梦阳为庆阳府安化县（今甘肃省庆城县）人，其地为战国秦昭王三十八年（前269）所设北地郡所在地，故人称其北地。

〔八〕制义：八股文。昶：通畅。

〔九〕公子：江西铅山费氏为科举官宦世家。费元禄之天祖费镇有四子璠、瑄、珣、玙。费瑄为成化十一年（1475）进士，官至布政使司参议。费瑄之子费完。费完之子懋中，正德十六年（1521）探花，授翰林院修撰，官至河南提学副使。费璠之子费宏，成化十三年状元，授翰林院修撰，正德年间官至户部尚书武英殿大学士，嘉靖年间成为首辅、吏部尚书谨身殿大学士。费玙之子费寀，正德六年进士，选庶吉士，嘉靖中官至少保、礼部尚书。费宏次子懋贤，嘉靖三十五年（1556）进士，选翰林院庶吉士，官至兵部郎中。费宏三子懋良，官至尚宝司卿。费宏同母弟费完。费完第五子费懋文，嘉靖举人，官临武知县。懋文弟懋谦，官南京都察院经历。费懋文之中子费尧年，嘉靖四十一年进士，官至南京太仆寺卿。费元禄即费尧年之子。翩翩：很有风度、文采的样子。《周易·泰卦》："六四：翩翩，不富以其邻，不戒以孚。"

〔一〇〕十舍：指江西铅山距临川大约三百里。古时行军以三十里为一舍。《左传·僖公二十三年》："其辟（避）君三舍。"

点评

费元禄的来信，从整个中国古代文学发展历程说起，又历数明代文学源流，以为“我明……北地开基，信阳继起，草昧驱除之功，大启佑我后人。济南、江左登坛嗣响，徐、梁、宗、吴、新安诸君子左提右挈，握牛耳之盟，黼凤麟之运”(《甲秀园集》卷三十七《汤若士先生》)云云，基本上是复古派的论调。然后说到屠隆，再说到汤显祖，认为他们相继为文坛领袖。汤显祖对复古派并不认可，对屠隆也颇有微词。费元禄说的这一番话，与汤显祖内心想法可谓南辕北辙。汤显祖鉴于费元禄是世家子弟，年轻好学，对自己又推崇备至，所以客气回信。但也明确地告诉他，自己与李梦阳等复古派不是一路。

与喻叔虞〔一〕

见贤昆季俱琅琅〔二〕，如见松高〔三〕。生在外最为吴越诸少所爱，归来十载〔四〕，始见叔虞爱我。叔虞有意成诗乎。学律诗必从古体始乃成，从律起终为山人律诗耳〔五〕。学古诗必从汉魏来，学唐人古诗，终成山人古诗耳。叔虞力尚可为，如生老矣，尚能商量此道，恃爱言之〔六〕，并以示我同好。

注释

〔一〕喻叔虞：喻应益，字叔虞，江西新建人，布衣，见《(同治)南昌府志》卷四十四本传等。汤显祖另有《玉兰轩送喻叔虞薄游岭南四首》诗(《汤显祖诗文集》卷十九)等。是篇当作于万历三十六年(1608)，时汤显祖隐居故里，年五十九。

〔二〕昆季：兄弟。长为昆，幼为季。这里指喻应益及其兄喻应夔。喻应夔字宣仲，江西新建人，由贡生官兴山知县，见《(同治)南昌府志》卷四十四本传等。琅琅：形容人品坚贞，高洁。

〔三〕松高：同"崧高"，高大的山。《诗经·大雅·崧高》："崧高维岳，骏极于天。"

〔四〕归来：指万历二十六年(1598)汤显祖向吏部告长假还乡。

〔五〕古体：古体诗，有四言、五言、七言、杂言等形式，不要求对仗，平仄、用韵均比较自由。

〔六〕恃爱：仗人之爱，书信中常用之谦辞。

点评

汤显祖在这封信中说："学律诗必从古体始乃成，从律起终为山人律诗耳。学古诗必从汉魏来，学唐人古诗，终成山人古诗耳。"这种观点与复古派的主张比较接近。如复古派前七子的领袖李梦阳就说过："三代以下，汉魏最近古。"(《空同集》卷六十二

《与徐氏论文书》）何景明说："学歌行近体，有取于（李白、杜甫）二家，旁及初、盛唐诸人，而古作必从汉、魏求之。"（《大复集》卷三十四《海叟诗序》）公安派的领袖人物袁宏道倡导"独抒性灵，不拘格套"（《叙小修诗》）。但到公安派后期，其弟袁中道也说："文法秦汉，古诗法汉魏，近体法盛唐，此词家三尺也。"（《珂雪斋集自序》）学诗必须打好基础，知其源流，学习典范。如果从末流学起，则只能成末流之末流。其实学语言、学音乐等，莫不皆然。复古派的主张原本不错。他们之所以成就有限，弊端严重，首先是他们学的方式比较死板，流入模拟。更重要的原因，正如汤显祖所说，是诗词文赋这种文体已经丧失生命力。

答凌初成〔一〕

不佞生非吴越通，智意短陋，加以举业之耗，道学之牵，不得一意横绝流畅于文赋律吕之事〔二〕。独以单慧涉猎，妄意诵记操作。层积有窥，如暗中索路，闯入堂序〔三〕，忽然溜光得自转折〔四〕，始知上自葛天〔五〕，下至胡元〔六〕，皆是歌曲。曲者，句字转声而已。葛天短而胡元长，时势使然。

总之，偶方奇圆，节数随异。四六之言，二字而节，五言三，七言四，歌诗者自然而然。乃至唱曲，三言四言，一字一节，故为缓音，以舒上下长句，使然而自然也。独想休文声病浮切〔七〕，发乎旷聪〔八〕，伯琦四声无入〔九〕，通乎朔响〔一〇〕。安诗填词，率履无越〔一一〕。不佞少而习之，衰而未融。乃辱足下流赏，重以大制五种，缓隐浓淡，大合家门。至于才情，烂熳陆离〔一二〕，叹时道古，可笑可悲，定时名手。

不佞《牡丹亭记》，大受吕玉绳改窜〔一三〕，云便吴歌〔一四〕。不佞哑然笑曰，昔有人嫌摩诘之冬景芭蕉〔一五〕，割蕉加梅，冬则冬矣，然非王摩诘冬景也。其中骀荡淫夷〔一六〕，转在笔墨之外耳。若夫北地之于文〔一七〕，犹新都之于曲〔一八〕。余子何道哉。

注释

〔一〕凌初成：凌濛初，字玄房，号初成，浙江乌程人，以副贡为上海县丞，官至徐州通判，见《(乾隆)乌程通志》卷六本传等。凌濛初是明代著名通俗文学家、出版家，编有《初刻拍案惊奇》《二刻拍案惊奇》等。是篇约作于万历三十六年(1608)，时汤显祖隐居故里，年五十九。

〔二〕律吕：古代校正乐律的器具，后用来代指乐律、音律。

〔三〕堂序：正厅。

〔四〕溜光：从缝隙中溜进的一缕光线。

〔五〕葛天：即葛天氏，传说中的远古帝名。《吕氏春秋》:

"昔葛天氏之乐，三人操牛尾，投足以歌八阕。"《史记·司马相如列传》:"奏陶唐氏之舞，听葛天氏之歌。"

〔六〕胡元：即指元代，"胡元"为蔑称。

〔七〕休文：南朝梁文学家沈约，字休文。声病：沈约、谢朓等人强调诗歌的声韵、格律，主张"四声""八病"之说。"四声"即平、上、去、入，"八病"指作诗在声律上应当避忌的八种弊病。浮切：指音韵的轻、重声。一说"浮"即平声，"切"即仄声。《宋书·谢灵运传》:"若前有浮声，则后须切响。"

〔八〕旷：指师旷，春秋时期晋国宫廷乐师，精通音律，目盲。聪：听觉。

〔九〕伯琦：指元代文字学家周伯琦。四声无入：即将"四声"中的入声字分别纳入平、上、去三声之中。按"入派三声"实为元周德清《中原音韵》之成果。

〔一〇〕朔：北方。《中原音韵》反映了当时覆盖面积很大的一派北方方言的实际。

〔一一〕率履：遵循法度。

〔一二〕烂熳：同"烂漫"，光彩四射。陆离：色彩绚丽。

〔一三〕吕玉绳：吕胤昌，见《答吕姜山》注〔一〕。

〔一四〕不佞《牡丹亭记》……云便吴歌:《与宜伶罗章二》亦论及吕氏改本《牡丹亭》，可参阅。

〔一五〕摩诘：唐代诗人王维，字摩诘。冬景芭蕉：指王维画作《雪中芭蕉》。

〔一六〕淫夷：恣意发挥。

〔一七〕北地：指李梦阳，见《答王澹生》注〔四〕。

〔一八〕新都：杨慎，字用修，四川新都人，正德六年（1511）状元，官翰林修撰。杨慎是明代著名文学家，“明世记诵之博，著作之富，推慎为第一。诗文外，杂著至一百余种，并行于世”。（《明史·杨慎传》）

点评

吴越地区的戏曲家们很推崇汤显祖戏曲作品的才情，但总认为它们不合音律，不便演唱。吕胤昌、冯梦龙等还动手修改汤显祖的《牡丹亭》。汤显祖对此非常不满。他在此信中表达了关于音律问题的基本见解。他认为，自古以来的诗词歌赋和曲等，其实都是歌唱，都有自然的声调、韵律和节奏之美。南朝梁沈约等发现汉字有四声之别，因而摸索出一套平仄相间、低昂互节的规则，这对已不能歌唱的诗歌寻求音韵节奏之美，是有益的。但后世讨论诗、词、曲的声律规则的人，为了遵守规则而遵守规则，为了遵守人为制定的规则，反而不注意甚至违背语言、音乐本身的声调、韵律和节奏之美，那就是本末倒置了。复古派的领袖李梦阳论诗之声律，著名文学家杨慎论戏曲之声律，以及吴越戏曲家们强调戏曲之声律，都是犯了这一根本错误。汤显祖目高千古，他的这一观点属于探本之论。他对李梦阳、杨慎、吴越戏曲家的批评，洞中肯綮。

与丁长孺〔一〕

弟传奇多梦语，那堪与兄醒眼人着目。兄今知命〔二〕，天下事知之而已，命之而已。弟今耳顺〔三〕，天下事耳之而已，顺之而已。吾辈得白头为佳〔四〕，无须过量。长兴饶山水，盘阿寤言〔五〕，绰有余思。视今闭门作阁部，不得去，不得死〔六〕，何如也。

注释

〔一〕丁长孺：丁元荐，字长孺，浙江长兴人，万历十四年（1586）进士，官至尚宝少卿，见清张廷玉《明史》卷二百三十六本传等。丁元荐为顾宪成门人。是篇作于万历三十七年，时丁元荐家居，汤显祖隐居故里，年六十。

〔二〕知命：五十岁。《论语·为政》："五十而知天命。"

〔三〕耳顺：六十岁。《论语·为政》："六十而耳顺。"

〔四〕得白头为佳：意为能活到六七十岁就好，不要早死，也不必活到耄耋之年，头发变黄。

〔五〕盘阿：避世隐居之处。寤言：此处指醒后说话而无人答应。均典出《诗经·卫风·考槃》："考槃在涧，硕人之宽。独寐寤言，永矢弗谖"，"考槃在阿，硕人之薖。独寐寤歌，永矢弗过"。

〔六〕闭门作阁部，不得去，不得死：此或指时任吏部尚书、内阁大学士王锡爵。据《明神宗实录》，万历三十六年（1608），“王锡爵固称身病、子病，五疏辞召，不允”。万历三十八年王锡爵去世。

点评

汤显祖是一个语言天才，人们说了千万遍的话，他还能说出新的样式和意义。此信由“五十知天命”，转换出“知之而已”、“命之而已”，再带出“耳之而已”“顺之而已”。孔子的原话是一种很平静的表述，汤显祖所说的“知之”“命之”“耳之”“顺之”，则包含无可奈何而又不屑的意味，确实有一定新意，能给人以启发。汤显祖写八股文也好，写其他文章也好，特别善于递进和转折。有时是以意进、转；有时是以语进、转，顺带带出意义的进或转。末尾对王锡爵的嘲讽，算是出了一口气。

与门人叶时阳〔一〕

生去平昌十余年，初无所觊〔二〕。儿子又鲜一达者〔三〕。乃为生绘像立祠〔四〕，此是贵乡笃谊〔五〕。如生薄德，何以承之。然生在平昌四年〔六〕，未尝拘一妇人，非有学舍城垣公费，未尝取一赎金〔七〕。此又可质之父老子弟而无择言者也。庚桑之社〔八〕，或以是耳。时阳积学苦志，宜便发去[九]。令子文理近益𢌿否[一〇]？旦夕为平昌祝者，黄槐丹桂间多得一二人[一一]，正不必皆临川桃李也[一二]。

注释

〔一〕叶时阳：叶梧，见《答黄贞父》注〔二〕。是篇当作于万历三十六年（1608）左右，时汤显祖隐居故里。

〔二〕去：离开。平昌：即遂昌，见《上马映台先生》注〔五〕。觊：企图。

〔三〕鲜：少。达：显达。

〔四〕绘像立祠：万历三十六年（1608），遂昌士民为汤显祖立生祠，并派遣画师前来为汤显祖画像。可参阅汤显祖《十年后，平昌士民赍发徐画师来画像以祠，遣之四首》诗、《谢郑辂思郡伯为作相圃生祠画像记》（《汤显祖诗文集》卷十六、卷四十七）等。

〔五〕笃：忠实、厚实。

〔六〕生在平昌四年：汤显祖于万历二十一年（1593）移官遂昌知县，万历二十六年告长假还乡，故当为五年。

〔七〕城垣：城墙。赎金：打官司时被罚交的钱财。

〔八〕庚桑：指老子弟子庚桑楚。庚桑楚居畏垒之山，无为而治，居三年，畏垒大丰收，其民为庚桑楚建立宗庙。《庄子·庚桑楚》："老聃之役有庚桑楚者，偏得老聃之道，以北居畏垒之山……居三年，畏垒大穰。畏垒之民相与言曰：'……

子胡不相与尸而祝之，社而稷之乎？'”

〔九〕发：发科，明清人称科举考试考中为发科。

〔一〇〕益：更加。鬯：同“畅”。

〔一一〕黄槐丹桂间多得一二人：谓科举及第。槐花黄时正是中国古代举子准备科举考试的时节。李淖《秦中岁时记》：“进士下第，当年七月复献新文，求拔解，曰：‘槐花黄，举子忙。’”科举中第称为折桂。冯道《赠窦十》：“灵椿一株老，丹桂五枝芳。”

〔一二〕临川桃李：指汤显祖在家乡临川的学生。桃李：《韩诗外传》卷七：“夫春树桃李，夏得阴其下，秋得食其实。”后遂以“桃李”比喻栽培的后辈和所教的门生。

点评

汤显祖在遂昌任职时虽不安心，不甘心，但是很尽心，把遂昌治理得很好。这一方面是因为汤显祖有高尚品德，廉洁奉公，关心平民，不畏豪强，另一方面是因为他有超强的才能，治理一个小县，真是牛刀小试。遂昌的士民懂得感恩，十年之后，为他在相圃书院立生祠，予以纪念。面对遂昌士民的一片真情，汤显祖很感动，不由得回忆起自己在遂昌的一些业绩，忍不住表白几句。汤显祖满腹才华，抱负高远，然命途坎坷，壮志未酬，一辈子唯一见诸行事的，就是任遂昌知县数年。晚年回首平生，不禁对那一段时光特别怀念。

答黄荆卿〔一〕

七年之官〔二〕，二十年之别，千里之外，能忆六十岁老人，寿之以诗〔三〕，可谓不忘之至矣。来诗云："传闻去国谭犹剧，不道为郎罢即贫。"似为悠悠者解〔四〕。夫悠悠者何足为解乎！太守苏公课赋〔五〕，见弟家淮兑米止一十二石〔六〕，问曰："国租本折相半〔七〕，公岁谷当不能满六百石〔八〕。且公为宰几何年〔九〕？"弟对曰："四年矣。"苏公叹曰："人言何足信。"弟笑而谢之。古称知己之难，世岂有达观怖死、义人要钱者耶〔一〇〕！

注释

〔一〕黄荆卿：黄道日，字荆卿，南直隶合肥（今属安徽）人，尝举于乡，擅书法，有《黄荆卿诗集》，见《(光绪)重修安徽通志》卷二百二十八本传等。汤显祖另有《三生落魄歌送黄荆卿》(《汤显祖诗文集》卷七）等。是篇作于万历三十七年（1609），时汤显祖隐居故里，年六十。

〔二〕七年之官：汤显祖万历十二年（1584）任南京太常寺博士，十六年改官南京詹事府主簿，十七年升南京礼部祠祭司主事，十九年因上《论辅臣科臣疏》贬广东徐闻典史。

在南京首尾七年。

〔三〕寿之以诗：汤显祖《得黄荆卿诗来为寿》诗云："我心长有一荆卿，宝气荧荧金斗城。更近淮南有仙药，只将诗草贺长生。"(《汤显祖诗文集》卷十六)

〔四〕悠悠者：世上的人，犹言悠悠之口。这里指造谣汤显祖当官发了财的人。《史记·孔子世家》："桀溺曰：'悠悠者天下皆是也，而谁以易之？'"

〔五〕苏公：苏宇庶，字嗣谐，号眉源，福建晋江人，万历二十年(1592)进士，曾任抚州知府，见《(雍正)江西通志》卷六十二本传等。万历三十六年，苏宇庶倡议修建文昌桥，汤显祖为其作《苏公眉源新成文昌桥碑》(《汤显祖诗文集》卷三十五)。汤显祖另有《寄苏眉源郡伯》(《汤显祖诗文集》卷四十九)等书信。课赋：征收赋税。

〔六〕淮兑米：明代赋税制度，自明成祖迁都北京后，江西、湖广、浙江民众所纳税粮，自运至淮安缴纳，兑给卫所，再由卫所军队统一由运河输送至北京或边关。后又派军队到各地相近水道边收兑。民众交粮时须同时交纳损耗，一般正粮一石，根据路程远近，加耗三斗至八斗。正粮、损耗合计，称"淮兑米"。见《明史》卷七十九《食货三》。

〔七〕国租本折相半：明代赋税制度，缴纳给国家的租赋，一半交米麦，谓之本色；一半交钱或棉布、丝绢等，谓之折色。见《明史》卷七十八《食货二》。

〔八〕公岁谷当不能满六百石：根据缴纳淮兑米的数量，

和本折色的比例，可以推断出汤显祖家一年的总收成不满六百石。

〔九〕为宰：指担任知县。春秋时期鲁国的县长官曾被称为县宰。

〔一〇〕达观：紫柏真可，见《答管东溟》注〔一四〕。万历三十一年（1603），达观因“妖书案”被人诬告下狱，被害死于狱中。万历二十八年，达观为止矿监税使等，欲往京师，汤显祖止之曰：“公之精神、才力、体貌，固不可以之长安矣。”达观笑曰：“我当断发时，已如断头。”（《汤显祖诗文集》卷二十九《滕赵仲一生祠记序》）义人：汤显祖字义仍，一作义人。这里“达观”“义人”，均是一语双关。

点评

汤显祖只作过四年多遂昌知县，算是一个实职。遂昌很贫瘠，汤显祖也很廉洁（见《与门人叶时阳》），但已有人造他的谣了，而且还出自他在临川家乡的门人（见《答沈华东》）。在这封信里，汤显祖坦率介绍了自己家中一年的收入情况。但他知道，对那些蓄意造谣的人来说，辩解没有用，因为他们总是要造谣中伤的。汤显祖斩钉截铁地说：“世岂有达观怖死、义人要钱者耶？”

寄姜守冲公子〔一〕

不佞弱冠时，庚午冬，同令先公春试同旅舍〔二〕，对窗扉而卧，先晨起者，必拊背而笑〔三〕。时王、郑二君子在焉。以后道义风期，常相切厉〔四〕。访之宣城，张青野在焉〔五〕。壬午，生赴春官〔六〕，过杭州，湖上卧雪者月余。生之制义〔七〕，并是此时所作。每一篇出，先公必为喷饭绝倒〔八〕，夸其必传。向后音徽渺焉〔九〕，古人不可见矣。怀思至今，山川旷远，莫知公子几位，贤孙几人。明德之后，必有达者。幸悉示我，以慰遥思。

先公当已祀于社〔一〇〕，诸所为铭传，饰终信后之文〔一一〕，一一寄读。诗书孝友，弘绍先业〔一二〕，自是庆门饶事〔一三〕。益为勉之。生年六十，儿辈胜衣而已〔一四〕。王、郑、张三君家世何如，亦一时共旅之怀也。悠悠江楚，睠言莫尽〔一五〕。

注释

〔一〕姜守冲：姜奇方，字孟颍，一字孟博，号守冲，湖广监利人，隆庆五年（1571）进士，官至转运使，见《（康熙）监利县志》卷九本传等。姜奇方曾任宣城知县，汤显祖作有《宣城令姜公去思记》(《汤显祖诗文集》卷三十四)。本篇是写给姜奇方儿子的信，当作于万历三十七年(1609)，时汤显祖隐居故里，年六十。

〔二〕庚午冬，同令先公春试：隆庆四年(1570)秋汤显祖中举后，于当年冬天赴京参加次年初的春试，在途中与姜奇方相遇同舍。

〔三〕拊背：轻拍肩背。

〔四〕切厉：亦作"切励"，切磋砥砺。

〔五〕张青野：湖广荆州人。汤显祖另有《别荆州张孝廉》诗："青野主人归不归，文章气骨可雄飞。"(《汤显祖诗文集》卷三)张孝廉即张青野。

〔六〕壬午：万历十年(1582)，时姜奇方任杭州同知。春官：即万历十一年春会试。

〔七〕制义：此指准备应试的八股文。

〔八〕喷饭、绝倒：均形容大笑。

〔九〕音徽：见《答余瑶圃》注〔六〕。

〔一〇〕祀于社：指入祭于祠堂。

〔一一〕饰终信后之文：去世时的祭文，和传信于后世的传记、墓志铭等。

〔一二〕绍：继承。

〔一三〕庆门：此为对别人家庭的敬称。饶事：丰饶充裕的事情。

〔一四〕胜衣：形容儿童稍长，能穿起成人的衣服。

〔一五〕睠言：同“眷言”，回顾的样子。言为词尾。

点评

汤显祖隆庆四年（1570）冬赴京参加次年春试，与姜奇方相逢于途中，一见莫逆。姜奇方次年得中进士，任宣城知县。汤显祖当年和万历二年（1574）两次春试落第，姜奇方即邀请他于万历四年初客宣城，与龙宗武、梅鼎祚、沈懋学等一起度过了一段快乐的时光。万历十年冬，汤显祖再赴次年春试，路过杭州，姜奇方已调任杭州通判，再度相聚。本信回忆了两人聚首的两个场景，非常富有镜头感，充分表达了好友之间心灵相通、不拘形迹的深厚友情，给人留下深刻印象。姜奇方曾担任张居正家子弟的老师，这里提到的张青野，可能就是张居正的幼弟张居谦，钱谦益《列朝诗集》丁集卷十二“汤遂昌显祖”条、焦循《剧说》卷二、谈迁《枣林杂俎·和集·丛赘》“汤显祖”条，都说张居正派家人到姜奇方处，物色举业优异者，与其子张嗣修等同学，沈懋学往，汤显祖不往。次年沈中状元，张嗣修中榜眼，汤显祖落第。汤显祖在这封信里提到张青野，可能是暗指这件事。盖当时姜奇方可能作过介绍，汤显祖虽拒绝，但感其好意。

与门人李超无〔一〕

初弟以僧来见，大似可人〔二〕。长发章门〔三〕，便作残僧矣。学书学剑〔四〕，拓落无成，重以交匪之嫌，致有窃铁之议〔五〕，必自反也〔六〕，又谁尤焉〔七〕。第许中丞公江东妙宰〔八〕，谳刑惟平〔九〕，来抚吾西，益留慈恕。令公系其至戚〔一〇〕，淑问乃其素风〔一一〕，但可矜疑〔一二〕，必从宽政。此时惟有痛自忏悔，尽消业缘〔一三〕。万一可回，自是神君好生之德〔一四〕。若妄拟求援，微彰怨恚〔一五〕，虽有善者，可如之何。怅矣难言，凄其曷尽。

注释

〔一〕李超无：李至清，字超无，南直隶江阴（今属江苏）人，为汤显祖门人，见清钱谦益《列朝诗集》丁集卷十二“汤遂昌显祖”条附“李生至清”传等。汤显祖另有《李超无问剑集序》（《汤显祖诗文集》卷三十一）等。是篇当作于万历三十七年（1609），时汤显祖隐居故里。

〔二〕以僧来见：汤显祖《问李生至清》：“却被倒城人笑煞，太平桥畔野僧眠。”（《汤显祖诗文集》卷十五）可人：让人感到舒心。

〔三〕长发：指李至清不再作和尚装。章门：指南昌。

〔四〕学书学剑：《史记·项羽本纪》：“项籍少时，学书，不成，去，学剑，又不成。项梁怒之。籍曰：书足以记名姓而已，剑一人敌，不足学，学万人敌。于是项梁乃教籍兵法。籍大喜，略知其意，又不肯竟学。”

〔五〕交匪之嫌：清钱谦益《列朝诗集》丁集卷十二“汤遂昌显祖”条附见“李生至清”条：“江上富人与超无有连。超无醉后唾骂富人若圈牢中养物，多藏阿堵，为大盗积耳。富人被盗，疑超无畜健儿为之。县令遣尉搜超无箧衍，书尺狼藉，所与往还，皆一时胜流。”窃𫓧：亦作“窃斧”。《列子·说符》：“人有亡𫓧者，意其邻之子。视其行步，窃𫓧也；颜色，窃𫓧也；言语，窃𫓧也；作动态度，无为而不窃𫓧也。俄而扫其谷而得其𫓧。他日复见其邻人之子，动作态度，无似窃𫓧者。”

〔六〕自反：自己反省。《孟子·离娄》：“有人于此，其待我以横逆，则君子必自反也。我必不仁也，必无礼也，此物奚宜至哉？”

〔七〕尤：怨恨。

〔八〕许中丞：许弘纲，浙江东阳人，万历三十三年（1605）至万历三十五年任江西巡抚。

〔九〕谳（yàn）：审判。

〔一〇〕令公：许达道，浙江东阳人，万历三十七年（1609）任江阴知县。至戚：最亲近的亲属。

〔一一〕淑问：善于审判。《诗经·鲁颂·泮水》：“淑问如皋陶，在泮献囚。”素风：素来的风范。

〔一二〕但：只要。矜（jīn）疑：中国古代司法用语，谓罪犯可悯，案情可疑。

〔一三〕业缘:佛教认为苦乐皆为业力而起,故称“业缘”。“业力”,谓不可抗拒的善恶报应之力。

〔一四〕万一可回,自是神君好生之德:李至清最后被害于狱中。清钱谦益《列朝诗集》丁集卷十二“汤遂昌显祖”条附见“李生至清”条:“锻炼具狱,坐超无为盗谋,曲杀之以自解。超无在狱中,飞书赋诗,唾骂县令。富人蜚语间入。令益恨且惧,令狱吏扑杀之。李生恃才横死,身填牢户,要为临川通人所共叹息。”

〔一五〕妄拟求援,微彰怨恚:妄图求援,稍微露出怨恨愤怒的情绪。汤显祖有《与常州倅陈翼愚》书信,云:“承教,李超无倘今日存战栗之余,当异日效投桃之报。江东儒侠,具感高谊,宁独不佞荣藉已哉。”(《汤显祖诗文集》卷四十八)可见汤显祖实曾为李至清寻求援助。

点评

汤显祖晚年,喜欢结交李至清、钱希言这样一些不拘礼法之士。他不仅几次接待李至清,为他写信向常州通判陈朝璋(号翼愚,临川人)求情,还为李超无《问剑集》作序(《汤显祖诗文集》卷三十一),而汤显祖是很少为人作序的,连屠隆、李维桢这些交往颇多、地位颇高、名气很大的人,汤显祖都不肯为其诗文集作序(见《答董嘉生》)。由此可见汤显祖独有的评判人物与诗文的标准和眼光。在此信中,他对李至清予以严厉斥责,而同时,又为他向人求情,都是出于真诚的关切。

与吴继疏〔一〕

仙舟溯洄从之〔二〕，竟不可得。赵仲一书〔三〕，以烦清箧〔四〕。国学孙君懋昭〔五〕，清才雅操，湖中不易得者，惟门下高眄之〔六〕。王宇泰兄学深而行朴〔七〕，宜相朝夕。彼护太仓，自是师友之情〔八〕。弟最疾夫卖恩为名者。仁丈以为何如？

注释

〔一〕吴继疏：吴仁度，字继疏，江西金溪人，万历十七年（1589）进士，官至工部左侍郎，见清张廷玉《明史》卷二百八十三本传等。是篇作于万历三十六年至万历三十八年间，时汤显祖隐居故里。

〔二〕溯：顺着水流的方向。洄：逆着水流的方向。《诗经·秦风·蒹葭》："溯洄从之，道阻且长。"

〔三〕赵仲一：赵邦清，见《答真宁赵仲一》注〔一〕。书：书信。

〔四〕以烦清箧（qiè）：麻烦装在行李箱，即委托对方转交。

〔五〕国学：国子监，此指国子监官员。孙懋昭：浙江乌程人，万历年间举人，曾任遂昌教谕，升南京国子监学正，官至楚雄知府，见《(乾隆)遂昌县志》卷五本传等。

〔六〕湖中：指浙江湖州府。高眄（miǎn）：高看，关注。

〔七〕王宇泰：王肯堂，见《答王宇泰太史》注〔一〕。

〔八〕太仓：指王锡爵。师友之情：王肯堂为万历十七年（1589）进士，选庶吉士。据《明神宗实录》，万历十七年三月，大学士申时行、许国、王锡爵等为殿试读卷官。清谈迁《国榷》“万历三十一年正月”：“丁卯，前翰林院检讨王肯堂谪海盐县丞，以善申时行、王锡爵乡戚获谴，人颇冤之。”

点评

吴仁度万历十七年（1589）中进士，授中书舍人，擢吏部主事，升考功郎中。万历三十年，吏部稽勋司郎中赵邦清被劾，吴仁度建议稍减轻对赵邦清的处罚，给事中梁有年遂劾仁度党比，吴仁度调南刑部郎中去。关于吴仁度与赵邦清的关系，还有一段小插曲。《(光绪)抚州府志》卷五十一载：“初，邦清令滕县，以廉劲称。仁度为主事时，遣家人南归，过滕，邦清不给递传，且发其箧，惟家乘（家谱之类），乃叹服。仁度不以介意，更交契，至是欲稍宽邦清罚。”看起来吴仁度、赵邦清、汤显祖都是个性鲜明的人，所以意气相投。后来吴仁度由南京礼部郎中，擢太仆少卿，进右佥都御史巡抚山西，以疾归。熹宗初，起大理卿，进兵部右侍郎，复称疾去。天启中，拜工部左侍郎。天启五年（1625），因与东林党人赵南星、杨涟等交往密切，被魏忠贤强迫退休还乡，不久卒。吴仁度似未有在湖州任职的经历。此信当作于吴仁度任职南京时，信中提到的王肯堂（金坛人）、孙懋昭（湖州人）都离南京较近，所以拜托吴仁度关照。

此信还有一个值得注意的地方。王锡爵是导致汤显祖仕途不达的关键人物。刘应秋在《与汤若士》中说："太仓（王锡爵）甚不喜兄。"万历二十九年（1601）大计，汤显祖被罢职闲住，也是王锡爵的指令起了重要作用。汤显祖《赵仲一乡行录序》载："而温中丞(纯)出故相(王锡爵)揭袖中曰:'遂昌有言,宜遂其高尚。'"（《汤显祖诗文集》卷三十）但汤显祖并不因为王肯堂是王锡爵的学生，为王锡爵说话，就对他有看法。汤显祖认为王肯堂护着自己的老师，是很正常的。为了利益出卖自己的老师，才是最可耻的行为。由此足见汤显祖是非分明，重情重义。

复汪云阳〔一〕

承谕已如教以对。弟观迩来言不忠信、行不笃敬，州里蛮貊，都不可行〔二〕，而可行于铨省之上〔三〕，名利两盛者有之，然或不可久行耶？故遂昌令辜志会〔四〕，六年冰蘖，至不能遣女〔五〕。东乡令曾遇〔六〕，去县时，士民环泣者千余人。清惠之声〔七〕，科甲中所不能多见者〔八〕。乃仅得知万州与丞廉州而已〔九〕。铨瞶瞶若此，欲吏无贿得乎？俱系贵属〔一〇〕，惟仁兄有以异之，非弟私也。

注释

〔一〕汪云阳：汪道亨，字云阳，安徽怀宁人，万历十一年（1583）进士，官至右副都御史，见清万斯同《明史》卷三百三十四本传等。汪道亨与汤显祖为同年进士。汤显祖另有《送汪云阳计部赈秦》诗、《答汪云阳大参》书信（《汤显祖诗文集》卷十、卷四十八）等。是篇当作于万历三十六年至万历三十八年，时汪道亨任广东右布政使，汤显祖隐居故里。

〔二〕蛮貊：中国古代称南北方落后部族为“蛮貊”，后亦泛指四方落后部族。《尚书·武成》：“华夏蛮貊，罔不率俾。”言不忠信、行不笃敬……都不可行。《论语·卫灵公》：“言忠信，行笃敬，虽蛮貊之邦行矣。言不忠信，行不笃敬，虽州里行乎哉？”

〔三〕铨省：选拔官吏的部门，这里指吏部。

〔四〕莘志会：福建晋江人，万历元年（1573）举人，万历二十九年至三十四年任遂昌知县，见《（雍正）浙江通志》卷一百五十七本传等。莘志会对遂昌城垣重加修葺，以为保障，汤显祖为其作《遂昌新作土城碑》（《汤显祖诗文集》卷三十五）。

〔五〕蘖（bò）：树木砍去后，从残存茎根上长出的新芽，往往味苦。冰蘖：形容寒苦而有操守。刘言史《初下东周赠孟郊》：“素坚冰蘖心，洁持保贤贞。”至不能遣女：汤显祖《遂昌新作土城碑》：“（莘志会）一意约损与民，俸薪时以治客。

衣食无所余，至不能遗子嫁女。讼明而宽，清惠声有闻千里之外。”

〔六〕曾遇：字传吾，四川富顺人，曾任江西东乡知县，见《（同治）东乡县志》卷十二本传等。

〔七〕清惠：清廉仁惠。《（同治）东乡县志》：“（曾遇）政事简易近民，宽里胥，蠲锾赎，吏不扰民，民不畏吏。”

〔八〕科甲：科举出身的人。

〔九〕知万州：后辜志会任广东万州知州。丞廉州：后曾遇任广东廉州同知。汤显祖有《送曾东乡廉州以予前谪雷阳问路答之》（《汤显祖诗文集》卷十七）等诗。

〔一〇〕俱系贵属：时汪道亨任广东布政使，万州、廉州俱在其管辖范围之内。

点评

此信首先对当时的社会上特别是官场中是非颠倒、坏人得意的情形给予猛烈抨击。有些人明明是坏人，却到处吃得开，步步高升，真如一位现代诗人说的，“卑鄙是卑鄙者的通行证，高尚是高尚者的墓志铭”。汤显祖愤愤地说，这些人将“不可久行”。与其说是汤显祖还对正义公平抱有一丝幻想，还不如说是汤显祖对这种情形深恶痛绝，怒斥他们绝没有好下场。这些人中固然有些人会翻船，但换上来的绝大多数还是这种人，永远是小人吃得开，古往今来莫不如此。接着汤显祖向汪道亨推荐了两名廉洁的官员，他们曾在临川和毗邻的东乡任职多年，现在都调任广东州县官，成为汪道亨的属下。汤显祖对他们的情况很了解，他的推荐，确实是为了主持公道。自己得意之余，能关心别人，已为难得。自己失意之极，还能关心别人的前程，更属难能可贵。

答孙俟居[一]

兄以“二梦”破梦[二]，梦竟得破耶？儿女之梦难除，尼父所以拜嘉鱼[三]，大人所以占维熊也[四]。更为兄向南海大士祝之[五]。

曲谱诸刻[六]，其论良快。久玩之，要非大了者[七]。庄子云：“彼乌知礼意。”[八]此亦安知曲意哉！其辨各曲落韵处，粗亦易了。周伯琦作《中原韵》[九]，而伯琦于伯辉、致远中无词名[一〇]。沈伯时指乐府迷[一一]，而伯时于花菴、玉林间非词手[一二]。词之为词，九调四声而已哉！且所引腔证，不云未知出何调犯何调，则云又一体又一体。彼所引曲未满十，然已如是，复何能纵观而定其字句音韵耶？

弟在此自谓知曲意者，笔懒韵落[一三]，时时有之，正不妨拗折天下人嗓子[一四]。兄达者，能信此乎。何时握兄手，听海潮音，如雷破山，砉然而笑也[一五]。

注释

〔一〕孙俟居：孙如法，字俟居，浙江余姚人，万历十一年（1583）进士，官至刑部主事，见明过庭训《本朝分省人物考》卷五十二本传等。孙如法与汤显祖为同年进士。是篇当作于万历三十八年，时汤显祖隐居故里，年六十一。

〔二〕二梦：当指汤显祖“临川四梦”中之二种。

〔三〕尼父：指孔子，此为尊称。嘉鱼：美好的鱼。拜嘉鱼：指孔子娶妻生子之事。王肃《孔子家语》：“（孔子）至十九，娶于宋之亓官氏，一岁而生伯鱼。鱼之生也，鲁昭公以鲤鱼赐孔子，荣君之贶，故因以名曰鲤，而字伯鱼。”

〔四〕大人：此处指周代占梦之官。熊：中国古代认为，梦到熊是生男孩的征兆。“大人占维熊”，典出《诗经·小雅·斯干》：“大人占之：维熊维罴，男子之祥；维虺维蛇，女子之祥。”

〔五〕南海大士：即南海观音。中国古代有向观音求子的习俗。时孙如法无子。

〔六〕曲谱诸刻：当指沈璟《南九宫十三调曲谱》，于万历三十七年（1609）刊刻。关于沈璟及“沈汤之争”，参见《答吕姜山》。

〔七〕要非：总不是，大了：真正了解、明白。

〔八〕彼乌知礼意：《庄子·大宗师》：“子贡趋而进，曰：‘敢问临尸而歌，礼乎？’二人相视而笑，曰：‘是恶知礼意。’”

〔九〕周伯琦、《中原韵》：见《答凌初成》注〔九〕。

〔一〇〕伯辉：当为“德辉”，元代杂剧散曲作家郑光祖，字德辉。致远：即元代杂剧散曲作家马致远。郑光祖、马致远与关汉卿、白朴并称“元曲四大家”。

〔一一〕沈伯时：宋代词论家沈义父，字伯时。指乐府迷：沈义父著有《乐府指迷》一卷，较为系统地论述了词的音律、技巧、风格等问题。

〔一二〕花菴：宋代词人黄昇，号玉林，又号花菴词客。玉林：疑当为“玉田”，宋代词人张炎号玉田。

〔一三〕笔懒：写作随意。韵落：落韵，出韵，不押韵。

〔一四〕拗（ǎo）：使弯曲。“拗折天下人嗓子”充分体现了汤显祖重曲辞的创作主张。沈璟则认为，创作“须教合律依腔。宁使时人不鉴赏，无使人挠喉捩嗓”（明王骥德《曲律》引）。

〔一五〕海潮音：佛教语。海潮按时而至，其音宏大，故以喻佛、菩萨应时适机说法的声音。雷破山：《庄子·大宗师》：“王倪曰：‘至人神矣！大泽焚而不能热，河汉沍而不能寒，疾雷破山、风振海而不能惊。’”砉（huā）：象声词。

点评

这也是汤显祖论戏曲音律的一篇重要文献。孙如法是越中剧作家群的一员。万历三十七年（1609），沈璟的《南九宫十三调谱》出版。孙如法像吕胤昌一样，也给汤显祖寄来了一套。汤显祖尖锐指出，吴中这些曲论家大谈戏曲的音律，但根本没有弄懂戏曲的本质和戏曲音律的本质。戏曲根本上是表达思想感情的，这才是戏曲的本质。戏曲音律的根本作用，是符合表达思想感情和流利演唱的需要，这才是戏曲音律的本质。绝不能舍本逐末，人为地设置一些音律规范，以为遵守这些规范就能创作出好的戏曲作品。沈璟等所编的一些曲谱，说是每一个曲牌都有定格，必须遵守。但每个曲牌下又列出很多的“又一体”，某调犯某调等，越说越复杂。如果戏曲作家真按这种曲谱写戏曲，几乎无所措手足。沈璟等人的戏曲创作，也不能遵守他们自己设置的这些规定。实际上宋元以来的词曲家，填词作曲，只要大致符合演唱的要求就可以了，很多地方都可以灵活处理，根本没有唯一的定格。很多曲牌之所以有那么多的“又一体”，实际上就是这种情况的反映。每个剧本交付演员演唱时，都还要“定腔”，即根据具体声腔、具体演员演唱的需要作必要处理。所以每个字的声、韵、调等都符合所谓曲律是没有意义的，有些地方不符合所谓曲律也是没有问题的。汤显祖辛辣地指出，周德清编《中原音韵》，但没有成为一流的戏曲家；沈义父编《乐府指迷》，但也不是一流的词人。这就好像后人说的，唐人不谈诗法而写出很多好诗，宋以后人写不出好诗反而大谈诗法。汤显祖见地高超，议论透彻。他对这些只知其一不知其二的所谓曲律家，已经失去了耐心，干脆对他们宣称：“弟在此自谓知曲意者，笔懒韵落，时时有之，正不妨拗折天下人嗓子。”见识不在一个频道上，再说也是枉然，汤显祖只好请他们免开尊口了。

答陆景邺〔一〕

不佞得以子墨之役〔二〕，仰赞幽光〔三〕，荣重无已。何当门下远书郑重，似非芜蹇所敢承也〔四〕。知此时入都荣选〔五〕。门下之才，自为世需。第世实需才，亦实憎才。愿时虚中以镇之〔六〕。人爱不如自爱也。

注释

〔一〕陆景邺：陆梦龙，见《与陆景邺》注〔一〕。是篇作于万历三十八年（1610），时汤显祖隐居故里，年六十一。

〔二〕子墨：汉扬雄《长杨赋》中虚构的人名，后借指文章、文辞。

〔三〕幽光：潜隐的光辉。这里应指受托为陆景邺之亲属撰写墓志铭。

〔四〕芜：芜杂。蹇：跛，差。

〔五〕入都荣选：陆梦龙于万历三十八年（1610）中进士。

〔六〕时：时时，及时。虚中：心神专注，没有杂念。《礼记·祭义》：“孝子将祭，虑事不可以不豫。比时，具物不可以不备。虚中以治之。”郑玄注：“虚中，言不兼念余事。”

点评

在这封信中，汤显祖指出了一个重要事实，“世实需才，亦实憎才”。可以说这是自古以来存在的普遍现象。国家和社会极其需要人才，从上到下也都知道人才重要，但大部分时候都存在贤愚不分甚至善恶颠倒的情况。真正的人才，往往见人所未见，发人所未发，难以为世人理解。而且一般秉性刚直，不会柔佞取容，与世人格格不入，触犯很多人的利益，因而遭到排挤和陷害。汤显祖说得好，“人爱不如自爱”，别人的理解、信任和保护都靠不住，还是自己小心谨慎为上。陆景邺赴京就选之际，朝廷里正闹得一塌糊涂，朝臣拉帮结派，势成水火，互相陷害，汤显祖的劝告，既是对历史的总结，也具有现实针对性。

答马仲良〔一〕

不佞少颇能为偶语〔二〕，长习声病之学〔三〕，因学为诗，稍进而词赋。想慕古人之为，久之亦有似者。总之，有韵之文〔四〕，可循习而似〔五〕，至于长行文字〔六〕，深极名理，博尽事势，要非浅薄敢望。昨一强为之，辄弃去，诚自知不类昔人之为也。明公过听毛伯之言〔七〕，盱衡扬眉〔八〕，谬为引饰。委以颂言，勉承嘉命，只益惭泚〔九〕，诚又自知其不类今人之为也。瑶刻大致性乎天机，情乎物际〔一〇〕。星月定于衡璇〔一一〕，风云通其律吕〔一二〕。含星吐激，自然而调。英妙如斯，过此安极。读而乐之，又不啻身为昔人矣〔一三〕。

注释

〔一〕马仲良：马之骏，字仲良，河南新野人，万历三十八年（1610）进士，官至户部主事榷浒墅关，见张岱《石匮书》卷二百七本传等。是篇当作于万历三十八年马之骏、丘兆麟中进士后。

〔二〕偶语：指讲究对偶的诗文。

〔三〕声病：见《答凌初成》注〔七〕。

〔四〕有韵之文：包括诗、赋、词、曲，以及有韵的颂、赞、箴、铭、哀、诔等。

〔五〕循习：因循，沿袭，学习。

〔六〕长行文字：指散文，与韵文相对。

〔七〕毛伯：丘兆麟，字毛伯，江西临川人，万历三十八年（1610）进士，官至兵部侍郎，见《（雍正）江西通志》卷八十二本传等。丘兆麟与马之骏为同年进士。汤显祖曾为其文集作序，称赞“如毛伯者，世之奇异人也”（《汤显祖诗文集》卷三十二《序丘毛伯稿》）。汤显祖另有《与丘毛伯》书信（《汤显祖诗文集》卷四十七）等。

〔八〕盱衡扬眉：《汉书·王莽传》：“盱衡厉色，振扬武怒。”孟康注：“眉上曰衡。盱衡，举眉扬目也。”

〔九〕泚（cǐ）：出汗。

〔一〇〕瑶刻：美好的著作。性乎天机：以天机为性，以表达自然本性为本。情乎物际：表达与物相接触产生的真情。

〔一一〕衡璇：指璇玑玉衡，是中国古代玉饰的观测天象的仪器。

〔一二〕律吕：古代校正乐律的器具，后用来代指乐律、音律。古人认为音律与大自然的风云相通。

〔一三〕不啻：不仅，何止。昔人：古人。

点评

马仲良在晚明文坛很活跃，以曾怂恿沈德符刊刻《金瓶梅》为后人所知（见沈德符《万历野获编》卷二十五）。汤显祖在这封信中谈到一个重要观点，即有格律的诗词等，可以根据格式学习，写得像那么回事。而散文没有这些格式可依凭，也就没有这些外在形式可掩盖，必须要有真知灼见，才能写出好文章。汤显祖的这一见解非常合理。现在有些人认为写旧体格律诗很难，写白话散文容易，其实大谬不然。大约汤显祖对马之骏不太熟悉，这封信写得稍显华丽夸张。

寄左沧屿〔一〕

目中如门下，零露蔓草，未足拟其清扬〔二〕，秋水霜蒹，差以慰其游遡〔三〕。鸣琴山水，太冲深招隐之情〔四〕；迟暮佳人，惠休拟碧云之咏〔五〕。倏焉别去，渺矣伊人。再觏无从〔六〕，怅伫何及。

注释

〔一〕左沧屿：左光斗，字遗直，一字共之，号浮丘，又号沧屿，南直隶桐城（今属安徽）人，万历三十五年（1607）进士，官至左佥都御史，见《明史》卷二百四十四本传等。左光斗为晚明"六君子"之一，与杨涟并称"杨、左"，因弹劾魏忠贤而遭阉党陷害死于狱中。是篇当作于万历三十九年，时左光斗道经南昌，汤显祖隐居故里。

〔二〕零露、蔓草、清扬：《诗经·郑风·野有蔓草》："野有蔓草，零露漙兮。有美一人，清扬婉兮。"

〔三〕秋水、霜蒹、游遡：《诗经·秦风·蒹葭》："蒹葭苍苍，白露为霜。所谓伊人，在水一方。溯洄从之，道阻且长。溯游从之，宛在水中央。"遡：同"溯"。

〔四〕太冲：西晋文学家左思，字太冲。鸣琴、山水：左思《招隐诗》其一："岩穴无结构，丘中有鸣琴"；"非必丝与竹，山水有清音"。

〔五〕惠休：指南朝宋诗人汤惠休。佳人、碧云：江淹《拟汤惠休》："日暮碧云合，佳人殊未来。"

〔六〕觏：遇见。

点评

连用两个《诗经》的典故，两个六朝诗人的典故，彼此对应，恰到好处。匆匆一见，汤显祖就不惜用最动情、最优美的文字来夸奖左光斗，这是不多见的。他是以明察秋毫的目光，一下子就看出左光斗是一个品格超群的人才吗？

答王宇泰[一]

丈医书说受病因缘[二]，对治本末，甚晳[三]。且引“不得为良相，为良医”语[四]。夫族医者徒工杀人之技[五]，无生人之心，以口舌为鸟喙，以白简为砒霜[六]，而曰以医国，其可乎？弟曾读东垣书序传[七]，其人孤耿慈恻[八]，隐微必敬[九]，盖有至性躬行者[一〇]。序传文字，亦精整有法度。世儒恒言汉唐宋，如元亦何能十一也[一一]。仁丈序文字殆类是。非性体行谊深敏朴至[一二]，不能为是言。弟数动江东之兴[一三]，顾堂上有二佛[一四]，日以斑斓供养[一五]。且资旅乏[一六]，不宜上岸求人，若彼前后者[一七]，何知而介介耶[一八]？弟之右武[一九]，兄之辰玉[二〇]，俱为故人[二一]。数十年弟兄情礼，知各极悲伤。焦先生不婆娑否[二二]，为弟一致声。

注释

〔一〕王宇泰：王肯堂，见《答王宇泰太史》注〔一〕。是篇当作于万历三十七年（1609）丁此吕、王衡去世之后，万历四十二年汤显祖母吴氏去世之前，时汤显祖隐居故里。

〔二〕丈：即指对方，尊称。医书：王肯堂有《证治准绳》等诸多医学著作。

〔三〕晢：同“晰”，清晰。

〔四〕不得为良相，为良医：即宋范仲淹“不为良相，愿为良医”故事。宋吴曾《能改斋漫录》卷十三“文正公愿为良医”：“范文正公微时，尝诣灵祠，求祷曰：‘他时得位相乎？’不许。复祷之曰：‘不然，愿为良医。’亦不许。既而叹曰：‘夫不能利泽生民，非大丈夫平生之志。’”

〔五〕族：类。族医者：与医生相类的人。这里指当官者。

〔六〕白简：弹劾官员的奏章。

〔七〕东垣：指金代著名医学家李杲，字明之，号东垣老人，有《脾胃论》等著作。书序传：或指元代人为李杲之书作的序及为他作的传。

〔八〕孤耿：孤行耿介。慈恻：仁慈恻隐。

〔九〕隐微必敬：在任何隐蔽微小不被人所知的情况下，也保持敬慎的态度。刘向《列女传·卫灵夫人》：“周卫蘧瑗，字伯玉。年五十，知四十九年之非。灵公与夫人南子夜坐，闻车声辚辚，至阙而止。南子曰：‘此蘧伯玉也’。公曰：‘何以知之？’南子曰：‘礼，下公门，式路马，所以广敬也。君子不以冥冥堕行。伯玉，贤大夫也，敬以事上，此其人必不以暗昧废礼。’公使问之，果伯玉也。”

〔一〇〕至性：多指天赋的卓绝品性。《后汉书·东平宪王苍传》：“陛下履有虞之至性。”躬行：亲身实践，身体力行。

〔一一〕世儒恒言汉唐宋，如元亦何能十一也：意谓现在的学者都说要学习汉唐宋的文章，其实明代的文章连元代的十分之一都达不到。

〔一二〕性体：本性。行谊：品行。

〔一三〕江东之兴：去长江以东即今江苏地区游览的兴致。

〔一四〕二佛：指汤显祖父母。

〔一五〕班斓供养：用老莱娱亲故事。《后汉书》注引《列女传》，老莱子孝养二亲，行年七十，父母觉其老，以为自己更老，将不久于人世。老莱子乃作婴儿自娱，着五采斑斓衣裳，取浆上堂跌仆，因卧地为小儿啼，或弄雏鸟于亲侧。

〔一六〕资旅乏：用于旅行的钱物缺乏。

〔一七〕若彼前后者：像前前后后去江东的人那样（求人）。

〔一八〕介介：介意。此句意谓没想到王肯堂会介意。

〔一九〕右武：丁此吕，见《答吴四明》注〔五〕。

〔二〇〕辰玉：王衡，字辰玉，江苏太仓人，王锡爵之子。万历二十九年（1601）进士，官翰林院编修，见《明史》卷二百十八等。王衡创作有《郁轮袍》《真傀儡》等杂剧。

〔二一〕俱为故人：丁此吕、王衡均于万历三十七年（1609）去世。

〔二二〕焦先生：焦竑，字弱侯，江苏江宁人，万历十七年（1589）进士，官至翰林院修撰，见《明史》卷二百八十八本传等。婆娑：此处为奔波忙碌之义。

点评

针对王肯堂来信中提到的“不为良相，便为良医”一语，汤显祖愤愤地说道，现在这些为官的人，哪里能与医生比。他们只知道以口舌、笔墨杀人，何曾有一丝活人之心？顺便由元代人为李杲之书作的序及为他写的传记，说到各代文章，认为明代人只知道推崇汉唐宋,其实明代的文章连元代的文章也不如远甚。这样，汤显祖就是对当时的政治、文章都否定了，足见他的失望郁怒之情。最后说到自己想去江东而去不了，是因为自己父母在堂，且缺乏资费，又不肯求人。实际上，资费不一定缺乏，主要是他不想求人，甚至不太想与人多打交道。

与吴本如岳伯〔一〕

昔人云，良牧所在民富〔二〕，去而见思〔三〕。初谓平平尔〔四〕，涉令去官〔五〕，始味其言。惟清惟惠，可以富民；能富其民，乃以见思。则门下之谓矣。

注释

〔一〕吴本如：吴用先，字体中，一字本如，南直隶桐城（今属安徽）人，万历二十年（1592）进士，官至都御史，见《（乾隆）江南通志》卷一百四十六本传等。岳伯：《史记·五帝纪》载尧设有四岳，主方岳之事。《礼记·王制》："千里之外设方伯。"后因以岳伯泛称封疆大吏。明人称各省布政使为岳伯。据《明神宗实录》，万历三十八年二月，升浙江按察使吴用先为本省右布政使。万历四十年十一月，升浙江右布政使吴用先为都察院右佥都御史巡抚四川。则此信作于其间。时汤显祖隐居故里，年六十余。

〔二〕牧：州郡长官。

〔三〕见思：被（民众）思念。《汉书·何武传》："其所居亦无赫赫名，去后常见思。"

〔四〕平平尔：普通一般。《世说新语·贤媛》："王右军郗夫人谓二弟司空、中郎曰：'王家见二谢倾筐倒庋，见汝辈来，平平尔，汝可无烦复往。'"

〔五〕涉令：及至让。

点评

吴用先万历二十年（1592）中进士后，任临川知县长达七年，万历二十七年始升户部主事以去。他与汤显祖关系良好，特别是汤显祖离任遂昌知县归家后的一年里，两人交往颇密。吴用先也嗜好佛教，万历二十七年初，达观禅师来临川会汤显祖，吴用先亦参与接待交流。汤显祖《为吴本如明府去思歌》云："使君去时一年与我好。"《送查虞皋参知以悼亡无子致政归余杭》诗自注："时吴体中明府荐余子弟上学者四人。"（均见《汤显祖诗文集》卷十四）汤显祖还曾为其作《送吴侯本如内征归宴世仪堂碑》(《汤显祖诗文集》卷三十五)。《(康熙)江西通志》卷二十七："吴用先……知临川，为令七年，一如寒素。奖掖人才，始终不倦。留以内典，讼者劝谕之，遂持牍去。"《(光绪)重修安徽通志》卷一百七十九："吴用先……知临川县，均赋便民，民怀其德，擢户部主事。"看来吴用先确实是一个比较清廉的官员，汤显祖对他的夸奖，不仅仅是出于个人交情。

答张梦泽〔一〕

丈书来，欲取弟长行文字以行〔二〕。弟平生学为古人文字不满百首，要不足行于世。其大致有五。

弟十七八岁时，喜为韵语，已熟骚赋、六朝之文〔三〕。然亦时为举子业所夺，心散而不精。乡举后乃工韵语〔四〕。三变而力穷〔五〕，诗赋外无追琢功，不足行一也。

我朝文字，宋学士而止〔六〕。方逊志已弱〔七〕，李梦阳而下〔八〕，至琅邪〔九〕，气力强弱巨细不同，等赝文尔〔一〇〕。弟何人，能为其真？不真不足行，二也。

又其赝者，名位颇显，而家通都要区，卿相故家求文字者道便，其文事关国体，得以冠玉欺人〔一一〕。且多藏书，纂割盈帙〔一二〕，亦借以传。弟既名位沮落〔一三〕，复住临樊僻绝之路〔一四〕。问求文字者，多邨翁、寒儒小墓铭、时义序耳〔一五〕。常自恨不得馆阁典制著记〔一六〕。余皆小文，因自颓废。不足行三也。

不得与于馆阁大记，常欲作子书自见〔一七〕。复自循省，必参极天人微窈〔一八〕，世故物情，变化无余，乃可精洞弘丽，成一家言。贫病早衰，终不能尔。时为小文，用以自嬉。不足行四也。

元以前文字，除名人外，不可多见。颇得天下郡县志读之〔一九〕，其中文字不让名人者，往往而是。然皆湮没，无能为名。名亦命也，如弟薄命，韵语自谓积精焦志〔二〇〕，行未可知。韵语行，无容兼取。不行，则故命也。故时有小文，辄不自惜，多随手散去。在者固不足行。五也。

嗟夫梦泽，仆非衰病，尚思立言。兹已矣！微君知而好我，谁令言之，谁为听之。极知知爱，无能为报，喟然长叹而已。

注释

〔一〕张梦泽：张师绎，字梦泽，南直隶武进（今属江苏）人，万历二十六年（1598）进士，官至按察使，见《（雍正）江西通志》卷六十一本传等。万历二十八年，张师绎任江西新喻知县，万历三十年以丁忧离任，汤显祖为其作《渝水明府梦泽张侯去思碑》(《汤显祖诗文集》卷三十五)。万历四十四年汤显祖去世，张师绎作《祭故祠部郎临川汤若士先生文》(《月鹿堂文集》卷八)。是篇当作于万历三十八年之后不久，时张师绎任南京国子监学正，汤显祖隐居故里。

〔二〕长行文字：指古文，与短行的诗、词、赋等相对而言。

〔三〕骚赋：《离骚》等骚体赋和汉赋。六朝：即三国吴，东晋，南朝宋、齐、梁、陈，均以南京为都，合称“六朝”。

〔四〕乡举：隆庆四年(1570)，汤显祖江西乡试中举。韵语：指诗赋等有声韵要求的作品。

〔五〕三变而力穷：汤显祖在《与陆景邺》中谈到自己从事文学创作的经历，可参看。大约早期学骚赋，然后学六朝，然后学白居易、苏轼。

〔六〕宋学士：宋濂，字景濂，浙江浦江人，官至翰林学士承旨知制诰，见《明史》卷一百二十八本传等。宋濂为明初著名文学家，曾任《元史》总裁官，被誉为明“开国文臣之首”。

〔七〕方逊志：方孝孺，字希直，又字希古，浙江宁海人，官至侍讲学士。方孝孺受学于宋濂，曾主修《明太祖实录》，有《逊志斋集》。因拒为明成祖朱棣起草登极诏令而被杀，株连十族。见清张廷玉《明史》卷一百四十一本传等。

〔八〕李梦阳：见《答王澹生》注〔四〕。

〔九〕琅邪：王世贞，见《答王澹生》注〔六〕〔一九〕。

〔一〇〕等：等同。赝（yàn）：假。

〔一一〕冠玉：冠上的美玉。《史记·陈丞相世家》："绛侯灌婴等咸谗陈平，曰：平虽美丈夫，如冠玉耳，其中未必有也。"此指有些名流的文章，表面上庄严重大，富丽堂皇，可以欺人。

〔一二〕纂：搜集、编纂。割：割裂。均指剿袭前人之作。帙（zhì）：中国古代线装书的封套。盈帙：形容数量之多。

〔一三〕沮：沮丧，失意。

〔一四〕樊：篱笆，借指边远之地。

〔一五〕邨：同"村"。墓铭：墓志铭，刻在石上埋入坟中的文字。时义：八股文。

〔一六〕馆阁：北宋设昭文馆、史馆、集贤院三馆，秘阁、龙图阁等阁，分掌图书经籍和编修国史等事务，通称"馆阁"。明清两代称翰林院为"馆阁"。典：负责。制：皇帝的命令。著：著述。记：记载。

〔一七〕子书：即中国古代图书经、史、子、集四部分类中的子部书籍，一般用于表达自己对各种事物的"一家之言"。

〔一八〕窈（yǎo）：深远。

〔一九〕郡县志：详细记载一地的地理、沿革、风俗、物产、名胜以及教育、人物、诗文、著作等方面内容的史志。其中往往收录相关的诗文。

〔二〇〕积精焦志：蓄积精气，焦劳心志，指聚精会神。

点评

张师绎来信，想收集汤显祖的古文作品，以广其传。汤显祖借此机会，反思自己一生的文学创作经历，认为自己的古文创作成就不高，有价值的作品很少。原因有五：一是自己偏重于在诗赋方面用力；二是明代文章总体成就不高，大部分文章都是模仿古人、空洞无物的假文，自己也不能例外；三是自己地位低下，没有机会写与大人物、大事件相关的大文章；四是自己想写子书，成"一家之言"，但发现做不到；五是古往今来文人，很多都有好作品，但能留名后世的很少，这是命运决定的，自己也想开了。汤显祖对自己作品的认识是清醒的。虽然在明代作家中，汤显祖的古文也有一定地位，但确实成就有限。即使他用力最多、他认为也许可传的诗赋，成就也不高。至于在当时享有重名的他的八股文，缺乏经久价值，就更不用说了。后世广为传扬的，是他的戏曲作品。此信更值得注意的地方，是他对整个明代古文做了总结，刻画当时享有盛名的文人（暗指王世贞等）猎取声誉的手法，入木三分。同时，他也表达了对文学创作以至整个写作的基本看法，那就是，文学创作也好，学术性写作也好，都必须有真情实感，有独到见解，否则就是"赝文"。

答李乃始[一]

仆年未及致仕[二]，而世弃已久。平生志意，当遂湮灭无余。独丈每见有昵仆之色[三]，每闻有赏仆之音。仆万有一中[四]，不无私念。秋柏之实，枯落为陈，偶有异人过而饫之[五]，曰：此不死之饵也，则必有采而畜之，以传其人者。而自度清羸[六]，恐一旦为秋柏之实，不能不倚丈为异人也。独自循省，为文无可不朽者。汉魏、六朝、李唐数名家[七]，能不朽者，亦或诗赋而已。仆于诗赋中，所谓万有一当，为丈不朽者，过而异之。文章不得秉朝家经制彝常之盛[八]，道旨亦为三氏原委所尽[九]，复何所厝言而言不朽[一〇]？仆极知俗情之文必朽，而时官时人，辄干之不置[一一]，有无可如何者。偶而为之，实未尝数受朽人之请为朽文也。然思之亦无复能不朽者。

比来人才未有听睹，才识如丈，年才不惑，庶其图之。仆观馆阁之文[一二]，大是以文懿德[一三]。第稍有规局[一四]，不能尽其才。久而才亦尽矣。然令作者能如国初宋龙门极其时经制彝常之盛[一五]，后此者亦莫能如其文也。习而偲之〔一六〕，道宏以远。诚知且朽，犹欲逾于莫之示而无所闻者〔一七〕。

注释

〔一〕李乃始：李光元，字乃始，号麟初（一说字麟初），江西进贤人，万历三十五年（1607）进士，选庶吉士，授编修，册封蜀藩，取道归省，乞侍养，家居七年，起原官，累官礼部右侍郎卒，见《（同治）进贤县志》卷十七本传等。是篇当作于李光元万历三十五年中进士选翰林院庶吉士之后，更有可能作于万历四十年前后李光元家居期间，时汤显祖隐居故里。

〔二〕致仕：将官位还给朝廷，指辞官退休。《礼记·曲礼上》："大夫七十而致事。"

〔三〕昵：亲近。

〔四〕万有一中：万件里有一件得当、可取。陈子昂《谏灵驾入京书》："所以敢触龙鳞，死而无恨，庶万有一中，或垂察焉。"

〔五〕异人：神奇之人。恬（tiǎn）：同"舔"。

〔六〕度：忖度，思量。清羸：清癯、瘦弱。

〔七〕李唐：即唐代。唐代皇室姓李，故称"李唐"。

〔八〕经制：治国的制度。彝常：常理，法理。

〔九〕三氏：指孔氏（孔子）、颜氏（颜渊）、孟氏（孟子）。元世祖中统二年（1261），始为孔、颜、孟三氏设置学校，称"三氏学”。又，世人一般以儒、佛、道三家并称“三氏”。

〔一〇〕厝（cuò）：措，置。

〔一一〕辄：总是。干：干犯，这里指求请。不置：不放过。

〔一二〕馆阁：指翰林院，见《答张梦泽》注〔一六〕。

〔一三〕大是：总体上是。文：装饰。懿德：美德。《诗经·大雅·烝民》：“好是懿德。”

〔一四〕第：只要。规局：规范，格局。

〔一五〕宋龙门：宋濂，见《答张梦泽》注〔六〕。

〔一六〕鬯：同“畅”，畅通，扩展。

〔一七〕莫之示：没有人可以显示。无所闻：没有人知道。

点评

此信与《答张梦泽》内容相近。到了垂暮之年，汤显祖不免回顾一生业绩。自己在政治上壮志未酬，学术上的很多计划也没有完成，比较有所成就的还是文学创作。但自己倾注了大量心血的诗词歌赋，究竟是否有价值，有什么价值，有多大价值，能否传之后世，对此汤显祖的态度是矛盾的。一方面他不想完全否定自己的这类作品，觉得自己还是花了功夫的，也与别人不一样，“未尝数受朽人之请为朽文也”。所以，当李光元来信，要收集他的文章时，他还是很感动的。但是，另一方面，他又清醒地意识到，古人把一些道理都说透了，自己的文章没有什么新见解，又没有机会进入馆阁，记录国家大事，所以“思之亦无复能不朽者”。不过，尽管如此，有人肯定自己的文章，他还是感到一丝欣慰：“诚知且朽，犹欲逾于莫之示而无所闻者。”汤显祖对自己有高度自信，他相信不是自己不聪明，也不是自己不努力，而是传统诗词文赋这种文体已经写不出新意了。连唐代可传者也不过数家而已。这既是他对自己一生文学业绩的反思总结，也是对古典诗文这种艺术形式的反思总结。

据《(同治)进贤县志》卷十七，李光元万历二十八年(1600)考中顺天乡试第二名。当时朝廷正要求考试文体简约，禁止冗长，李光元试文宏博数千言，主司击节叹赏。万历三十五年中进士后，选庶吉士，散馆授编修，参与修两朝实录，充经筵日讲官知制诰，阐论明晰，分校会试，录取的人才都很优秀。总之，他是以馆阁中能文者著称的。而汤显祖对当时馆阁之文的评价极为犀利，指出馆阁之文都用于装点赞颂朝廷的所谓美德善政，职能如此，不可能有什么真正的好文章。有才者将为其规则所限，久之连才都没了。这是真知灼见，也是对李光元的金玉良言。

答李乃始〔一〕

良书娓娓，推挹深至〔二〕，窅无俗情〔三〕。弟妄意汉唐人作者，亦不数首而传，传亦空名之寄耳。今日佹得诗赋三四十首〔四〕，行为已足〔五〕。材气不能多取。且自伤名第卑远〔六〕，绝于史氏之观〔七〕。徒蹇浅零谇〔八〕，为民间小作，亦何关人世，而必欲其传。

词家四种[九]，里巷儿童之技[一〇]，人知其乐，不知其悲。大者不传，或传其小者。制举义虽传[一一]，不可以久。皆无足为乃始道。吾望足下或他日代而张我，区区者何足为难。

虽然，乃亦有未易者。宋人刻玉叶为楮[一二]，三年而成，成无所用。然当其刻画时不三年，三年而不专其精，楮亦未可得成也。恃足下知而爱我，屑屑言之。惠诗久弊，幸更书以贻[一三]。

注释

〔一〕李乃始：李光元，见上篇注〔一〕。本篇当与上封信同时或稍后作。

〔二〕挹：通“揖”。推挹：推崇揖让。

〔三〕窅（yǎo）：深远。

〔四〕佹（guǐ）：累积。

〔五〕行为：已经是。

〔六〕名第：指科举考中的名次和官位等。

〔七〕史氏：史家，史官。此指没有进入翰林院，看不到重要文献之大观。

〔八〕蹇浅：鄙陋浅薄。《庄子·列御寇》：“敝精神乎蹇浅。”谇（suì）：责骂、议论。

〔九〕词家四种：指“临川四梦”《紫钗记》《牡丹亭》《南

柯记》《邯郸记》。

〔一〇〕里巷：街巷。

〔一一〕制举义：即八股文，见《答赵梦白》注〔六〕。

〔一二〕刻玉叶为楮（chǔ）：用玉石刻成楮树叶。《列子·说符》："宋人有为其君以玉为楮叶者，三年而成……子列子闻之，曰：'使天地之生物，三年而成一叶，则物之有叶者寡矣。'"

〔一三〕幸：希望。更书：再次书写。贻：赠。

点评

大约李光元接到上封信后，还是希望汤显祖能提供一些作品。汤显祖选了三四十篇诗赋寄给他，同时回了这封信，内容与上封信相近，还是谈自己的作品是否能传的问题。但此信提出了一种新的看法，即他预感到，自己用心最多的诗词文赋可能不传，而自己的戏曲倒可能传世，"大者不传，或传其小者"，这代表当时最杰出的文人对雅俗文体前途命运的一种认知，在中国文学史和思想文化史上具有标志性意义。他说对他的戏曲作品"人知其乐，不知其悲"，这对人们深入理解他的戏曲作品的深刻内涵，也具有重要启示意义。至于当时人特别推崇的他的八股文，他则明确地指出："制举义虽传，不可以久。"可见汤显祖对自己涉足的各种文体的意义和价值有冷静思考。最后，他又回过头来说，自己的诗词文赋虽然可能不传，但自己也是花了大量心血的。语气有点唠叨，生动反映了他对自己的这些作品的矛盾心理。

答顾泾阳〔一〕

从红泉碧硐中〔二〕，得门下手书，可谓真切之教。仆虽愚鄙，奉以周旋，无敢自外〔三〕。弟年来多病，心目愦愦〔四〕。所幸高堂健饭〔五〕，稚子知书，班斓之色〔六〕，吾伊之声〔七〕，差慰晨夕耳〔八〕。余无足为门下报者。春水吴云，徒深天际之想。

注释

〔一〕顾泾阳：顾宪成，见《与帅惟审》注〔五〕。是篇当作于万历二十六年（1598）汤显祖向吏部告长假还乡之后，万历四十年五月顾宪成去世之前，时汤显祖隐居故里。

〔二〕红泉：传说中的仙境景色之一，见汉郭宪《洞冥记》。硐：同“洞”。

〔三〕自外：自己见外，自己当外人。

〔四〕愦愦（kuì）：昏乱，糊涂。

〔五〕高堂：即父母。汤显祖母吴氏万历四十二年（1614）卒，享年八十五岁；父汤尚贤万历四十三年卒，享年八十八岁。

〔六〕班斓：同“斑斓”。此以老莱子娱亲自比。见《答王宇泰》注〔一五〕。

〔七〕吾伊之声：读书声。

〔八〕尉：同“慰”。

点评

汤显祖与东林党的政治立场基本相近，都对时任首辅申时行、王锡爵等持批评态度，在万历二十年（1592）大计外吏、二十一年京察、争立皇储、反对矿监税使等事件中态度一致。汤显祖与东林党成员的关系都比较友好。顾宪成万历二十二年因廷推阁臣触怒神宗，被削籍，此后一直居家，与弟顾允成等修复东林书院讲学。万历三十九年，总督漕运凤阳巡抚李三才被劾，顾宪成自东林书院贻书阁臣叶向高、吏部尚书孙丕扬为之力辩，议者益哗。汤显祖致书同年进士马犹龙（字梁园），谓：“泾阳兄（顾宪成）书大有义味，而细欠商量，乃致疑然并作。”顾宪成《泾皋藏稿》卷五《与汤海若》云：“不谓世局纷嚣至此，吾辈入深入密自是快事。独弟血性未除，又于千古是非从中添个话柄，岂非大痴。幸老兄一言判此公案。”顾信即就汤显祖所谓“细欠商量”而发。如汤显祖此信即为回复顾宪成此信而作，则汤显祖不再提政坛是非，只描绘自己居家的日常生活，盖汤显祖已对朝政不抱希望，与顾宪成的“血性未除”形成对照。

与岳石梁〔一〕

石梁过我，风雨黯然，酒频温而易寒，烛累明而似暗。二十余年昆弟道义骨肉之爱〔二〕，半宵倾尽。明日送之郡西章渡，险而汔济〔三〕，两岸相看，三顾而别〔四〕。知九月当更尽龙沙之概〔五〕。见石梁如见石帆〔六〕，终不能了我见石帆之愿也。

注释

〔一〕岳石梁：岳和声，字尔律（一说字之律），号石梁，浙江嘉兴人，岳飞十八世孙。其家族为避迫害，改姓乐。万历二十年（1592）进士，榜名“乐和声”，后复姓岳，官至右佥都御史，见《（光绪）嘉兴府志》卷五十本传等。汤显祖另有《送岳石梁仲兄西粤》诗（《汤显祖诗文集》卷十七）等。是篇当作于万历四十年，时汤显祖隐居故里，年六十三。岳和声于万历四十年二月十五日、十六日、十七日的日记中（见岳和声《餐微子集》卷二十七《后骖鸾录上》），记载了此次与汤显祖会见的经历，可参阅。（此据郑志良《汤显祖尺牍三封考释》考证，《中国典籍与文化》，2004 年第 3 期，第 98—99 页。）

〔二〕昆弟：兄弟，多用以形容亲密友爱。

〔三〕汔（qì）：将近，或许可以。济：过河。《周易·未济》：“小狐汔济，濡其尾，无攸利。”

〔四〕顾：回头看。

〔五〕龙沙：江西南昌老城西北赣江之滨有地名曰龙沙，又称“龙沙岗”，沙滩晶莹洁白。郦道元《水经注》云“赣水，又北径龙沙西，沙甚洁白……旧俗九月九日升高处也”。乐史《太平寰宇记》也记载“龙沙在州北七里一带，江沙甚白而高峻，左右居人时见龙迹”。“龙沙夕照”是豫章十景之一。或指此。

〔六〕石帆：岳元声，见《答岳石帆》注〔一〕。岳和声为岳元声之堂弟。

点评

这是汤显祖尺牍中入选各种文章选集频率最高的篇章之一。全篇以叙述为主线，以描写为主体，而以抒情为血脉，三者浑然一体。几个场景迅速切换，中间加以情景烘托点染。句式长短错落，跌宕有致，一气呵成，回肠荡气。末尾更运用他最擅长的递进、转折手法，从已足够精彩的“见石梁如见石帆”一句，翻转出“终不能了我见石帆之愿也”，堪称神来之笔。当然，此信写得悱恻动人的根本原因，还在于汤显祖真挚深永的情谊。汤显祖是个感情极为丰富深挚的人，观其写杜丽娘之情可知。正因为他对人对事用情过深，所以他容易受到伤害。他对自己寄情极深的一些朋友缺乏真情是失望的。因此他又特别谨慎，克制自己的情感，担心受到欺骗和伤害。但一旦自然流露，就一往而深。

答岳石帆〔一〕

兄书，谓弟不知何以辄为世疑。正以疑处有佳。若都为人所了，趣义何云？似弟习气矫厉〔二〕，蚩蚩者故当忘言〔三〕，即世喜名好事之英，弟亦敬之，未能深附也，往往得其疑。世疑何伤，当自有不疑于行者在。

注释

〔一〕岳石帆：岳元声，字之初，号石帆，别号潜初子，浙江嘉兴人，岳飞十八世孙。其家族为避迫害，改姓乐。万历十一年（1583）进士，榜名“乐元声”，后复姓岳，岳和声之堂兄，先后任南直隶旌德知县、北京大名府教授，官至南京兵部侍郎，见清查继佐《罪惟录》列传卷十三下本传等。岳元声与汤显祖为同年进士。汤显祖另有《寄岳石帆》诗、《与岳石帆》书信（(《汤显祖诗文集》卷十三、卷四十八）等。

〔二〕矫厉：高昂，激越。

〔三〕蚩蚩：敦厚的样子。一说无知的样子。《诗经·卫风·氓》：“氓之蚩蚩，抱布贸丝。”

点评

嘉兴岳氏三兄弟元声、和声（元声堂弟）、骏声（元声弟），分别于万历十一年（1583）、二十年、三十八年中进士，为官都以慷慨任气著称。岳元声是汤显祖的同年进士，来信说不理解为什么汤显祖总是被人怀疑，这当然是关心和劝告之意。汤显祖直率地回答，我与很多人本来就有所不同。世人本来就难以理解我。对那些糊里糊涂的人，我懒得与他们交流；对那些有一定能力好事喜名的人，我心里还是佩服的，但也不乐意去依附。这样世人就更不理解我，以至疑我，这很正常。正因为有这一点不同、这些疑在，我才成为我，这正是我的价值所在。世人疑我没有关系，我的实实在在的行为在那里，这是无可怀疑的。俗语曰“能受天磨真铁汉，不遭人嫉是庸才”（或谓左宗棠诗句），汤显祖此言与之相近。就写作思路而言，这封信就岳元声所谓“疑”字生发，以逆笔行之。欧阳修《朋党论》就“朋党”之说、宗臣《报刘一丈书》就所谓“孚”字生发，此文与之相似。

谢邹愚公〔一〕

与明公无半面，乃为不佞弟作传〔二〕，至勤论赞〔三〕，反复开辨，曲折顾护〔四〕，若惟恐鄙薄之不传而疵颣之不洗〔五〕。始而欣然，继之咽泣。弟何修而得此于鸿钜也〔六〕！汉人未有生而传者，唐有之，次者《种树传》最显〔七〕。技微而义大。韩、柳二公因而张之〔八〕，为世著教。弟之阅人不如承福〔九〕，通物不如橐驼〔一〇〕，雅从文行通人游，终以孤介迂蹇〔一一〕，违于大方〔一二〕。槁朽待尽，而明公采菲集榛〔一三〕，收为菀藻〔一四〕。百世珉璆〔一五〕，岂在今日。

注释

〔一〕邹愚公:邹迪光,字彦吉,号愚谷,南直隶无锡(今属江苏)人,万历二年(1574)进士,官至湖广提学副使,见《(乾隆)江南通志》卷一百六十六本传等。汤显祖曾为邹迪光《调象庵集》作序(《汤显祖诗文集》卷三十《调象庵集序》)。是篇作于万历四十年,时汤显祖隐居故里,年六十三。

〔二〕为不佞弟作传:邹迪光曾为汤显祖作《汤义仍先生传》,见其《调象庵稿》卷三十三。明沈际飞辑《玉茗堂选集》卷首亦录。汤显祖在《寄汤霍林》书信中亦谈及此事:"邹愚公未有半面,而以所闻为传以寄,感勒良深。奉览,弟未敢当此也。"(《汤显祖诗文集》卷四十五)

〔三〕论赞:附在史传后面的评语。如《史记》中的"太史公曰",即为论赞。

〔四〕顾护:回护。

〔五〕鄙薄:指自己,此为谦辞。疵纇(lèi):缺点。

〔六〕鸿钜:洪福大恩。

〔七〕《种树传》:指柳宗元《种树郭橐驼传》。下文"橐驼"即指郭橐驼。

〔八〕韩、柳二公:唐代文学家韩愈、柳宗元。

〔九〕承福:唐韩愈《圬者王承福传》中的主人公王承福。王承福在安史之乱时被征入伍,当兵十三年,放弃赐予的官勋回乡,做了三十余年泥瓦匠,去过许多富贵人家。故称"阅人不如承福"。

〔一〇〕通物不如橐驼：郭橐驼能够顺应树木的天性，使其自由茁壮地生长，故称“通物”。唐柳宗元《种树郭橐驼传》：“橐驼非能使木寿且孳也，能顺木之天以致其性焉尔。”

〔一一〕孤介：耿直，不随流俗。迂：迂执。蹇：跛，迟钝。

〔一二〕大方：见识广博或有专长的人。《庄子·秋水》：“吾非至于子之门则殆矣。吾长见笑于大方之家。”

〔一三〕菲：芜菁类植物。《诗经·邶风·谷风》：“采葑采菲，无以下体。”榛（zhēn）：落叶灌木或小乔木，结球形坚果，称“榛子”，果仁可食。又泛指丛杂的草木杂草。《诗经·周颂·旱麓》：“榛楛济济。”集榛：陆机《文赋》：“彼榛楛之勿翦，亦蒙荣于集翠。”

〔一四〕菀：植物茂盛的样子。《诗经·大雅·桑柔》：“菀彼桑柔。”藻：水草，又指很有文采的样子。《诗经·鲁颂·泮水》：“薄采其藻。”

〔一五〕珉（mín）：像玉的石头。璆（qiú）：美玉。

点评

邹迪光也算一个风雅之士。他万历二年（1574）中进士后，除工部主事，官至湖广提学副使。万历十七年解职归里，年仅四十岁。经营园林愚公谷，征歌度曲，且善画，享山林之乐三十余年，天启六年（1626）卒。他十分推重王世贞，文学观念和创作风格接近复古派，王世贞曾将其列为“四十子”之一。钱谦益《列朝诗集》丁集卷十六“邹提学迪光”条对他追随复古派主张有生动描绘。但他在汤显祖生前就为其立传，表达了对汤显祖的极端敬佩之情。

汤显祖虽稍觉突兀,但还是感其美意。作为回报,汤显祖为邹氏《调象庵集》作序。

复费文孙〔一〕

仆少于文章之道，颇亦耳剽前识〔二〕，为时文字所縻〔三〕。弱冠乃倖一举〔四〕，闭户阅经史几遍，急未能有所就。幸成进士，不能绝去杂情，理成前绪。亦以既不获在著作之庭,小文不足为也。因遂拓落为诗歌酬接〔五〕，或以自娱，亦无取世修名之意〔六〕。故王元美、陈玉叔同仕南都〔七〕，身为敬美太常官属〔八〕，不与往还。敬美唱为公宴诗〔九〕,未能仰答。虽坐才短,亦以意不在是也。

海内人士，乃稍有好仆文韵者。或以他故相好，或其智意未能远绝，因而借声。何至如门下所许，过其本情万万耶？然至士人谈此道者，欣然好之，盛欲有所禀承〔一〇〕，尝以衰病捐去〔一一〕。章门邂逅〔一二〕，得如门下英姿远意，出乎文字之外，欲相昕夕〔一三〕，顾无闲期。昔先师甚矣其衰，犹思斐然之士〔一四〕。迂愚未敢托于斯义，庶其谓之耳〔一五〕。

注释

〔一〕费文孙：费云仍，字文孙，江西铅山人，布衣，与郑仲夔、董思王并称“南屏三子”，见明郑仲夔《玉麈新谭·偶记》等。是篇作于万历四十年（1612）后不久，时汤显祖隐居故里。

〔二〕耳剽：指通过耳闻所得。前识：前人的见识。

〔三〕时文字：即时文。縻：束缚。

〔四〕弱冠乃幸一举：隆庆四年（1570）汤显祖乡试中举，时年二十一。弱冠：见《与陆景邺》注〔三〕。

〔五〕拓落：失意，落拓。

〔六〕修名：美好的名声。

〔七〕王元美：王世贞，见《答王澹生》注〔六〕。陈玉叔：陈文烛，字玉叔，湖广沔阳人，嘉靖四十四年（1565）进士，官至南京大理寺卿，见《（雍正）四川通志》卷六本传等。同仕南都：王世贞于万历十六年（1588）二月赴任南京兵部右侍郎，万历十七年升任南京刑部尚书，十八年三月请病归里，十一月卒。陈文烛于万历十八年任南京大理寺卿。

〔八〕敬美：王世懋，字敬美，南直隶太仓（今属江苏）人，王世贞之弟，嘉靖三十八年（1559）进士，官至南京太常寺少卿，见明过庭训《本朝分省人物考》卷二十四本传等。太常官属：王世懋于万历十四年（1586）任南京太常寺少卿，十五年请病归里，十六年卒。

〔九〕公宴诗：文人受公家召集聚会一起赋诗。曹植有《公宴》诗，后代文人多有作，《昭明文选》中特别标立“公宴”一类。

〔一〇〕禀承：承受。

〔一一〕捐：舍弃。

〔一二〕章门：江西南昌。

〔一三〕昕夕：朝暮。

〔一四〕昔先师甚矣其衰，犹思斐然之士：《论语·述而》：“子曰：‘甚矣吾衰也！久矣吾不复梦见周公。’”《论语·公冶长》：“吾党之小子狂简，斐然成章，不知所以裁之。”

〔一五〕庶：但愿。

点评

汤显祖在此信中再次强调，作文更难，作诗相对容易。他也再一次回忆起自己在南京任职时，恰逢复古派领袖王世贞及其弟王世懋等也来南京任职，王世懋任南京太常寺少卿，是太常寺博士汤显祖的顶头上司，他们在那里共同模拟古人之作，以为这是作诗的正道，好不热闹，汤显祖则志趣不同，不与往还。毫无疑问，汤显祖当时承受了很大压力，但也由此可以看出汤显祖的个性何等“孤峭”（清钱谦益《列朝诗集》丁集卷十六“邹提学迪光”条形容汤显祖语）。

答牛春宇中丞〔一〕

知兄已为远志〔二〕，如近事何？天下忘吾属易，吾属忘天下难也。

注释

〔一〕牛春宇：牛应元，字子仁，一字兆坤，号春宇，陕西泾阳人，万历十一年（1583）进士，官至刑部左侍郎，见《（雍正）陕西通志》卷五十七本传等。牛应元与汤显祖为同年进士。汤显祖另有《复牛春宇中丞》书信（《汤显祖诗文集》卷四十七）。是篇当作于万历四十一年，时牛应元引疾归籍，汤显祖隐居故里，年六十四。

〔二〕远志：中草药名。后人因以代指归隐。

点评

牛应元万历十一年（1583）中进士后，任光山（今属河南）知县，历升至大理寺少卿。据《（天启）赣州府志》卷八，牛应元万历三十六年至四十一年任佥都御史南赣巡抚。此信当作于牛应元请病归里后。汤显祖说出了非常沉痛的一句话："天下忘吾属易，吾属忘天下难也。"古往今来仁人志士，位卑未敢忘忧国，几乎是一种深入骨髓的信念。但世人根本不当回事。无人理睬还是要忧心世事，这是一种宿命，也是一种品格。牛应元此次家居十余年后，天启二年（1622）二月，又被起用为南京大理寺卿，不久调回北京任刑部右侍郎，再迁刑部左侍郎（《明熹宗实录》），那已经是汤显祖过世之后的事情了。

答王宇泰〔一〕

来教令仆稍委蛇郡县〔二〕，或可助三径之资〔三〕，且不致得嗔〔四〕。宇泰意良厚。第仆年来衰惯〔五〕,岁时上谒，每不能如人。且近莅吾土者，多新贵人，气方盛，意未必有所挹〔六〕。而欲以三十余年进士，六十余岁老人〔七〕，时与末流后进，鱼贯雁序于郡县之前〔八〕，却步而行〔九〕，伺色而声，诚自觉其不类。因以自远。至若应付文字，原非仆所长。必糜肉调饴〔一〇〕，作胡同中扁食〔一一〕，令市人尽鼓腹去，又窃自丑。因益以自远。其以远得嗔，仆固甘之矣。所幸鸡肋尊拳〔一二〕，长人者或为我一吷耳〔一三〕。然因是益贫。田可耕，子可教，利用安身，仆亦有以观颐也〔一四〕。赵真宁书亦语及此〔一五〕。种种情事，悦之兄能为兄详言之〔一六〕。总非楮笔能尽〔一七〕。

注释

〔一〕王宇泰：王肯堂，见《答王宇泰太史》注〔一〕。

是篇当作于万历四十一年（1613）之后，时汤显祖隐居故里。

〔二〕委蛇：顺从的样子。《庄子·应帝王》："吾与之虚而委蛇。"

〔三〕三径：隐居之处。《三辅决录·逃名》："蒋诩归乡里，荆棘塞门，舍中有三径，不出，唯求仲、羊仲从之游。"

〔四〕嗔：怪罪。

〔五〕愦（kuì）：糊涂。

〔六〕挹：谦退。

〔七〕三十余年进士，六十余岁老人：汤显祖于万历十一年（1583）春试中进士，年三十四，至今已有三十余年。

〔八〕鱼贯、雁序：像鱼群游动、雁群飞行一样，形容整齐、有秩序地行进。

〔九〕却：退。

〔一〇〕糜肉调饴：把肉切碎，用糖调馅。

〔一一〕扁食：水饺、锅贴之类。

〔一二〕鸡肋尊拳：戏谑之语，指自己身上没什么油水。《晋书·刘伶传》："尝醉与俗人相忤。其人攘袂奋拳而往。伶徐曰：'鸡肋不足以安尊拳。'其人笑而止。"

〔一三〕长人者：管理百姓的长官。吷（xuè）：吹气发出的声音，形容人不屑之状。

〔一四〕观颐：观察研究养生之道。荀勖《晋四厢乐歌》："观颐养正，降福孔偕。"

〔一五〕赵真宁：赵邦清，见《答真宁赵仲一》注〔一〕。

〔一六〕悦之兄：王悦之，南直隶金坛（今属江苏）人，为汤显祖友人。汤显祖另有《闻王悦之说阊门隐者》诗、《与王悦之》书信（《汤显祖诗文集》卷七、卷四十五）等。

〔一七〕楮：纸的代称。楮树皮是造桑皮纸和宣纸的原料。

点评

王肯堂来信劝汤显祖多与家乡现任州县官交往，一是可以得些馈赠，二是免得他们见怪。大约王肯堂也听到了汤显祖经济状况不佳和“辄为世疑”（《答岳石帆》）的信息。汤显祖解释自己为什么不愿意与现任州县官们来往，是因为这些新进趾高气扬，自己如果以平常礼节对待他们，他们会感到被冒犯；自己毕恭毕敬逢迎他们，以自己一个三十多年的老进士，六十多岁老人，实感羞辱。这里道出了古往今来老年前辈面对新进后辈的一种共同的尴尬，能引起已为老辈者的普遍共鸣。汤显祖还提到另一个“益以自远”的原因，是有些人来请汤显祖写文章，比如传记、家谱序之类，如果按照他们的希望，写成让他们满意的样子，就像调成肉末，做成扁食，符合世人的口味，那自己就感到太丑陋丢人了，所以只好远避。

汤显祖辞官家居十八年，与临川及附近州县的有些官员也有交往，如临川知县吴用先、袁世振，进贤知县黄汝亨，新喻知县张师绎，清江、广昌知县张汝霖，宜黄知县赵邦梅，江西参政姜士昌，江西按察副使薛士彦，抚州同知葛仁美，抚州、南昌知府苏宇庶等。汤显祖还曾于万历二十七年（1599）、二十八年、三十三年、三十五年、三十六年、三十七年、四十年、四十二年多次到访南昌。

可见汤显祖并不是不愿意与州县官交往。如果没有交往，多半是因为新贵们“气方盛”。比较而言，汤显祖辞官归里之初，与地方官员交往相对较多，与吴用先、黄汝亨、张师绎等关系尤为密切，因为他们对文学、佛学有共同的爱好，志趣相近。越到后来，在他的文集中出现的州县官越稀少。这也很正常，年龄差距越来越大，已不是同一代人了。

答石楚阳中丞〔一〕

弟浏览时事，常有概于卜式之谈〔二〕。县官有隐〔三〕，能者宜输力，富者宜输财。明公以文武兼资，秉钺乘障〔四〕，为国力臣。弟为世捐，便宜率妻子耕种牧畜，逐商贾什一之利〔五〕，致富赢〔六〕，灌输助边。今并以精力罢缓〔七〕，心计迕错〔八〕，无能有所垦蓄，向麾下少致升粟寸镪〔九〕，助军市牛酒万一〔一〇〕。而猥以破俸厚贻颓拓无用之人〔一一〕，此其人曾不能与牧竖同短长〔一二〕，而辄敢腼颜再饕〔一三〕，不几怙爱而顽无节度之甚者乎〔一四〕！

诵扇头报章〔一五〕，五六十明珠〔一六〕，瑟瑟然从肺肝锵激而出。必非余人所得怀袖者〔一七〕。古歌：“但得一心人，何用钱刀为。”〔一八〕原贶返璧〔一九〕，笃谊中心藏之矣。

注释

〔一〕石楚阳：石昆玉，见《寄石楚阳苏州》注〔一〕。中丞：官名，明清两代称巡抚为“中丞”。是篇当作于万历四十一年（1613）至四十三年间，时石昆玉巡抚大同，汤显祖隐居故里。

〔二〕概：同“慨”。卜式之谈：卜式为西汉人，汉武帝北击匈奴时，卜式以其家财助边，汉武帝遣使者问其所求，卜式回答说：“天子诛匈奴，愚以为贤者宜死节，有财者宜输之，如此而匈奴可灭也。”见《汉书·公孙弘卜式倪宽传》。

〔三〕县（xuán）官：天子。《史记·绛侯世家》司马贞《索隐》：“县官谓天子也。所以谓国家为县官者，《夏官》王畿内县即国都也。王者官天下，故曰县官也。”隐：伤痛，灾难。

〔四〕秉钺：持斧，借指掌握兵权。乘障：同“乘鄣”，登城守卫。

〔五〕什一之利：十分之一的利润。

〔六〕赢：有余利，获利。

〔七〕罢：同“疲”。

〔八〕迕：违背，抵触。

〔九〕镪：钱串，后多指银子或银锭。

〔一〇〕市：购买。牛酒：牛和酒，均为中国古代用作馈赠、犒劳、祭祀的物品。此指犒劳将士们的酒食。

〔一一〕猥：辱，谦辞。破俸：分俸禄。

〔一二〕曾：竟。牧竖：牧童。

〔一三〕腼（miǎn）颜：厚颜。饕：贪财。

〔一四〕怙：依靠，倚仗。节度：节制、限度。

〔一五〕扇头：扇面之上。下文"怀袖者"亦指扇子。报章：回报的书信、诗文。

〔一六〕五六十明珠：意谓石昆玉的赠诗，字字珠玑，非常精美。石昆玉《石居士漫游纪事》卷下《和汤太常若士韵奉酬见怀》："榆关南望隔烽烟，只好寒暄莫问年。愧以愚容贤在野，嫌将壮弃老行边。客嘲玄草谭尤信，人忌青莲甫独怜。安得朔风吹我返，三江相访一帆悬。"

〔一七〕必非余人所得怀袖者：意谓这样的写着精美诗文的扇子，其他人写不出来，也不会送给我。怀袖：旧题汉班婕妤《怨歌行》："裁作合欢扇，团圆似明月。出入君怀袖，动摇微风发。"

〔一八〕但得一心人，何用钱刀为：旧题汉卓文君《白头吟》："凄凄复凄凄，嫁娶不须啼。愿得一心人，白头不相离。竹竿何袅袅，鱼尾何簁簁。男儿重意气，何用钱刀为。"

〔一九〕贶（kuàng）：赠。返璧：归还。

点评

按照当时习俗，好友中一方如果没有做官，或弃官归里了，家中比较贫困，另一方正担任比较有实权的官职，那么后者都要对前者予以赒济。石昆玉正是照此办理。石昆玉是个出了名的廉洁官员，他不会贪污受贿，将来路不明的钱财送给汤显祖。但汤显祖对他的馈赠也不肯接受。他从卜式的故事说起，说自己本应像卜式那样为国家捐钱，因为无能没有做到，怎么还能接受正担负守边重任的石昆玉的钱财呢？最后，他非常巧妙地拼接旧题卓文君《白头吟》中的句子，表示真挚的友情，不需要用钱财来证明，这就使石昆玉不至于难堪。汤显祖不只是拒绝了石昆玉的馈赠。汪应蛟过去向汤显祖借过钱，担任天津巡抚后，加倍奉还，汤显祖将多余的一半退回（见《答汪登原中丞》）。这些都是汤显祖信赖的朋友，但即使是他们的馈赠，汤显祖也不肯接受，这既显示了汤显祖高洁的品格，也体现了他维护自己人格尊严的强烈自尊心。

寄张圣如鹾使〔一〕

观人者，醉之酒以观其恭，予之财以观其廉。今所试于门下者，非众醉众浊地耶〔二〕！石门之畝，夷齐比心〔三〕，门下当有道处此。积水奋飞〔四〕，未可量也。庾岭南枝〔五〕，时勤梦想。惟益坚冰雪，以候春阳〔六〕。

注释

〔一〕张圣如：或为张文熙，景州（今河北景县）人。

据《(康熙)景州志》卷一，张文熙，字灿衡，号孕白，万历四十一年(1613)进士，历任乐安、东阿知县，有惠政，各建生祠。行取御史，初巡江淮，次巡光禄，晋太仆寺卿。据《(雍正)乐安县志》卷九，张文熙万历四十二年自东阿知县调任乐安知县。《(同治)乐安县志》:“张圣如公祠在北关外。”汤显祖另有《乐安张圣如明府以廉能第一入觐喜而赠此》诗，称赞张圣如“天书得借廉平色，一遣周行见凤鸾”(《汤显祖诗文集》卷十七)。鹾使:巡盐御史。明代于两淮、两浙、长芦、河东四盐场各置巡盐御史一人。是篇当作于万历四十二年至万历四十四年，时汤显祖隐居故里。

〔二〕众醉众浊：指很多人都会在巡盐御史这个肥缺上贪污受贿。屈原《渔父》:“举世皆浊我独清,众人皆醉我独醒。”

〔三〕石门之歃，夷齐比心：石门在今广州市西北十五公里小北江与流溪河汇合处,因两岸有山,壁石如门,故称“石门”。歃(shà):饮。石门之泉称作“贪泉”，相传西晋时有一清官因喝此泉水而为政贪婪。东晋广州刺史吴隐之为官清廉，相信贪污之事与泉水无关，并赋诗云：“古人云此水，一歃怀千金。纵使夷齐饮，终当不易心。”夷齐即伯夷、叔齐，是商朝末孤竹国君之二子，互让国君之位，谏阻周武王伐纣，周灭商，隐居首阳山，采薇而食，不餐周粟，卒饿死。

〔四〕积水奋飞:谓积蓄实力，以待高升，大有作为。《庄子·逍遥游》:“且夫水之积也不厚，则其负大舟也无力……风之积也不厚，则其负大翼也无力。”

〔五〕庾岭:即大庾岭，在江西省大庾县南，岭上多梅树。南枝:指梅花。大庾岭上梅,南枝落,北枝开,寒暖之候异故也。这里指书信。陆凯《赠范晔诗》:“折花逢驿使，寄与陇头人。江南无所有，聊赠一枝春。”

〔六〕惟益坚冰雪:希望张圣如更加坚守冰雪节操。冰雪:形容人的节操像冰雪一样严冷。葛洪《抱朴子·行品》:“安困洁志，操清冰霜。”高适《酬马八效古见赠》:“奈何冰雪操，尚与蒿莱群。”以候春阳：等候春天暖阳到来，意谓等待擢升的机会到来。《诗经·豳风·七月》:“春日载阳，有鸣仓庚。”

点评

此篇与《答门人吴芳台舶使》内容相近，都是嘱咐好友担任有油水的官职后，一定要抵御诱惑，做个清官。汤显祖反复讲了一个道理，人们平常都说要洁身自好，其实都靠不住。只有面对巨大的利益，还能不改初衷，才能算数。这真是洞中世情之言。很多人痛恨贪官，其实只是因为自己没有机会贪。一旦有机会，变起来飞快，伸手可及的巨大利益诱惑实在太大。

寄袁小修〔一〕

都下雪堂夜语〔二〕，相看七八人。而三公并以名世之资，不能半百〔三〕。古来英杰不欲委化遗情〔四〕，而争长生久视者〔五〕，亦各其悲苦所至。然何可得也。弟不能世情怆恻事〔六〕，而于此际无服之丧〔七〕，无声之哭，时时有之，更在世情之外。小修当此，摧裂何如〔八〕。天根来〔九〕，知兄意气横绝，无损常时。而中郎有子而才〔一〇〕，稍用为慰。湘沔间正图一把晤也〔一一〕。

注释

〔一〕袁小修：袁中道，见《答袁中郎铨部》注〔一七〕。是篇作于万历四十二年（1614），时汤显祖隐居故里，年六十五。

〔二〕都下雪堂夜语：指万历二十三年（1595）春汤显祖上计北京时与袁中道兄弟等相聚。《寄袁石浦太史》《答袁中郎铨部》等文中亦有对此情景的怀念，可参阅。袁中道《珂雪斋近集》卷十“尺牍”《答王天根》：“记乙未（万历二十三年）春，义仍与王子声及不肖兄弟三人，聚首都门，无夜不共谳笑。未几子声逝矣，又未几伯修、中郎逝矣。”

〔三〕三公并以名世之资，不能半百：“三公”指袁宗道、王一鸣、袁宏道。王一鸣于万历二十四年（1596）去世；袁宗道于万历二十八年去世，年四十一；袁宏道于万历三十八年去世，年四十三。

〔四〕委化：随任自然的变化，引申为死亡。

〔五〕久视：长生不老。

〔六〕不能世情怆恻事：不能像世俗之人那样表示悲痛。

〔七〕无服之丧："服"指丧服。中国古代根据血缘亲疏，将丧服分为斩衰、齐衰、大功、小功、缌麻五种，称"五服"。汤显祖与上述诸人无血缘关系，而对他们去世感到悲伤，故称"无服之丧"。

〔八〕摧裂：形容极其悲痛。

〔九〕天根：王启茂，字天根，一字天庚，湖广石首（今属湖北）人，贡生，见清丁宿章《湖北诗征传略》卷三十五小传等。王启茂为汤显祖门人。汤显祖另有《九日答王天根》诗、《复门人王天根》书信（《汤显祖诗文集》卷十六、卷四十八）。

〔一〇〕中郎有子而才：据袁中道《珂雪斋前集》卷十七《吏部验封司郎中中郎先生行状》："子二，长彭年，嫡出，娶罗氏，庠生；次岳年，侧室出，娉苏氏。"袁彭年：据《永历实录》卷十九，袁岳年为崇祯七年（1634）进士，历仕崇祯和南明弘光、隆武三朝。与礼部侍郎刘湘客、吏科给事中丁时魁、工科左给事中金堡、户科右给事中蒙正发称"五虎"，袁彭年为"虎头"。后降清，随佟养甲、李成栋至广东，任广东学政，署布政使。复参与李成栋复明运动，因功升任左都御史。永历四年（1650）冬，广东再陷，彭年匿民间，复出向清朝自首，言李成栋胁己反，夤缘得免。归里，挟策游潜、沔，以诗自鸣。未几死。袁岳年：据《（光绪）处州府志》，袁岳年为明代浙江处州府龙泉县最后一任知县。

〔一一〕湘沔：湘江、沔水。把晤：握手会面。

点评

汤显祖与袁氏三兄弟，虽然只在万历二十三年（1595）春汤显祖进京上计时见过一面，但相互欣赏，心灵相通，此后都特别怀念这一次难得的人生乐事，彼此每每回忆当时的情景。人海茫茫，相知有几。人生匆匆，乐事几何。这样的经历确实特别值得珍视。转眼之间，聚会中几人音容宛在，而已人天永隔，美好的记忆又蒙上了悲伤的色彩。

与男开远〔一〕

祖望孙荣，孙荣而祖不待〔二〕。儿举于乡，父叹于室矣。柱联寄尔。“宝精神则本业固，谨财用而高志全。”我歌《鹿鸣》五十年〔三〕，求一避债台不得，念之。

注释

〔一〕开远：汤显祖第三子汤开远，字伯开，一字叔宁，万历四十三年（1615）中举，为照顾汤显祖而放弃进京会试，崇祯五年（1632）以举人任河南府推官，上疏谏崇祯帝待臣僚过苛，帝怒，切责之。河南流寇大炽，开远监左良玉军，躬擐甲胄，屡致克捷。又上疏谏崇祯帝姑息武将，帝大怒，命削籍，抚按解京讯治。左良玉偕将士七十余人合奏乞留，帝命释还，戴罪剿寇。崇祯十年擢按察佥事监安、庐二郡军，巡抚史可法荐其治行卓异，进秩按察副使，监军如故。崇祯十三年以劳瘁卒，赠太仆少卿。见清张廷玉《明史》卷二百五十八本传等。是篇作于万历四十三年，时汤显祖隐居故里，年六十六。

〔二〕孙荣而祖不待：万历四十三年（1615）秋，汤开远乡试中举，其祖父汤尚贤卒于当年正月。祖母吴氏卒于去年十二月。

〔三〕《鹿鸣》：即《诗经·小雅·鹿鸣》，是古代贵族宴请嘉宾时所用的乐歌。歌《鹿鸣》：指乡试中举。唐代以来，各省长吏一般于乡试发榜次日为新科举人举办宴会庆贺，席上要唱《鹿鸣》歌，这一宴会也被称为“鹿鸣宴”。汤显祖隆庆四年（1570）中举，至此四十五年，此举其成数。

点评

在古代，科举对一个读书人，以至对整个家庭、家族来说，都是头等重要的大事。汤显祖一生怀才不遇，只好把希望寄托在儿子身上。其子士蘧、大耆、开远、开先都好学有才。其中士蘧尤被汤显祖寄予厚望，可惜万历二十八年（1600）七月在南昌参加乡试时病亡。据《（光绪）抚州府志》卷四十五：汤大耆，监生，官徐州通判，升都司断事，有诗名；汤开先，选贡。据清裘君弘《西江诗话》卷九：汤开先，字季云，为汤显祖四子，选贡，有《潭庵集》。这样看来，只有开远得中举人，这对汤显祖无疑是莫大安慰，但开远的祖父、祖母前不久刚去世，他们生前也肯定像汤显祖一样期盼子孙科举折桂，却没能等到这个喜讯，这对他们、对汤显祖来说是一个很大的遗憾。儿子考中举人之际，汤显祖以亲身经历现身说法，劝告他保养精神，继续用功，志向远大，节省花费。这是及时的教诲，父子情深，溢于言外。

答钱岳阳督学〔一〕

门下天姥开其坛场〔二〕，日铸生其鄞鄂〔三〕。自领洪都之学〔四〕，出乎潜而见龙〔五〕；爰登璧水之台〔六〕，起于飞而振鹭〔七〕。可谓琴瑟丝竹，登鲁壁之清声〔八〕；珪璧佩环〔九〕，下梅梁之古色〔一〇〕。迩乃星辰郎位〔一一〕，参北斗喉舌之司〔一二〕；江海池阳，正南国股肱之郡〔一三〕。起新知于物祖〔一四〕，眷旧德以人师〔一五〕。若小儿开远〔一六〕，方当舞象之年〔一七〕，敢附雕龙之世〔一八〕，而亦拂其总角〔一九〕，引以誉髦〔二〇〕。虽豫章之生七年〔二一〕，材不材而出地〔二二〕；得夫子之墙数仞〔二三〕，步亦步以窥天〔二四〕。夫岂阒其无人〔二五〕，必小子之有造〔二六〕；若云幸哉有子〔二七〕，慰愚父之无聊〔二八〕。心底厉以弗谖〔二九〕，意攀援而靡及〔三〇〕。恃父子家人之爱〔三一〕，辱公侯国士之知〔三二〕。三事为期〔三三〕，万年以祝〔三四〕。

注释

〔一〕钱岳阳：钱槚（jiǎ），会稽（今浙江绍兴）人。据《（康熙）会稽县志》卷二十三，钱槚字仲美，号岳阳，吴越王钱镠后裔。万历八年（1580）进士，自请为学官，任南昌府学教授，迁国子监助教，五年迁工部员外郎。万历二十一年任袁州知府，不逾年，以祖母丧归。万历二十五年起池州知府。官至江西提学副使，以矫正文体、端正士习为本，即使对有权有势的人也不屈从，人服其公。以母丧归，哀毁柴瘠，服丧期满遂以病告假，坚持居家，不复任官。是篇作于万历四十三年，时汤显祖隐居故里，年六十六。

〔二〕天姥：天姥山，在今浙江省嵊县与新昌县之间。坛场：古代设坛举行祭祀、继位、盟会、拜将等大典的场所。佛家讲经说法之所亦称坛场。这里指钱槚在家乡从学讲习之所。

〔三〕日铸：道教术语，指人的元神。魏伯阳《周易参同契》："经营养鄞鄂，凝神以成躯。"清朱元育注："鄞鄂，即是元神。"

〔四〕洪都：南昌。此指钱槚，任南昌府学教授。

〔五〕潜而见（xiàn）龙：《周易·乾卦》："初九：潜龙勿用。九二：见龙在田，利见大人。"

〔六〕爰：于是。璧水：国子监。宋吴自牧《梦粱录》："古者天子有学，谓之'成均'，又谓之'上庠'，亦谓之'璧水'"。此指钱槚升任北京国子监助教。

〔七〕起于飞而振鹭：《诗经·周颂·振鹭》："振鹭于飞，于彼西雝。"后世以"振鹭"来比喻操行纯洁的贤臣。

〔八〕鲁壁：孔子故宅中藏有古文经传的墙壁，称作"鲁壁"。《汉书·艺文志》："武帝末，鲁共王坏孔子宅，欲以广其宫，而得古文《尚书》及《礼记》《论语》《孝经》凡数十篇，皆古字也。共王往，入其宅，闻鼓琴瑟钟磬之音，于是惧，乃止不坏。"故称"登鲁壁之清声"。

〔九〕珪璧佩环：几种玉器，常用于典礼祭祀。王圻《续文献通考》卷一百十四"宗庙考"："禹庙在会稽山禹陵侧，宋绍兴间，庙前一夕忽光焰闪烁，得古珪璧珮环，藏于庙。然今所存非其真矣。"

〔一〇〕梅梁：浙江会稽庙的大梁，称作"梅梁"。应劭《风俗通》："夏禹庙中有梅梁，忽一春生枝叶。"

〔一一〕迩乃：近来。郎位：星座名，指职居枢要的郎官之位。《史记·天官书》："后聚一十五星蔚然，曰郎位。"张守节《正义》："郎位十五星，在太微中帝坐东北。周之元士，汉之光禄、中散、谏议，此三署郎中，是今之尚书郎。占：欲其大小均耀，光润有之，吉也。"此指钱樌升任工部员外郎。

〔一二〕北斗喉舌之司：指钱樌在工部任职。《后汉书·李固传》："今陛下之有尚书，犹天之有北斗也。斗为天喉舌，尚书亦为陛下喉舌。"工部由尚书六曹（部）之一演变而来，故亦称尚书工部。

〔一三〕江海池阳，正南国股肱之郡：指钱樌任池州知府。

池州是南方沿江通海之地。股肱之郡：拱卫首都之地或重要区域。《史记·季布栾布列传》：汉文帝谓季布曰："河东吾股肱郡，故特召君耳。"

〔一四〕物祖：万物之祖，指事物的根源。李白《赠饶阳张司户燧》："独见游物祖，探玄穷化先。"

〔一五〕眷：顾念。旧德：可以指以往的德行，《周易·乾卦》："六三，食旧德，贞"；也可指以往的亲友，《史记·张丞相传》："任敖以旧德用"。这里应该指后者。汤显祖此前或与钱槚曾有交往。人师：人间的师表。《荀子·儒效》："故近者歌讴而乐之，远者竭蹶而趋之，四海之内若一家，通达之属莫不从服，夫是之谓人师。"

〔一六〕开远：汤显祖三子汤开远，见《与男开远》注〔一〕。

〔一七〕舞象之年：男子十五至二十岁。《礼记·内则》："成童，舞象，学射御。"郑玄注："成童，十五以上。"按汤开远生于万历十六年（1588），本年二十八岁。

〔一八〕敢附：不敢追附。雕龙：比喻雕琢文字。雕龙之世：谓家中文采世代相传。《后汉书·崔骃传》："赞曰：崔为文宗，世禅雕龙。"

〔一九〕总角：中国古代儿童束发为两结，向上分开，称作"总角"。拂其总角：《礼记·内则》："男女未冠、笄者，鸡初鸣，咸盥漱，栉縰，拂髦，总角，衿缨，皆佩容臭。"此谓抚其头发，表示关切，予以教导。

〔二〇〕引：引荐。誉髦（máo）：英才。《诗经·大雅·思齐》："古之人无斁，誉髦斯士。"

〔二一〕豫章：古木名，或谓即樟树，又或谓古豫章郡即因多豫章而得名。豫章之生七年：豫章树要生长七年后才能确认。《山海经·西山经》："又西四百里曰底阳之山，其木多樱柟豫章。"郭璞注："樱似松，有刺，细理，音即。豫章：大木，似楸，叶冬夏青，生七年而后，复可知也。"

〔二二〕材不材：有用与没用。《庄子·山林》："庄子笑曰：'周将处乎材不材之间。材不材之间，似之而非也，故未免乎累。'"

〔二三〕夫子之墙数仞：形容学问、道德高深。《论语·子张》："夫子之墙数仞，不得其门而入，不见宗庙之美，百官之富。得其门者或寡矣。"

〔二四〕步亦步：步步追随效仿。《庄子·田子方》："颜渊问于仲尼曰：夫子步亦步，夫子趋亦趋，夫子驰亦驰。夫子奔逸绝尘，而回瞠若乎后矣。"窥天：《庄子·秋水》："是直用管窥天，用锥指地也，不亦小乎。"

〔二五〕阒（qù）：寂静。岂谓阒其无人：难道说没有人。意谓此次乡试可取人才很多。《周易·丰卦》："窥其户，阒其无人，三岁不觌，凶。"

〔二六〕必小子之有造：必定是小子有福气，因而有所成就。《诗经·大雅·思齐》："肆成人有德，小子有造。"

〔二七〕幸哉有子：《礼记·祭义》："君子之所谓孝也者，国人称愿然曰：'幸哉有子！'如此，所谓孝也已。"

〔二八〕无聊：无所聊赖，空虚无趣。

〔二九〕底厉：同“砥砺”，勉励。《孔子家语·儒行解》：“儒有上不臣天子，下不事诸侯，慎静尚宽，底厉廉隅，强毅以与人，博学以知服，虽以分国，视之如锱铢，弗肯臣仕，其规为有如此者。”谖（xuān）：忘记。《诗经·卫风·考槃》：“独寐寤言，永矢弗谖。”

〔三〇〕攀援：追随，依附。靡及：达不到。

〔三一〕恃：倚靠，依赖。父子家人之爱：比喻非常亲密的感情。《史记·高祖本纪》：“六年，高祖五日一朝太公，如家人父子。”

〔三二〕国士之知：当作一国之中的杰出人才。《吕氏春秋·诚廉》：“至于智氏则不然。出则乘我以车，入则足我以养。众人广朝，而必加礼于吾所。是国士畜我也。夫国士畜我者，我亦国士事之。”

〔三三〕三事：正德、利用、厚生。《尚书·大禹谟》：“六府三事允治。”孔颖达疏：“正身之德，利民之用，厚民之生，此三事惟当谐和之。”为期：谓汤开远将不辜负钱横之赏识，许下诺言，期望有所成就。

〔三四〕万年以祝：祝长寿万年。《诗经·曹风·鸤鸠》：“鸤鸠在桑，其子在榛。淑人君子，正是国人。正是国人，胡不万年。”

点评

万历四十三年（1615），汤显祖终于等来了他晚年可能最高兴的一件事，就是第三子汤开远中了举人。在明清时期，举人虽不能与进士相比，但与生员（秀才）有质的区别。如果愿意，都可以做官，甚至还可能做到一个不大不小的官。虽然各省乡试一般由御史“监临”，各省布政使司长官“提调”，按察使司长官（包括提学副使、提学佥事）只能“监试”，这些都算“帘外官”，即不能进入考场和阅卷场所。“主考”和“同考”等属于“帘内官”，负责阅卷等。但实际上“帘外官”对“帘内官”阅卷有很大影响。（见《明史》卷七十《选举二》）所以汤显祖写此信感谢当时的江西提学副使钱槚。凡是写信人对收信人不太熟悉、收信人地位较高、写信人对收信人有所请托或表示感谢，信往往就写得比较庄重，比较注重文采，古今皆然，汤显祖也是如此。此信几乎句句用典，而且基本上都针对钱槚的生平经历而发，当然这对汤显祖并非难事。汤显祖尺牍中，这类作品不少，它们的艺术价值并不高。之所以选入此篇，一是从中可以看到汤显祖对儿子的慈爱之情，为了儿子的前途他不惜奉承相关之人。其次，求人、感谢等，也是尺牍的重要功能之一，由此信可以看到文人尺牍的一种类型。

寄汤霍林〔一〕

惊承隆贶〔二〕。弟意定交而求，亦极不欲以琐琐为大雅累。但薄求厚应，举室媿汗〔三〕。然终夜思之，不敢不拜嘉者〔四〕，恃鲍子之知我耳〔五〕。盅狱久羁〔六〕，白日为黑。九华突兀，意有所摧〔七〕。第知柔知刚，万夫之望〔八〕，恐未可以群贤故迫为应也〔九〕。门下人多，不能无生得失，诸惟慎之。

读南录〔一〇〕，首索吾家兄弟，徒得宛陵别姓〔一一〕，为顿足起行久之〔一二〕。四儿开先大收附弟子员〔一三〕，三儿开远复席大庇〔一四〕，幸辱贤书〔一五〕。知仁兄当一莞尔也〔一六〕。哀劳之后〔一七〕，伏枕月余〔一八〕，稍起，遣儿北征〔一九〕。当先投体天人师〔二〇〕，冀开其觉路耳〔二一〕。肺腑之感，非楮能罄〔二二〕。统祈慈照〔二三〕，不尽。

注释

〔一〕汤霍林：汤宾尹，字嘉宾，号睡庵，别号霍林，南直隶（今属安徽）人，万历二十三年（1595）榜眼及第，授翰林院编修，官至南京国子监祭酒，见《（乾隆）江南通志》卷一百六十七本传等。汤显祖另有《寄汤霍林》书信三篇（《汤显祖诗文集》卷四十五）等。是篇作于万历四十三年，时汤显祖隐居故里，年六十六。

〔二〕隆贶（kuàng）：丰厚的馈赠。

〔三〕举室：全家。媿汗：因羞愧而流汗。媿通“愧”。

〔四〕拜嘉：本指拜谢美意。《左传·襄公四年》：“《鹿鸣》，君所以嘉寡君也，敢不拜嘉。”后也用于拜谢嘉惠。王安石《谢葛源郎中启》：“拜嘉已厚，论愧则多。”

〔五〕鲍子之知我：《史记·管晏列传》："（管仲曰）生我者父母，知我者鲍子也。"参阅《答陈公衡》注〔八〕。

〔六〕蛊狱：指万历三十八年（1610）科场案。时汤宾尹为会试同考官，而其门生韩敬为殿试状元。汤宾尹因此而遭人弹劾，万历三十九年京察被降职，后被罢官。汤显祖《寄汤霍林》："前明公书，谓时议聚讼，何意至此。弟初闻之，愦愦至废寝食。近今每三日内，辄为公喟然数声。"（《汤显祖诗文集》卷四十五）

〔七〕九华：九华山，在今安徽省青阳县，这里用指汤宾尹。九华突兀，意有所摧：意谓汤宾尹意气高昂，可能会在这场风波中有所摧损。宋程珌《洺水集》卷二十三《玉堂昼值有怀万松》："九华突兀匡庐秃，幽深全似入盘谷。"

〔八〕知柔知刚，万夫之望：意谓君子刚柔相济，超越万人。《周易·系辞下》："君子知微知彰，知柔知刚，万夫之望。"

〔九〕以群贤故迫为应：因为众人攻击，就予以回应。

〔一〇〕南录：应天乡试登科录。

〔一一〕宛陵：即宣城。

〔一二〕顿足起行：以脚跺地，忍不住站起来走动，形容情绪激昂。

〔一三〕开先：汤开先，字季云，为汤显祖四子，选贡，见清裘君弘《西江诗话》卷九小传等。汤开先著有《潭庵集》。大收：录取秀才的考试。附弟子员：成为秀才。明清时期称府州县学生员为弟子员，分廪膳生员、增广生员、附学生员。

〔一四〕席：凭借。大庇：大的庇佑，谦辞。

〔一五〕幸辱：谦辞。贤书：指万历四十三年（1615）汤开远乡试中举。《周礼·地官·乡大夫》："乡老及乡大夫、群吏献贤能之书于王。"后来因以用指考试中式，特别是乡试考中，称"登贤书"。

〔一六〕莞尔：微笑的样子。

〔一七〕哀劳：指父母去世。《诗经·小雅·蓼莪》："蓼蓼者莪，匪莪伊蒿。哀哀父母，生我劬劳。"汤显祖父亲汤尚贤于万历四十三年（1615）正月去世，享年八十八岁。母亲吴氏于万历四十二年十二月去世，享年八十五岁。

〔一八〕伏枕：指卧病在床。

〔一九〕北征：指汤开远进京会试。

〔二〇〕投体：五体投地，表示敬拜。天人师：佛教用语，是佛的十大名号之一。又作天人导师。意谓天、人都以佛为师，所以佛称天人师。

〔二一〕冀：希望。开：开启、引导。觉路：佛教用语，觉悟成佛之路。

〔二二〕楮：纸的代称。楮树皮是造桑皮纸和宣纸的原料。罄（qìng）：尽。

〔二三〕照：了解。

点评

万历三十八年（1610）会试，汤宾尹以庶子为分校官。举人韩敬，曾受业汤宾尹。会试时，韩敬的试卷为其他考官所弃，汤宾尹越房搜得此卷，与各房互换闱卷，凡十八人，强使主考萧云举、王图录韩敬为第一。殿试中韩敬又得中状元。万历三十九年京察，汤宾尹被罢职。四十一年，御史孙居相、孙振基等揭发汤宾尹、韩敬会试舞弊事，汤、韩之友人则为其辩护，朝臣数十人被卷入其中，双方互相攻击，酿成当时举国瞩目的重大事件，闹了七年才告结束，韩敬被谪为行人司副。

汤显祖晚年与东林党人立场相近，对很多政治事件的看法相似，但在韩敬科场案上，与东林党人观点不同，也与后世的主流评价不一致。当时攻击汤、韩的多为东林党人，而汤宾尹则被视为宣党巨魁。汤显祖不知是因为对宣城一带人士的好感，对汤宾尹才华的欣赏，还是因为自己因视高才大而受到排挤的经历，他认定众人对汤宾尹、韩敬的攻击都是因为他们才能出众。由此我们可以看到作为杰出人物的汤显祖形象的丰富多面。当然，汤显祖在此信中，也提醒汤宾尹，“门下人多，不能无生得失，诸惟慎之”，言语之间，反映出汤显祖也意识到事情的复杂性。

答许子洽〔一〕

僻在江外，子墨之游无几〔二〕。幸如门下贲思〔三〕，假以芳帙〔四〕，渊、云、徐、庾〔五〕，春容骈陛〔六〕。独恨无以仰承赞唱也。不佞幼志颇钜，后感通材之难，颇事韵语，余无所如意。挈此于吴中[七]，如以残砾比海月耳[八]。

注释

〔一〕许子洽：许重熙，字子洽，南直隶常熟（今属江苏）人，见《（同治）苏州府志》卷九十九本传等。许重熙为晚明史学家。是篇作于万历四十三年（1615），时汤显祖隐居故里，年六十六。

〔二〕子墨：指文章之事。见《答陆景邺》注〔二〕。

〔三〕贲：文采，文饰。贲思：很有文采的思路。《周易·贲卦》："贲如濡如，永贞吉。"

〔四〕假：给予。帙：中国古代线装书的封套，这里指书册。

〔五〕渊、云、徐、庾：西汉辞赋家王褒（字子渊）、西汉辞赋家扬雄（字子云）、南朝梁诗人徐陵、北周诗人庾信。

〔六〕舂容：舒缓从容。骈陛：即"骈比"，形容文字对偶华美。

〔七〕挈此于吴中：当指许重熙携汤显祖所著古文至吴中出版一事。钱谦益《汤义仍先生文集序》云："吾友许子洽以万历乙卯谒义仍先生于临。携所著古文以归，集为十卷，而属予序之。"

〔八〕砾：碎石。

点评

汤显祖认为写文章比写诗赋难，诗赋可以依赖格律，勉强凑成篇章，就像那么回事了。文章则不能倚靠外在的形式来掩饰，必须对天地万物之道、社会历史人生之理、礼乐兵农治国理政之事有深刻洞察，形成真知灼见，才能写出好的作品。他年轻时志向颇高，希望能成一家之言。后来发现这个目标很难实现，才退而把主要精力放在“韵语”即诗赋上面。这反映了汤显祖的文学观念及其文学活动的发展历程，也表达了中国古代文人的一种重要文学观念。

答钱受之太史〔一〕

文章之道，有尽所托。旷世可以研心，异壤犹乎交臂。存来感往，咸效于斯。或为风神形似之言，或以情理气质为体。惬一而止，得全寔难〔二〕。

捧读大制，弘郁之文，深微之旨，丰美者如群凤莑萋，而朝阳溢其采〔三〕；简妙者如高鸿巇嵲〔四〕，而灵露发其音〔五〕。渴者饮其情澜〔六〕，倦者惊其神岳〔七〕。翰天飞而不穷〔八〕，卮日出以无尽〔九〕。粲矣备矣。

而复垂音一介〔一〇〕，奖借横披〔一一〕。所谓沟中之断，宠以丹青〔一二〕；混沌之姿，鲜其眉目〔一三〕。通怀若斯〔一四〕，心感何极。不佞壮莫犹人，衰当复甚〔一五〕。世途瞶瞶〔一六〕，妄驰王霸之思〔一七〕；神理绵绵〔一八〕，长负师友之愧。赋学羞乎壮夫〔一九〕，曲度夸其下里〔二〇〕。诸如零星小作，移时辄用投捐。盖亦寸心所知，匪烦人定者也〔二一〕。又何足掩空虚而对问〔二二〕，侈怡悦以把似者哉〔二三〕。江外三藩〔二四〕，时勤星使〔二五〕。如天西顾〔二六〕，候望有期。

注释

〔一〕钱受之：钱谦益，字受之，南直隶常熟（今属江苏）人，万历三十八年（1610）进士，官至礼部侍郎。崇祯十七年（1644），任南明弘光朝礼部尚书。后投降清朝，官礼部侍郎。见《清史稿》卷二百七十一本传等。钱谦益是明末清初著名文学家、藏书家。汤显祖《张元长嘘云轩文字序》称赞其文章云："龙有醇灏丰烨，云气从瀚郁而兴，幽毓横薄，不可穷施者，钱受之之文也。"（《汤显祖诗文集》卷三十二）是篇作于万历四十三年，时汤显祖隐居故里，年六十六。

〔二〕寔：同"实"。

〔三〕菶萋：草木茂盛的样子，这里形容羽毛丰美。朝阳溢其采：散发出比朝阳还明亮的光彩。《诗经·大雅·卷阿》："凤凰鸣矣，于彼高冈；梧桐生矣，于彼朝阳。菶菶萋萋，雝雝喈喈。"

〔四〕高鸿：《诗经·小雅·鸿雁》："鸿雁于飞，肃肃其羽。"巀嵲（jié niè）：高峻的样子。

〔五〕灵露：露水。《诗经·郑风·野有蔓草》："野有蔓草，零露漙兮。有美一人，清扬婉兮。邂逅相遇，适我愿兮。野有蔓草，零露瀼瀼。有美一人，婉如清扬。邂逅相遇，与子偕臧。"零露，有版本作"灵露"。灵露发其音：意谓其音声像露水一样晶莹明亮。

〔六〕情澜：感情的波澜。沈约《齐故安陆昭王碑》："宴语谈笑，情澜不竭。誉满天下，德冠生民。盖百代之仪表，千年之领袖。"

〔七〕神岳：神奇的山岳。曹植《远游篇》："灵鳌戴方丈，神岳俨嵯峨。"

〔八〕翰天飞：鸟向天空高飞。《诗经·小雅·小宛》："宛彼鸣鸠，翰飞戾天。"

〔九〕卮日出以无尽：卮（zhī）：古代盛酒的器皿。卮言，自然随意之言。卮不灌酒就空仰着，灌满酒就倾斜，没有一成不变的常态，故用以形容随意自然、绵绵不绝的言论。《庄子·寓言》："卮言日出，和以天倪。"

〔一〇〕垂音一介：当指钱谦益为其古文作序一事，见《答许子洽》注〔七〕。

〔一一〕奖借：称赞推许。宋司马光《答彭寂朝议书》："辱书奖借太过，期待太厚，且愧且惧。"横披：纵横飞展。

〔一二〕沟中之断：漂流在河流中的断木头。《庄子·天地》："百年之木，破为牺尊，青黄而文之。其断在沟中。比牺尊于沟中之断，则美恶有间矣，其于失性一也。"

〔一三〕混沌：即浑沌，中国古代传说中的中央之帝，生无七窍。《庄子·应帝王》："南海之帝为儵，北海之帝为忽，中央之帝为浑沌。儵与忽时相与遇于浑沌之地，浑沌待之甚善。儵与忽谋报浑沌之德，曰：'人皆有七窍以视听食息，此独无有，尝试凿之。'日凿一窍，七日而浑沌死。"

〔一四〕通怀：开阔通达的胸怀。《宋书·南郡王义宣传》："师护虽无殊绩，洁己节用，通怀期物，不恣群下。"

〔一五〕不佞：不聪明，用于自称的谦辞。壮莫犹人，衰当复甚：《左传·僖公三十年》："臣之壮也，犹不如人；今老矣，无能为也已。"

〔一六〕世途：世上的道路。瞶瞶（guì）：看不清，糊涂。

〔一七〕王霸之思：对王业与霸业的思考。《孟子·滕文公下》："大则以王，小则以霸。"

〔一八〕神理绵绵：《老子》："绵绵若存，用之不勤。"

〔一九〕赋学羞乎壮夫：扬雄《法言》："或问：'吾子少而好赋？'曰：'然。童子雕虫篆刻。'俄而曰：'壮夫不为也。'"

〔二〇〕曲度夸其下里：战国宋玉《对楚王问》："客有歌于郢中者，其始曰下里巴人，国中属而和者数千人。"后以"下里巴人"形容民间通俗歌曲。

〔二一〕匪：不。人定：由别人来判定取舍。

〔二二〕掩空虚而对问：虚拟对方提问，予以回答。《文心雕龙·杂文》："宋玉含才，颇亦负俗。始造对问，以申其志……自对问以后，东方朔效而广之，名为客难。托古慰志，疏而有辨。”

〔二三〕侈怡悦以把似。侈：炫耀。把似：拿着显示。陶弘景《诏问山中何所有赋诗以答》：“山中何所有，岭上多白云。只可自怡悦，不堪持赠君。”贾岛《剑客》：“十年磨一剑，霜刃未曾试。今日把似君，谁有不平事。”

〔二四〕江外三藩：指长江以南的今江苏、江西、湖南、湖北、江西、福建地区。《文选》卷三十八：“六府臣僚，三藩士女。”李善注：“子良又为会稽太守、南徐州刺史，又南兖州刺史，斯谓之三藩也。”《（万历）广东通志》卷三十：“所部地介江、闽、湖三藩之冲。”

〔二五〕星使：古时认为天节八星主使臣事，因称帝王的使者为星使。后用来泛指信使。

〔二六〕如天西顾：如天意使钱谦益有机会从江东到江西。《诗经·大雅·皇矣》：“上帝耆之，憎其式廓。乃眷西顾，此维与宅。”

点评

钱谦益为万历三十八年（1610）探花，授翰林院编修。同年父亲钱世扬去世，回家乡常熟丁忧守制，直到天启初年才复出任职。汤显祖写此信时，钱谦益还在家中。这年汤显祖的学生许重熙来看望，手抄汤显祖文集十卷，带给钱谦益，请钱谦益作序。钱谦益在《汤义仍先生文集序》中，传述汤显祖对许重熙所说的话：“吾少学为文，已知訾謷王（世贞）、李（攀龙）。搰搰然骈枝俪叶，从事于六朝，久而厌之，是亦王、李之朋徒耳。泛滥词曲，荡涤放志者数年，始读乡先正之书，有志于曾（巩）、王（安石）之学，而吾年已往，学之而未就也。子归，以吾文眎受之（钱谦益），不蕲其知吾之所就，而蕲其知吾所未就也。”汤显祖应该没有与钱谦益见过面，但对他的才华和反对复古派的文学立场已有所了解，所以把这个年轻后进当成自己的知音。经许重熙、钱谦益两重转述的话，可能已不完全符合汤显祖的原意，但应该相去不远。汤显祖认为自己一生的文学成就，不在于做成了什么，而只在没有受复古派笼罩而已。他在此信中清晰地回顾了自己的文学道路，说他晚年对宋代曾巩、王安石的学术文章最感兴趣，这一点值得注意。可能因为与钱谦益不太熟悉，此信写得颇为雕琢，几乎句句用典。这对汤显祖自非难事，作为同量级的对话者，钱谦益当然也能轻松看懂，这样写作，在他们之间习以为常，这足以显示他们的文化身份层次。但全篇用典，表情达意终究隔了一层，不如语语从肺腑中自然流出者亲切动人。用汤显祖在这封信中的话来说，这也是一种“受”。对中国文人来说，要比较彻底地摆脱这种“受”，还要等三百年。

寄南弦浦关中〔一〕

戊戌仆坚求去官〔二〕，而明公垂念不置〔三〕。仆即从阙下西归〔四〕，未尝一日之任，而竟以辛丑计去〔五〕。明公力援，翻为削迹之本〔六〕。然所留所去之贤佞，乃留人去人者之贤佞也。明公曾目仆为有关系人数，何得言去[七]。夫世已忘怀，惟感知无尽。一十七年，才吐此音。南北纷如，曷尽西方之思[八]。

注释

〔一〕南弦浦：南企仲，字伯稺，号弦蒲，陕西渭南人，万历八年（1580）进士，官至南京吏部尚书，见清张廷玉《明史》卷二百六十四本传等。是篇作于万历四十三年，时汤显祖隐居故里，年六十六。

〔二〕戊戌仆坚求去官：即万历二十六年（1598）汤显祖向吏部告长假还乡事，时南企仲任吏部文选司郎中。

〔三〕垂念：挂念，此为敬辞。

〔四〕阙下：都城。

〔五〕竟以辛丑计去：即万历二十九年（1601）辛丑大计事，见《答黄贞父》注〔九〕。

〔六〕翻为削迹之本：反而促成了我被削迹的缘由。削迹：削去行迹，指离开官场。

〔七〕明公曾目仆为有关系人数，何得言去：有关系，指涉及诸多方面，比较重要。汤显祖《赵仲一乡行录序》："嗟夫，一遂昌令也，上六年计求去。南考功某曰：'遂昌有关系人，何得便去？'予竟去，未尝一日之官矣。"（《汤显祖诗文集》卷三十）

〔八〕西方之思：《诗经·邶风·简兮》："山有榛，隰有苓。

云谁之思？西方美人。彼美人兮，西方之人兮。”这里用指对居于西北的南企仲的想念。

点评

万历二十三年（1595）大计，时任吏部考功司主事南企仲曾为汤显祖说话。万历二十六年，汤显祖向吏部告假，时任吏部文选司郎中南企仲曾予挽留。汤显祖对在吏部的一些朋友如赵邦清等于自己不够尽力颇有怨言。南企仲、李维桢等与汤显祖并无深交，却能仗义执言，汤显祖自然特别感激。十七年后，汤显祖或许意识到自己已走近生命的终点，回首平生，真正值得感念的人寥寥可数，所以他一定要给远在数千里之外的南企仲写这封信，表示感谢，了却一个心愿。可见汤显祖对人世间真挚的情谊特别珍惜。

此信中说，从某人所主张留的某人、去的某人之贤或佞，就可以看出主张者某人之贤与佞，这当然是完全正确的。南企仲本身是个比较正派的官员。据《明神宗实录》，万历三十年（1602）闰二月，神宗因病，诏免矿税，释系囚，录建言贬斥诸臣，既而悔之，太仆寺卿南企仲请亟如诏奉行，帝大怒，下旨："南企仲无耻可恶，革职为民，永不许叙用。"又据《明熹宗实录》，直到天启二年（1622）六月，以赵南星荐，"起用原任太仆寺卿南企仲为太常寺卿"。则南企仲居家整二十年。汤显祖写此信时，南企仲尚闲居陕西家中。后南企仲官至南京户部尚书。崇祯十六年（1643）十月，李自成军破西安，据《（乾隆）西安府志》卷三十四：南企仲"年八十三矣，骂贼不屈，曰：老臣何惜此余年报国。不食死。子进士礼部郎居业不屈死。"

寄朱以功〔一〕

弟与仁兄周旋道义〔二〕，隐微不欺者，四十年于兹。今病弥留，清光遂窅〔三〕。三儿或不陨家声〔四〕，惟仁兄时而督教之〔五〕。如弟戛戛一生〔六〕，寡过未能，盖棺已近〔七〕，短歌志媿而已〔八〕："少小逢先觉〔九〕，平生与德邻〔一〇〕。行年几望七〔一一〕，疑是死陈人〔一二〕。"

注释

〔一〕朱以功：朱试，字以功，江西南昌人，见《(雍正)江西通志》卷七十本传等。朱试于《易》学深有研究。汤显祖另有《与朱以功》书信(《汤显祖诗文集》卷四十七)等。是篇或作于万历四十四年(1616)汤显祖去世之前，时汤显祖隐居故里，年六十七。

〔二〕周旋道义：以道义相交往。《韩非子·解老》："夫道以与世周旋者，其建生也长。"

〔三〕清光：指面容、风采。窅(yǎo)：远。指再也见不到对方。

〔四〕三儿：汤开远，见《与男开远》注〔一〕。陨(yǔn)：坠落、毁坏。家声：家族的名声。

〔五〕惟仁兄时而督教之：汤显祖《与朱以功》："三

儿每见朱先生一度，即著里一度也。”（《汤显祖诗文集》卷四十七）

〔六〕戛戛（jiá）：形容艰难、费力。

〔七〕寡过：减少过失。《礼记·中庸》：“王天下有三重焉，其寡过矣乎。”盖棺：去世。

〔八〕志：记。媿：同“愧”。

〔九〕先觉：比人早觉悟的哲人。这里指罗汝芳等人。《孟子·万章下》：“天之生斯民也，使先知觉后知，使先觉觉后觉。予天民之先觉者也，予将以此道觉此民也。”

〔一〇〕与德邻：与有德者作邻居。《论语·里仁》：“子曰：德不孤，必有邻。”

〔一一〕行年几望七：《荀子·君道》：“则夫人（姜尚）行年七十有二，齫然而齿堕矣。”

〔一二〕死陈人：即陈死人，死了很久的人。《文选·古诗十九首·驱车上东门》：“驱车上东门，遥望郭北墓。白杨何萧萧，松柏夹广路。下有陈死人，杳杳即长暮。”

点评

这是汤显祖去世之前，对坦诚相交四十年老友的诀别和请求。此时他挂心的，是自己的孩子，希望老友时时督教之。他总结自己的一生，用了“戛戛”二字，无限艰辛失意都在其中。

与无去上人〔一〕

秋净，尚图借一臂袈裟地〔二〕，听龙门说法也〔三〕。四香戒如教上〔四〕。不乱财，手香；不淫色，体香；不诳讼〔五〕，口香；不嫉害，心香。常奉四香戒，于世得安乐。

注释

〔一〕无去上人：生平不详。此信具体写作时间不详。

〔二〕一臂袈裟：一件袈裟。袈裟常露一臂，故名。袈裟：梵语、巴利语音译，意译作坏色、不正色、赤色、染色，指和尚披的法衣，以其不正色而得名。一臂袈裟地：古代佛教传说，佛教徒向人借一袈裟大小土地，以建寺庙，结果袈裟铺开，地方广大，显示佛法之力。这里指一小片地方。刘辰翁《须溪集》卷七《重建中兴寺岩主殿疏》："于十笏室边，得一袈裟地。"

〔三〕龙门：龙象之门，指有大法力的佛徒之门。水行中龙力大，陆行中象力大，故佛氏用以喻诸阿罗汉中修行勇猛有最大能力者。《大般涅槃经》卷二："世尊，我今已与诸大龙象菩萨摩诃萨断诸结漏。"

〔四〕四香戒：在汤显祖此文前，似未见四香戒之说。《优婆塞戒经》："善男子，如人买香，涂香末香，散香，烧香，如是四香。"与此不同。

〔五〕诳：欺骗。

点评

汤显祖逝世于万历四十四年（1616）六月十六日（公历7月29日）亥时。这封信或写于去世前不久。在前一封信《寄朱以功》中，汤显祖还有对往日的遗憾，对现世的牵挂，对当下的一丝留念。但在此信中，只剩下对解脱涅槃境界的向往。汤显祖的心情已非常平静。"四香戒"的说法，不知是出于无去上人之嘱，还是汤显祖所提出，简洁明了，可供世人诵奉。

世人一般都怕死，是谓"怛化"。仁人志士追求读书明理、得道。最大的理就是天地之理、死生之理，最大的道就是仁义之道。他们都明白人生只是一个过程，有生必有死，因此生不必喜，死不必悲，重要的是此生既在，应该明理、得道，活得充实明白。他们的灵魂可以在一定程度上跳出自我，对包括自己在内的所有人的死亡抱一种理性的旁观态度，把它当作一个过程来观察，是曰"观化"。孔子说："朝闻道，夕死可矣。"《庄子·至乐》："生者假借也，假之而生，生者尘垢也。死生为昼夜。且吾与子观化，而化及我，我又何恶焉。"汤显祖无疑达到了这一境界。他去世前作了《负负吟》，历数对自己一生有恩的徐良傅、何镗、张振之、余懋学、沈楠、余有丁、许国、刘思问、张岳、马千乘、沈自邠，以及交情深厚的戴洵、王汝训、李东明、朱试、罗大纮、邹元标等人。又作《诀世语》七首，嘱咐自己的后事。去世前一日，作《忽忽吟》：“望七孤哀子，茕茕不如死。含笑侍堂房，班衰拂蝼蚁。”他是在清醒平静中等待这一刻的到来。